あんかけ焼きそばの謎

塩崎省吾
Shogo Shiozaki

ハヤカワ新書 031

まえがき

私は焼きそばの食べ歩きを趣味にしている。

「焼きそば」と聞いて読者の多くはきっと、むせ返るような香りで食欲を刺激する、あのソース焼きそばを思い浮かべると思う。私の前著『ソース焼きそばの謎』が好評を博したのも、ソース焼きそばが日本国民にとってそれだけ身近な料理だったからだろう。

だが、焼きそばの世界は広い。あなたの近所の中華料理店に入れば、きっとソースで炒めるかわりにアツアツの餡《あん》をかけた「あんかけ焼きそば」がメニューにあるはずだ。

焼きそばというとストリートフードのイメージが強いが、例外的にごちそう寄りなのがあんかけ焼きそばだ。カリッと焼かれた中華麺に、風味豊かな中華餡を絡めて啜《すす》る。麺の部位による食感のコントラストや、色とりどりな具材の味わいが、最後の一口まで楽しませてくれる。

実はこのあんかけ焼きそばが、ソース焼きそば以上に謎に満ちた存在なのだ。

その「伏線」は、すでに前著の中にあった。

支那料理屋において「炒麺《ヤキソバ》」は、ごく一般的なメニューだった。どんな料理だったのか、詳細はまたの機会に譲るが、その「炒麺《ヤキソバ》」は蒸した中華麺を使用していた。それをお好み焼きに流用すれば、支那料理の「炒麺《ヤキソバ》」のパロディとして、まったく似ていないお好み焼きの「やきそば」が出来上がる。[1]

お好み焼きは元々、和洋中様々な料理のパロディであり、ソース焼きそばもまたお好み焼きの一種として――具体的には、支那料理（中華料理）の「炒麺」のパロディ料理として誕生した。それでは、その「炒麺」とはどのような姿だったのか。

ここで浮かび上がってくるのが「あんかけ焼きそば」である。ソース焼きそば以前、焼きそばといえばあんかけ焼きそばだった。それだけなら意外性は薄いかもしれない。だがそのあんかけ焼きそばが、あんかけ○○焼きそばだったとしたら。しかも、その○○の発祥は中国ではないとしたら。一体なぜ、どこから、どのように日本に伝来したのか。

いや、先走りすぎた。ともかく、あんかけ焼きそばは焼きそばの歴史におけるいわばミッシングリンクであり、それを埋めることが本書の目論見である。前著を読んでくださった方には自信を持っておすすめできるし、本書を先に読む方も問題なく楽しんでいただけるように心がけた。なお、本書に掲載している写真は、とくに断りのない限りは筆者自身が撮影したものだ。

あんかけ焼きそばの謎は、まるで揚げ焼きにされた麺のように複雑に絡み合っている。中華餡のようなアツアツの熱意を注いで、じっくりと粘り強く、その謎を解きほぐしてみよう。

目次

プロローグ　明治二年の「鳥やきそば」

明治二年（一八六九年）、春。開港からもうすぐ一〇年を迎える横浜港で、美濃国大垣藩の藩老・小《お》原《はら》鉄心《てっしん》は、李《り》遂川《すいせん》という清国人と酒を酌み交わしていた。[1] 大垣藩の方針を佐幕から勤王へと転換させ、戊辰戦争で功をあげ、明治新政府にも重用された小原鉄心。彼は漢詩を得意とする詩人でもあった。三年前の慶応二年四月に、同郷の友人を通じて横浜在住の清国人たちと面識を得た際も、漢詩や筆談を通じて交流を深めた。[2]

彼は李遂川との再会を祝し、一詩を詠んだ。

三年重上會芳亭　　三年　重ねて上る　会芳亭
笑對吟樽喜眼青　　笑って吟樽に対し　眼青を喜ぶ
一別風塵無限事　　一別　風塵　無限の事
看吾雙鬢更星星　　看よ吾が　双鬢　更に星星たるを

三年ぶりに再び会芳亭にあがり、
酒を飲み歓談して詩を作り、暖かい歓迎を喜ぶ。
先に別れてより世間は限りなく紛糾して、
私の両鬢には更に白いものが増えたのを見て下さい。[3]

大政奉還に戊辰戦争、そして二度にわたる天皇の東京行幸。[4] この三年間で日本は大きく揺れ動いていた。また小原鉄心の立場も二転三転した。それを振り返って覚えたであろう感慨深さが、彼の詩から読み取れる。

小原鉄心（昭和5年『大垣市史 中巻』925頁より）

木戸孝允（昭和17年『画譜憲政五十年史 増補再版』17頁より）

数カ月後の同年八月。明治維新の立て役者の一人、木戸孝允も横浜で清国人・李遂川と面会した。おそらく懇意にしている小原鉄心から紹介されたのだろう。

版籍奉還の勅許を得る大仕事を同年六月に成し遂げて、ようやく一段落ついた木戸孝允は、長年患っていた痔を療養するため、箱根へ湯治に赴くことにした。八月一日に東京を出立して品川に宿泊。翌日に横浜へ着き、伊勢文という料理店へ泊まった。[5] その翌日（日記の日付に混乱があるが）、李遂川と会った日の出来事を、木戸は次のように日記に書き残している。

同日　曇の朝。伊藤博文が来た。伊勢華《さかえ》たちと共に清国人の李遂川を訪ねた。書画の額や聯を贈り、清国人の料理店に登ったあと、近辺を散歩して帰った。[6]

淡々と事実関係のみを記述しており、小原鉄心の漢詩に比べるとそっけない印象も受ける。日記なのでこれで必要十分なのだろう。ここで着目したいのは「清国人の料理店」という記述だ。原文では《清人の料理楼》と書かれている。

明治二年の横浜で同じ清国人・李遂川と会ったことを考えると、木戸のいう《清人の料理楼》は小原鉄心が詩に詠んだ《会芳亭》と思われる。《会芳亭》と呼ばれる《清人の料理楼》。すなわち、横浜最初の中華料理店とされる「会芳楼《かいほうろう》」と考えて間違いないだろう。

会芳楼については本書の終盤で詳述するが、奇跡的なことに当時のメニューが現存している。そのメニューには、「ぶたそば」や「ぶたまんぢう」に混じって、「鳥やきそば」という料理が載っていた。私が知る限り、中華料理の「炒麺」に対して「ヤキソバ」という和訳が用いられた最古の例だ。木戸孝允や小原鉄心が味わったかはわからないが、江戸時代から明治時代へと変わった前後には、すでに「炒麺」が日本へ伝来し、「ヤキソバ」と呼ばれていたことになる。

ここでひとつ、本書での約束事を決めさせていただく。「焼きそば」と表記した場合、中華料理の「炒麺《チャーメン》」の和訳なのか、あるいはソース焼きそばを含む総称としての「焼きそば」なのかがわかりにくい。そこで本書では便宜的に、中華料理の「炒麺」の和訳としての「焼きそば」は「ヤキソバ」とカタカナで表記させていただく。違和感があると思うが、両者を区別する必要があるのでご了承願いたい。ただし特定の店の商品名はその限りではない。できる限りメニュー表記を優先する。

明治二年[7]に横浜の会芳楼で提供されていた「鳥やきそば」は、一体どのような料理だったのだろう？　それを知るには、数多くの資料をひもときながら、地道に時を遡るしかない。

まずはソース焼きそばの誕生にも関わる時代、明治末期から昭和初期にかけての東京近郊で、支那料理屋が提供していた「ヤキソバ」の実態から探ってみよう。

第1章
支那料理屋の「ヤキソバ」考

戦前の支那料理屋では、「支那そば」「ワンタン」「シュウマイ」などに混じって、「ヤキソバ」も提供されていた。漢字表記では「炒麵」だ。それはいったいどのような品だったのか。

結論からいうと「ヤキソバ」を提供していた支那料理屋の大半は広東料理を標榜し、あんかけ焼きそばをメインに提供していた。ただし現代の一般的なあんかけ焼きそばとは異なる、いくつかの大きな特徴があった。

この章では現存店の実食と数々の資料を踏まえ、戦前の支那料理屋の「ヤキソバ」の実態を明らかにしたい。

第1節　老舗の「ヤキソバ」実食分析

明治から昭和初期にかけて東京近郊で創業した中華料理店には、現存する店や最近まで営業していた店がある。また支店や暖簾《のれん》分けで味が継承されているケースもある。私はこれまで可能な範囲で、それらを食べ歩いてきた。

広東風のあんかけスタイルを
ヤキソバの標準とする老舗

屋号	地域	創業年	西暦
聘珍楼	横浜中華街	明治17年	1884年
萬珍楼	横浜中華街	明治25年	1892年
華香亭	横浜	大正元年	1912年
福来軒	立川	大正元年	1912年
大勝軒	茅場町	大正3年	1914年
精陽軒	渋谷	大正3年	1914年
奇珍楼	横浜	大正7年	1918年
巴家	内神田	大正8年	1919年
中華楼	浅草橋	大正12年	1923年
大勝軒	日本橋横山町	大正13年	1924年
大勝軒	日本橋本町	昭和8年	1933年
来々軒	祐天寺	昭和8年	1933年
海員閣	横浜中華街	昭和11年	1936年
辰巳軒	石神井公園	昭和14年	1939年
清風楼	横浜中華街	昭和20年	1945年
大勝軒	浅草橋	昭和21年	1946年

上の表は私が実食した東京近郊の老舗中華料理店を、創業順に並べた一覧だ（第3節で触れる店は除外している）。残念ながら廃業してしまった店も多いが、これら実際に食べた老舗の「ヤキソバ」「炒麺」をいくつか取り上げ、分析してみよう。

日本橋芳町の大勝軒総本店と系列店

一覧には「大勝軒」という店が四軒ある。これらは日本橋芳町（現在の人形町）にあった「大勝軒総本店」からの暖簾分けだ。ラーメンファンの間で

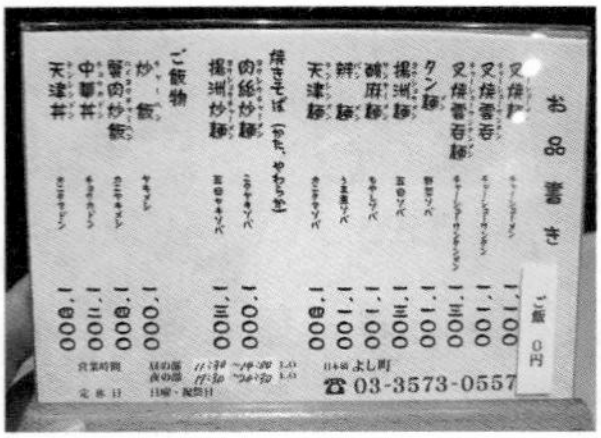

銀座　日本橋よし町
メニュー（2015年撮影）

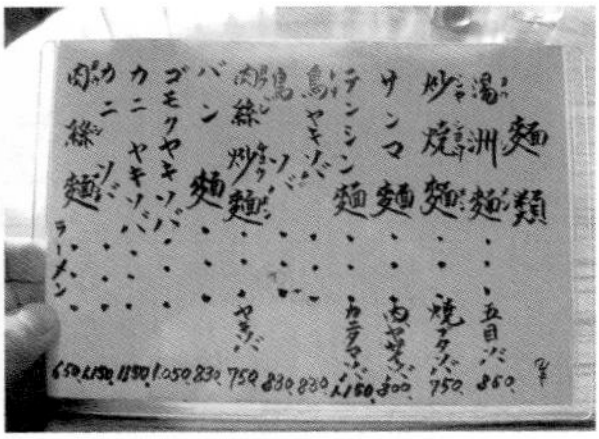

日本橋横山町　大勝軒
メニュー（2013年撮影）

は人形町系大勝軒と呼ばれ、都内における大衆的な中華料理店の草分け的存在に位置づけられている。[1]

さらに、創業が近年のため前頁の一覧には載せなかったが、大勝軒総本店の元料理長が「日本橋よし町」という店を一時期、銀座に出していた。それを加えると大勝軒総本店の系列店は五軒になる。[2]

人形町にあった大勝軒総本店の歴史は明治まで遡る。創業は明治三八年。一九八八年から喫茶店に業態変更し、二〇二〇年まで営業していた。

同店の四代目および五代目店主へのインタビュー記事によると、《明治三八年（一九〇五年）ごろ》に屋台として創業し、《大勝軒って屋号をつけて、きちんと店舗を出したのは大正二年（一九一三年）ごろ》と証言している。[3]

また同記事に掲載されている中華料理店時代のメニューによれば、「ヤキソバ」類は「肉絲炒麺」「揚州炒麺」「蟹肉炒麺」の三品が提供されていた。私が食べ歩いた系列五軒では、そのうちの二品、「肉絲炒麵」と「揚州炒麵」が必ず提供されていた。

まずはこの五軒を軸に大勝軒総本店のヤキソバを分析し、戦前のヤキソバの実像へと迫る糸口にしたい。

基本のヤキソバ、「肉絲炒麵」

「肉絲炒麵」は、細切りにした豚肉とモヤシを炒め、白濁したスープを加えてとろみをつけたあんかけ焼きそばだ。「肉絲」という字面だけ見ると「青椒肉絲《チンジャオロースー》」を連想して、「ロースー」(Ròu Sī)と読みがちだがそれは北京語だ。広東語では「ヨクシー」(Yuhk Sī)と読む。広東料理店では後者の読み方が多い。

私は大勝軒の系列五軒のうち、三軒で「肉絲炒麵」を実食した。どれもモヤシが主体で豚肉少量の、ほぼ同じスタイルだった。大勝軒総本店の「肉絲炒麵」も同様だったと推察できる。

日本語表記については、大勝軒総本店と「日本橋よし町」では「肉絲炒麵」に「ニクヤキソバ」という和訳が付いていた。それ以外の系列店ではいずれも単に「ヤキソバ」あるいは「焼そば」という記載だった。

戦前の支那料理屋の資料を調べると、この豚肉とモヤシを使った「肉絲炒麵」が、「炒麺」「ヤキソバ」というジャンルの基本メニューだったことがわかる。

例えば、横浜中華街にあった明治一七年創業の聘珍楼《へいちんろう》。横浜開港資料館に残されている聘珍楼の昭和初期の品書きには、六種類の「炒麺」（ヤキソバ）が載っている。その中で最も安いのが「肉絲《ぶたの》炒麺《やきそば》」だった。[4]

あるいは大正三年の雑誌記事で、支那そば屋台の最安メニューを《肉絲麺とも云う》と記載されている。[5] シンプルな支那そばは「肉絲麺」。それと同じく戦前の支那料理屋では、「肉絲炒麺」がヤキソバの最安メニューだった。それは私が実食した大勝軒系列以外の老舗でも確認できた。

横浜の本牧《ほんもく》の近く、本郷町の裏通りに、華香亭《かこうてい》という大正元年創業の広東料理店がある。提供する六種類のヤキソバの中で、最も安いのは「モヤシヤキソバ」だ。わずかながら豚肉も使われているので、これも漢字表記なら「肉絲炒麺」に相当する。

昭和二五年創業の有楽町・慶楽では、「肉絲炒麺」に「豚肉トモヤシヤキソバ」と添え書きをしていた。トロミ餡こそないものの、説明そのままの品で、これも同店の「炒麺」（ヤキソバ）では最も安価なメニューだった。

また大勝軒系のいくつかの店でも確認できたように、戦前に由来する老舗の中華料理店で単に「ヤキソバ」という品名の場合は、「肉絲炒麺」を指しているケースが多い。

大正八年創業、内神田にあった巴家では「五目やきそば」と「やきそば」を提供していた。安い方の「やきそば」は、カニの身や玉子、グリーンピースが使われ、モヤシの割合が比較的少ない品だった。標準からはやや外れるが、これも漢字表記なら「肉絲炒麺」だろう。

豪華な五目ヤキソバ、「揚州炒麺」

モヤシが主体の「肉絲炒麺」とは対照的に、豪勢な具を使ったヤキソバが「揚州炒麺」だ。大勝軒総本店のメニューでは、「揚洲炒麺」に「五目ヤキソバ」という和訳が付いていた。「日本橋よし町」も全く同じだ。

また、昭和初期の横浜・聘珍楼のメニューでも、「揚州炒麺」に「ごもくやきそば」とルビが振られていた。つまり、「揚州炒麺」は「五目ヤキソバ」を意味している。「揚州《ようしゅう》」とは中国江蘇《こうそ》省の地名で、中華料理では「揚州炒飯」が有名だ。通説では、揚州商人が富裕だったことから、「豪華な」という意味合いで「揚州」という地名を当てたとされる。「揚州炒麺」は、その「揚州炒飯」から転用したのだろう。

大勝軒系列店の「揚州炒麺」は、「肉絲炒麺」に玉子やチャーシューを盛り付けたり、餡の具に多めの肉や海鮮を加えたりしたスタイルだった。

大勝軒系列以外だと、昭和二〇年創業、横浜中華街の清風楼が「楊州炒麺[6]」（五目ヤキソ

老舗中華料理店の「肉絲炒麵」の例

茅場町　大勝軒
焼そば

銀座　日本橋よし町
肉絲炒麵

横浜　華香亭
モヤシヤキソバ

浅草橋　大勝軒
焼そば

内神田　巴家
ヤキソバ(軟)

有楽町　慶楽
肉絲炒麵

老舗中華料理店の「揚州炒麺」の例

日本橋本町　大勝軒
五目焼そば

日本橋横山町　大勝軒
ゴモクヤキソバ

祐天寺　来々軒
什景炒麺

横浜中華街　清風楼
楊州炒麺

浅草橋　中華楼
什錦炒麺

渋谷　精陽軒
あんかけ焼きそば

バ）を提供している。チャーシューやウズラの玉子、エビ・イカ・ナルト巻に長ネギ・タケノコ・サヤエンドウなど、豪華な具材が餡に使われていた。

時代を経て「揚州炒麺」という表記は廃《すた》れ、「五目ヤキソバ」には「什錦《じゅうきん》炒麺」や「什景《じゅうけい》炒麺」など、多様な具を意味する漢字が当てられるようになった。

例えば昭和一三年に出版された書籍に記載された《什錦炒麺（しうちんつあめん）》は、「揚州炒麺」と同じく「五目ヤキソバ」を意味している。[7] 漢字の意味合いとしては、「揚州」より「什錦」「什景」の方が適切なのは間違いない。

また、あまり色が付いていない白濁した〝銀餡〟よりも、醤油で味付けされた褐色の〝金餡〟が主流になった。現代の中華料理店でも「五目ヤキソバ」は人気メニューだ。栄養も彩りもバランスが良いので、年齢層を問わずに好まれている。

揚げ麺を標準とする老舗が存在

「肉絲炒麺」（ヤキソバ）と「揚州炒麺」（ゴモクヤキソバ）の他には、鶏を使った「鶏絲炒麺」（トリヤキソバ）や、エビを使った「蝦仁炒麺」（エビヤキソバ）、カニを使った「蟹肉炒麺（蟹粉炒麺）」（カニヤキソバ）などのバリエーションもあった。戦前の支那料理屋ではこれらの「ヤキソバ」「炒麺」が提供されていた。古いメニューや現存店でもよく目にする。それらも広東系のあんかけ焼きそばスタイルが多い。

ところで、あなたが「あんかけ焼きそば」と聞いてイメージする焼きそばは、どんな麺だろうか？　おそらく表面をパリッと焼いて、中は軟《やわ》らかな麺を思い浮かべる方が多いと思う。

前掲した一覧の店の多くは、あんかけ焼きそばを注文する際、軟らかい麺か硬い麺かを選択することができた。ところが中には、パリパリの揚げ麺しかない店や、揚げ麺が標準の店もある。

大正七年創業、横浜の奇珍楼は揚げ麺の代表例だ。奇珍楼では無印の「焼ソバ」のほかに、「五目焼ソバ」「海老焼ソバ」「鳥焼ソバ」「肉焼ソバ」を提供している。そのいずれもパリパリの揚げ麺のみで、軟らかい麺は選べない。

横浜中華街にある昭和一一年創業の海員閣も、揚げ麺が「炒麺」の標準だ。例えば「楊州炒麺」[8]は「五目かたやきそば」という日本語表記になっている。「肉絲炒麺」は「肉かたやきそば」、「蝦仁炒麺」は「えびかたやきそば」と訳され、最後に「軟炒麺」「やわらかいやきそば」が載っている。つまり揚げ麺、カタ焼きが標準なのだ。

なお海員閣については、横浜で明治二六年に生まれた文筆家・獅子文六が〝海員閣の主人は、聘珍楼のチーフ・コックだった〟と証言している。[9]となると、海員閣が創業した昭和一一年頃の聘珍楼の「炒麺」も、カタ焼きそばだった可能性が高い。

揚げ麺が標準の中華料理店の例

横浜中華街　海員閣
楊州炒麺

横浜　奇珍楼
焼ソバ

石神井公園　辰巳軒
カタイ焼ソバ

立川　福来軒
揚げ焼そば

古川橋　大宝
揚焼麺

中野坂上　ミッキー飯店
ミッキーカタ焼きそば

また、揚げ麺はあるのに、軟らかい麺のあんかけ焼きそばを提供していないケースもある。大正元年創業、立川の福来軒は「創業以来の人気と味」という売り文句で「揚げ焼そば」を提供している。他にソース焼きそばや焼きラーメンがあるにもかかわらず、軟らかい麺のあんかけ焼きそばは提供していない。

昭和一四年創業、石神井公園・辰巳軒も同様だ。ヤキソバは「ソース焼ソバ」「五目ソース焼ソバ」「カタイ焼ソバ」の三種のみで、軟らかい麺のあんかけ焼きそばはない。

中野坂上・ミッキー飯店の「ミッキーカタ焼きそば」や、古川橋・大宝の「揚焼麺」など、戦後に創業した中華料理店でも、揚げ麺のみで軟らかいあんかけ焼きそばがないケースが意外に多い。これらの店も、揚げ麺をヤキソバの標準にしているとみなしてよいだろう。

大勝軒総本店も浅草・来々軒も揚げ麺だった

揚げ麺が標準だったのは、これらの店だけではない。明治時代に日本橋芳町で開業した件《くだん》の支那料理屋、大勝軒総本店のヤキソバも、実は揚げた麺が標準だった。

例えば明治三一年生まれの美術家・森義利は、大勝軒（総本店）のヤキソバを、《上にあんかけのある、カリカリの堅いほうの焼きそば》だった、と書き残している。つまり、カタ焼きそばだったと証言している。

屋台ではない支那そばについていえば、芳町には「大勝軒」という味のいい中華料理屋が明治の頃からありました。「大勝軒」の開店は私が小学六年生の頃です。友人で芸者屋の息子がいて、「近所にうまい物を食わせる店が出来たからおごってやるよ」といわれた。そうして、連れていってくれたのが大勝軒でした。私は生れて初めてヤキソバを食べた。上にあんかけのある、カリカリの堅いほうの焼きそばです。大皿に山盛りになっていて、これが滅法うまい。当時のお金で八銭でした。[10]

また『リンゴの唄』で知られる明治三六年生まれの作詞家・サトウハチローも、昭和一一年の朝日新聞の連載で大勝軒のヤキソバに触れ、麺の揚げ具合を称賛している。この記述も、大勝軒のヤキソバが揚げ麺だったことを示している。

左側に大勝軒《たいしょうけん》なる支那料理。こいつが、めッぽううめえぜ。やきそばのあげ工合《ぐあい》なんてこたえられない。[11]

前掲した大勝軒総本店のインタビュー記事では、五代目店主が《やきそばは3種類できました。かたやき中焼き、生焼きっていう。ぜんぶ自家製麺でね》と語っている。また四代目店主は「蟹肉炒麺」「カニヤキソバ」について《それはカタヤキそばの麺の上にのせるの、ちょっと高級でぜいたくなメニューだったよ》と証言している。

しかし明治三〇年代生まれの二人――森義利とサトウハチロー――の証言によると、「蟹肉炒麺」だけでなく「肉絲炒麺」も「揚州炒麺」も、もともとは揚げ麺を使ったカタ焼きそばだったと思われる。

そして明治四三年に浅草で創業した来々軒も、ヤキソバは揚げ麺を使っていた。

東京ラーメンの草分けとして知られる来々軒は、支那そば屋のイメージが強い。しかしヤキソバも提供していた。例えば平成元年に出版された『ベスト オブ ラーメン IN POCKET』の「序にかえて」に、昭和初期の来々軒の品書きが掲載されている。そこには「らうめん」や「ちやしゆめん」にまじって「やきそば」が記載されている。[12]

また、明治三六年生まれの喜劇役者・古川ロッパは、昭和九年七月八日の日記に《来々軒の焼そば》を食べたと書き残している。[13]このように来々軒ではヤキソバが提供され、支那そばなどと同様に食べられていた。

では来々軒のヤキソバはどのような品だったのか。大正一四年生まれの映画評論家・荻昌弘《おぎまさひろ》が、昭和一桁の頃に食べた来々軒のヤキソバを回想して、《アゴの裏側へ突刺さるような、来々軒の固いヤキソバ》と描写している。明らかに揚げ麺だ。

ところでその来々軒。筆者御幼少のみぎり、昭和一ケタ時分といえば、ラーメンなんぞという用語は、(あったのかもしれンが)使いませんでしたよ。ひたすらシナソバ。それもチャーシューメン。あとはヤキソバ、チャーハン、シューマイ、ワンタン、ヤキブタ。〔中略〕

たまには、あのアゴの裏側へ突刺さるような、来々軒の固いヤキソバももう一度食いたいと思うよ。[14]

大勝軒総本店も浅草・来々軒も、戦前の東京を代表する支那料理屋だ。その二店とも、提供していたヤキソバは揚げ麺を使ったカタ焼きそばだった。実は当時はそれがヤキソバのスタンダードだったのだ。

カタ焼きそばが戦前のスタンダード

支那料理の「ヤキソバ」「炒麵」は、軟らかい麵よりも揚げ麵を使ったカタ焼きそばの方がスタンダードだった。そのことを指し示す資料は他にもある。

高田馬場のタイ料理店　タイコウのミークロップ
（2017年撮影）

松阪市　不二屋　やきそば
（2011年撮影）

長野市　いむらや　焼そば
（権堂店にて2023年撮影）

昭和一七年に出版された『タイ案内』では、揚げ麺を使ったタイの麺料理「ミークロップ」（Mee Krob）について、《支那料理でいへば、やきそばに似たもの》と表現している。支那料理のヤキソバが揚げた麺を使っている前提でなければ、このような表現はされないだろう。[15]

戦後になっても、しばらくの間、「ヤキソバ」イコール「カタ焼きそば」という認識は変わらなかった。昭和三三年『栄養と料理』の「夏むきの家庭やきそば」という記事では、冒頭で次のように述べている。

やきそばと一口に云えばパリパリに油揚げしたものを考えがちですが、中国ではいろいろの種類があります。例えば、たっぷりの油で玉にした蒸そばの両面を焼いて、上から肉と野菜入りのあんをかけたものもあります。[16]

《パリパリに油揚げしたものを考えがち》と言われるほどに、支那料理の「ヤキソバ」「炒麵」が「カタ焼きそば」なのは当たり前だった。その名残は、地方の飲食店でも見受けられる。

長野県長野市に「いむらや」という昭和三〇年創業の店がある。[17] 細い平打ち麵を揚げて甘い中華餡をかけ、多彩なトッピングを施したボリュームたっぷりの「焼そば」が名物だ。[18] 餡がかなり甘いので、からし酢をかけて好みの味に調整すると良い。

三重県松阪市にある「不二屋」が、昭和三二年から提供している「やきそば」も揚げ麵だ。[19] サクサクに揚げられた太麵に、粘り気の強い和風出汁の餡をかけた独特な品だ。中華そばとともに同店の看板メニューとして地元民の人気を集めている。

戦前に出版されたレシピを調べると、支那料理の「ヤキソバ」「炒麵」のスタンダードは、「カタ焼きそば」だったことがさらに明瞭になる。次節で分析してみよう。

●この節の要約
・支那料理屋の「ヤキソバ」「炒麺」は、広東風のあんかけが主流だった
・「肉絲炒麺」が基本の「ヤキソバ」で、「揚州炒麺」は豪華な「五目ヤキソバ」のこと
・軟らかい麺よりも、揚げ麺を使ったカタ焼きそばの方がスタンダードだった

第2節　戦前料理本の「ヤキソバ」レシピ

私の手元に、近代食文化研究会氏から共有していただいた「戦前の支那料理書一覧」というリストがある。そのリストには、数件の戦後資料・新聞を含めて、約二〇〇件にのぼる支那料理書が網羅されている。

それら戦前の料理書の中で、「ヤキソバ」「炒麺」が掲載されているのは三五冊ある（三四頁）。私はその三五冊を一冊ずつ確認し、掲載された五九品目の「ヤキソバ」「炒麺」レシピについて、全文を抜き書きして精査した。

これらの「ヤキソバ」「炒麺」レシピについて、麺の調理工程——混ぜ炒めか、両面を焼

くのか、あるいは揚げているのか——に着目しつつ分析してみたいと思う。

「炒麺」レシピの初出は、明治二〇年の「蟹粉炒麺《ヒャイフェンサウメン》」

「ヤキソバ」「炒麺」のレシピが日本の出版物で初めて掲載されたのは、私の知る限りだと、明治二〇年に出版された『庖丁塩梅　一一号』の《蟹粉炒麺《ヒャイフェンサウメン》》だ。[1]大勝軒総本店が提供していた「蟹肉炒麺」を思い出すが、「粉」と「肉」とで一文字違う。抱卵したカニの卵（内子・外子）と殻からほぐした身肉を使った贅沢なヤキソバである。

カニを茹で上げ、《甲《かう》と胴《どう》を放《はな》し》、解したカニ肉と《胎子《こ》》を混ぜ、みじん切りにしたネギと豚油《ラード》で炒める。それに加えて、《平佃饂飩を水《みず》に浸《ひた》し直《ただち》に上《あ》げて水《みず》を去《さ》りたるものを共《とも》に煎り》とあるから、混ぜ炒めのようだ。

翌年、明治二一年の『庖丁塩梅　一七号』にも、《蟹粉炒麺》のレシピが紹介されている。《饂飩の細かなるものを豚油にて炒《い》り》、《此中に蟹の肉を入れ能く炒り》とあるから、やはり混ぜ炒めらしい。[2]

それから二〇年間、炒麺のレシピが載った出版物は見当たらない。二一年後の明治四二年に出版された『女道大鑑』で、《粉炒麺《こしゃめん》》という炒麺レシピがようやく再び姿を見せる。[3]ただレシピの内容を確認すると、やはりカニの身と卵を使った焼きそばだ。私見だが、本来は

蟹粉炒麺の例

中華飯店　三田店
上海蟹やきそば

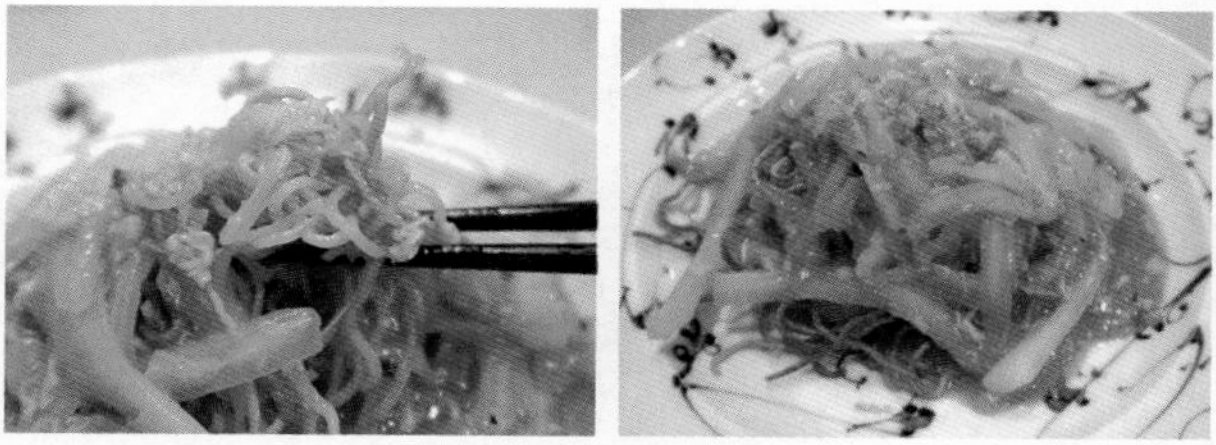

広味坊　千歳烏山本店
蟹粉炒麺

「蟹粉炒麺」だったのを、編集や植字の工程で誤って「蟹」の一字を省いてしまい、「粉炒麺」としてしまったように思う。

この《粉炒麺》だが、調理法が前述した二例とはやや異なる。カニの肉と玉子をネギと炒め（豚の油に揚げ）るのは同じだが、《饂《う》飩《どん》と共《とも》に一つに盛《もり》て食卓《しょくたく》に出《いだ》す》とある。饂《う》飩《どん》を炒めたり揚げたりする工程がないので、もしかしたら現代でいう和《あ》え麺（蟹粉拌麺）を想定しているのかもしれない。少なくとも混ぜ炒めではなさそうだ。

この次に炒麺レシピが出版され

炒麺（ヤキソバ）が掲載されている戦前の料理書 35 冊

- 『庖丁塩梅　11号』（1887、三信舎）
- 『庖丁塩梅　17号』（1888、三信舎）
- 三八光商会編輯部『女道大鑑』（1909、三八光商会）
- 桜井ちか子『楽しい我が家のお料理』（1925、実業之日本社）
- 中野虎之助『家庭向の支那料理』（1925、大阪割烹学校校友会）
- 小林定美『手軽においしく誰にも出来る支那料理と西洋料理』（1926、文僊堂）
- 小林定美『手軽に出来る珍味支那料理法』（1926、弘成社）
- 中村俊子『新しい家庭向支那料理（婦人実生活叢書　第2編）』（1926、緑蔭社）
- 東京割烹講習所編『手軽に出来るお惣菜の拵へ方』（1926、天玄堂）
- 家庭料理講習会編『誰にも出来る新しい四季の和洋支那料理』（1927、緑蔭社）
- 中村俊子『家庭で出来るおいしい支那料理』（1927、富文館）
- 木村登代子『日本・支那・西洋料理及日々お惣菜の拵へ方』（1927、成輝堂）
- 羅味蒓『手軽に出来る家庭支那料理』（1927、実業之日本社）
- 吉田誠一『美味しく経済的な支那料理の拵へ方』（1928、博文館）
- 『一年中朝昼晩のお惣菜と支那、西洋料理の拵へ方』（1928、中央書院）
- 安東鼎『料理相談』（1929、鈴木商店出版部）
- 緑川幸次郎・石井泰次郎『日本支那西洋料理大辞典』（1929、春陽堂）
- 『実物そのまゝの風味を表した家庭料理とその実際』（1930、修教社書院）
- 『簡単な西洋料理支那料理　附食事作法』（1931、大日本雄弁会講談社）
- 『婦人公論大学第８料理篇』（1932、中央公論社）
- 赤堀旺宏『最新支那料理法』（1932、大倉書店）
- 『簡単に出来る家庭向支那料理三百種』（1933、大日本雄弁会講談社）
- 大岡蔦枝『料理研究一般向支那料理』（1933、日本女子大学）
- 秋穂敬子『支那料理』（1935、東京割烹女学校出版部）
- 山田政平『四季の支那料理』（1936、味の素本舗）
- 読売新聞　昭和11年7月4日朝刊9面（1936）
- 『婦女界』昭和11年8月号（1936、婦女界社）
- 『手軽に美味しく出来る家庭向き支那料理と西洋料理』（1937、香蘭社）
- 雄山閣編『食物講座第八巻』（1938、雄山閣）
- 竹田胤久編著『支那料理基本智識』（1938、料理の友社）
- 『婦人倶楽部』昭和14年3月号（1939、講談社）
- 『支那料理辞典　上巻』（1939、合資会社　大日本料理研究会　料理の友社）
- 『支那料理辞典　下巻』（1939、合資会社　大日本料理研究会　料理の友社）
- 山田政平『素人に出来る支那料理（婦人之友料理叢書３）』（1940、婦人之友社）
- 主婦之友社編『洋食と支那料理』（1940、主婦之友社）

るのは、一六年後の大正一四年まで待たねばならない。つまり、明治時代の炒麺レシピで残されているのは、上記三件のみとなる。全てカニの身と卵を使った「蟹粉炒麺」（カニヤキソバ）だ。

炒麺ではなく豆腐を使った「蟹粉豆腐」は、現代の中華料理店でもよく見かける。高級食材の抱卵したカニを使った贅沢な料理だ。上海ガニが旬を迎える秋になると、提供する店が増える。

「蟹粉炒麺」もその点では同様のごちそうだが、こちらを提供する店はほとんど見かけない。上海ガニのシーズンでも和え麺の蟹粉拌麺はわりと多いが、炒麺仕立てはまず見ない。私は二回実食したが、一回は旬の時期のみの限定ランチで、もう一回は上海ガニのコース料理へ組み込んでもらったものだった。

戦前の支那料理屋でも、前節で取り上げた「肉絲炒麺」や「揚州炒麺」に対して、「蟹粉炒麺」はおそらく高級品で、希少だったはずだ。事実、一九三〇年頃の聘珍楼品書きに「蟹肉炒麺」はあるが「蟹粉炒麺」はない[4]。

日本人だけでなく清国人にとっても日常食とは言い難く、出版時期も麺の調理方法も食材も、この項で取り扱う他のレシピとは大きく異なる。

右の理由により、明治時代の三つの「蟹粉炒麺」レシピについては、例外的な存在と位置づけることにした。

大正時代末期の「炒麺」レシピ

大正時代に入ってから、支那料理のレシピを掲載した書籍や雑誌が何冊か刊行された。しかし「ヤキソバ」「炒麺」レシピは、前述した通り大正時代末期まで現れない。大正一四年に至ってようやく、桜井ちか子『楽しい我が家のお料理』と、中野虎之助『家庭向の支那料理』という二冊で炒麺レシピが刊行された。

『楽しい我が家のお料理』では、《チャウメン（焼蕎麦《やきそば》）》という料理名で紹介されている。乾麺の和蕎麦を茹《ゆ》で、豚肉やシイタケと混ぜ炒めて醤油で味付けする、混ぜ炒めのヤキソバだ。支那料理の専門書ではないため、日本風にアレンジしたレシピになっているのだろう。[5]

一方、『家庭向の支那料理』には、《鶏絲炒麺《キースーシャメン》》と《炸仁炒麺《チャーレンシャメン》》が紹介されている。《鶏《キー》絲炒麺《スーシャメン》》は「鶏肉」を使うはずなのだが、なぜか本文では豚肉が使われ、目次でも「豚肉うどん」という括弧書きが添えられている。実体は「肉絲炒麺」と受け取って問題ない。ようやく、前節で取り上げた料理が現れた。[6]

その《鶏絲炒麺《キースーシャメン》》（実体は「肉絲炒麺」）は混ぜ炒めである。もう一方の《炸仁炒麺《チャーレンシャメン》》は、麺を焼いて餡をかけるあんかけ焼きそばだ。

一冊の本で二種の炒麺を紹介しているが、片方は混ぜ炒めで、片方はあんかけだ。このように食材や書き手によって、一冊の本に異なる調理方法が掲載されている場合がある。

それとは別に、複数の出版物で全く同じ文面のレシピが掲載されているケースもある。

大正一五年に出版された中村俊子『新しい家庭向支那料理』に掲載されている《焼そば》レシピは、支那そばとネギ、シイタケ、タケノコを炒め、砂糖や醤油で味付けしたものだ。その《焼そば》レシピが、全く同じ文面、あるいはほんの少し違うだけの文面で、大正一五年（昭和元年）から昭和二年にかけて、五冊もの出版物に掲載されている。中には著者が異なる本もある。[7][8][9][10][11]

当時の出版業界では著作権をほとんど無視した、剽窃《ひょうせつ》まがいの模倣も横行していた。当時のそうした出版事情を考えると、レシピを分類する際にこれらの本を挙げて、「大正末期から昭和初期にかけて、混ぜ炒めのレシピが五例ある」と見做《みな》すことは、いささか不適切なことがわかっていただけると思う。これは他の調理方法にも言える。

麺を「焼く」＝「揚げる」？

麺を揚げた焼きそばのレシピについては、大正一五年に出版された、小林定美『手軽においしく誰にも出来る支那料理と西洋料理』[12]が、私が調べた限りでの初出になる。わざわざ

《支那《しな》麺《そば》の茹方《ゆでかた》と焼方《やきかた》》という項まで設けられている。ここで「揚げる」ことを「焼く」と表現している点に注目したい。

一六　支那《しな》麺《そば》の茹方《ゆでかた》と焼方《やきかた》

〔前略〕次《つ》ぎに焼麺《やきそば》について申上《もうしあ》げます、麺《そば》を焼《や》きますにはラードが相當《さうとう》の量丈《りようだ》け入用《にふよう》ですから焼麺《やきそば》をする時《とき》は、可成《なるべく》ラードを用意《ようい》して置《お》いて下《くだ》さい。

先《ま》づフライパンにラード八分目位《ぶんめくらゐ》を煮溶《にとか》し、充分油《じうぶんあぶら》の煮立《にた》ちたる時《とき》、麺《そば》をよく解《と》いて入《い》れ、箸《はし》で攪廻《かきまわ》し乍《なが》ら、入《い》れた麺《そば》が狐色《きつねいろ》になりましたならば、よく油《あぶら》を切《き》つてスープ皿《さら》の如《ごと》きものに盛《も》り置《お》きます。

《フライパンにラード八分目位》というから、完全に麺を揚げる前提の油の量であることがわかる。しかし、あくまでも《焼麺《やきそば》》の《焼方《やきかた》》であって、「揚げ方」ではない。これ以外のレシピ本でも「麺を焼く」「麺を炒める」「麺を煎る」などの表現があるが、実は「麺を揚げる」を意味するケースがある。油の量や麺の状態の描写から、実際の調理方法を見極める必要がある。

同書に紹介されている「炒麺」レシピは、《揚州炒麺《ヨースチャーメン》（ごもくやきそば）》、《鶏絲炒麺《ケースチャーミー》

（とりやきそば）》、《肉絲炒麺《ニヨスチャーミー》（にくやきそば）》、《蝦仁炒麺《ホニンチャーミー》（えびやきそば）》、《蟹粉炒麺《ハーフンチャーミー》（かにやきそば）》の五種類だ。いずれも前述した《焼方《やきかた》》でこしらえた揚げ麺を使っている。

また《蟹粉炒麺》は《蝦仁炒麺》のエビの代わりにカニを使ったもの、と記してある。明治時代の「蟹粉炒麺」レシピのようにカニの卵を使っていないので、そこまで高価ではない。前節で触れた大勝軒総本店の「蟹肉炒麺」も同様の品だったと思われる。同じ「蟹粉炒麺」でも、このように比較的廉価なバージョンがあり、料理名だけで同じ料理と判断できないので注意が必要だ。

それともう一点、同書には注目したい点がある。揚げ麺を使った「炒麺」に、ソースをかけることを勧めているのだ。《揚州炒麺》には次のような補足文がある。

尚焼麺《なほやきそば》は普通食酢《ふつうしょくす》をかけて食《しょく》するも、酢《す》のみにて不足《ふそく》の人《ひと》はソースをかけて食《しょく》するも差支《さしつかえ》なく、

また《鶏絲炒麺》にも次の一文が付されている。

此場合《このばあひ》ソースをかけるも勿論差支《もちろんさしつかえ》なし。

支那料理の炒麺は、ソース焼きそばと全く異なる調理法ではあるが、ソースで味付けするという意外な接点もあったのが興味深い。

昭和一桁年代の「炒麺」カラー挿絵

大正一四年から出版物に現れ始めた「ヤキソバ」「炒麺」レシピは、翌年に元号が昭和に変わってからも、支那料理の定番の一つとして紹介され続ける。中にはカラーの挿絵を添えたものもある。

料理自体は後世に残せないため、味は想像するしかない。しかし、こういったカラーの挿絵があると、当時のヤキソバをイメージしやすくなる。前節で挙げた老舗の品々と比較してみると、共通する部分も見つかるだろう。

カラー挿絵の一枚目は、昭和五年に出版された『実物そのまゝの風味を表した家庭料理とその実際』に掲載されたもの。本文の《炒麺（ヤキソバ）》レシピは、日本蕎麦をフライパンに丸く広げ、焼き目がつく程度に両面を焼くよう書いている。それを皿に盛ってから別に

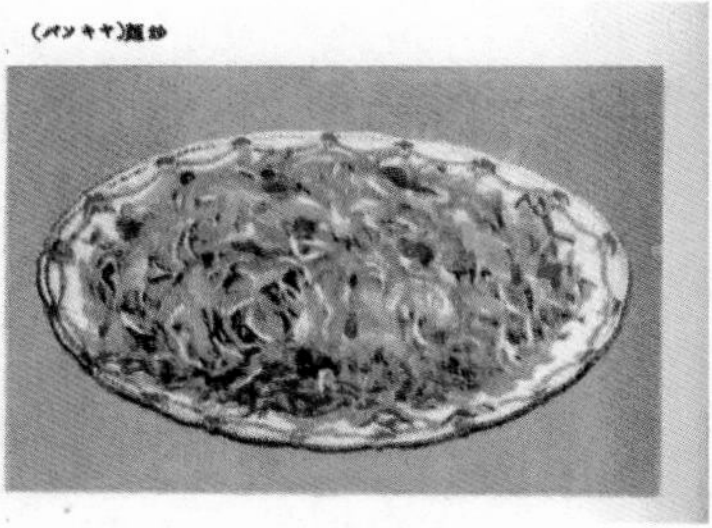

『実物そのまゝの風味を表した
家庭料理とその実際』挿絵
（筆者所蔵）

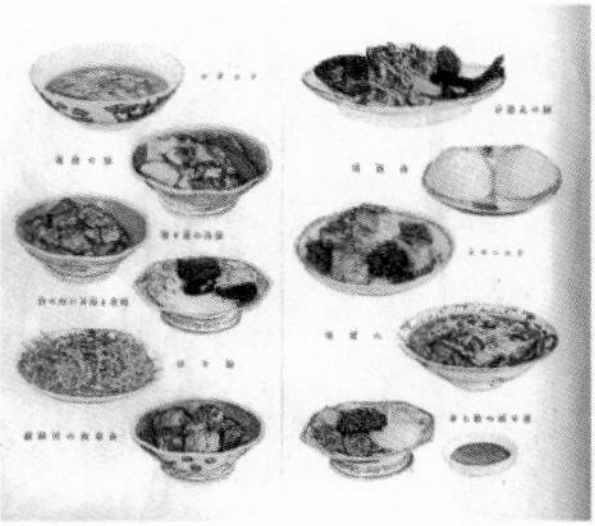

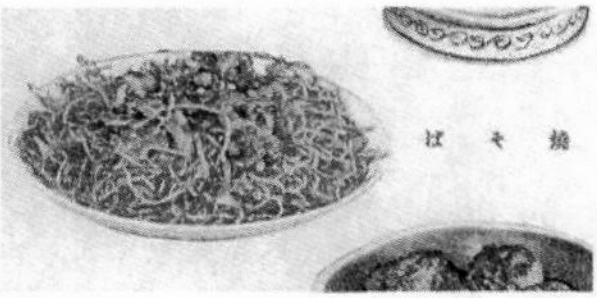

『簡単な西洋料理支那料理
附食事作法』口絵（筆者所蔵）

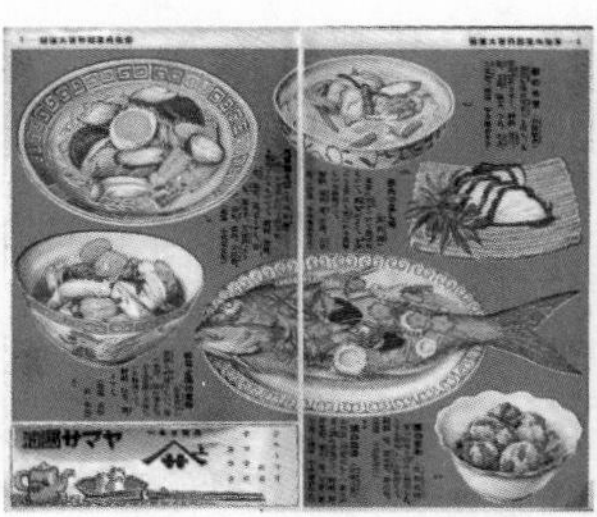

『簡単に出来る家庭向支那料理三百種』口絵（筆者所蔵）

炒めた具を乗せて、とろみのついたスープをかけるという、ちょっと変わったあんかけスタイルだ[13]。

二枚目は昭和六年の『簡単な西洋料理支那料理　附食事作法』の口絵だ。本文の《焼そば(焼麺《シャオメン》)》のレシピでは、《焼そばは、油《あぶら》で揚《あ》げた支那《しな》そばに野菜餡《やさいあん》をどろりと注《か》けたもの》、と書かれ、揚げ麺を使うことを明言している[14]。

三枚目は昭和八年に刊行された『簡単に出来る家庭向支那料理三百種』のカラー口絵。豪華な具が盛り付けられた、《五目焼そば(什錦炒麺《シーチンチャオミエン》)》が載っている。前節で紹介した立川・福来軒の「揚げ焼そば」と、器までそっくりだ[15]。

同書の本文では、五種の「炒麺」を三人の講師が紹介している。四種二人の「炒麺」が揚げ麺、一種一人の「炒麺」が炒め麺だ。後者は麺を「そば」ではなく「うどん」と呼んでいる。

また、三〇〇種もレシピを載せるためか、《親子焼そば(鶏桂花炒麺《チイカイホウチャオミエン》)》や《カレー焼そば(茍苓炒麺《カーリーチャオミエン》)》などの変わり種もあるのが面白い。どちらも揚げ麺だが、《カレー焼そば》には備考として麺を揚げる際のコツまで丁寧に書かれている。

このように、支那料理を家庭で楽しむためのレシピ本が、昭和初期には数多く出版された。しかし昭和一二年に日中戦争が開戦し中国との関係が悪化すると、支那料理本の需要も減ってゆく。「ヤキソバ」「炒麺」レシピも、昭和一五年に出版された主婦之友社編『洋食と支那料理』が、私が知る戦前最後の資料となる。

数値でみる「炒麺」レシピの推移

ここまでに述べたように「ヤキソバ」「炒麺」レシピが紹介された戦前の出版物は、大正一四年（一九二五年）から昭和一五年（一九四〇年）に至る一六年間に集中している。私が把握している限りだが、明治時代の例外三冊を除外して、三二冊五九品目を数える。それらのレシピがどのように麺を調理しているか、「混ぜ炒め」「麺を焼く」「麺を揚げる」に分類し、冊数および品目数を年代別に集計してみた（四四頁）。

まず、冊数だが一九二五〜三〇年にかけては、「混ぜ炒め」が多い。しかしこれは前述した通り、全く同じ文面をそのまま掲載したものがほとんどで、実際のレシピ数で言えば三つしかない。

昭和七年（一九三二年）頃までは、「麺を焼く」と「麺を揚げる」が拮抗しているが、それ以降は「麺を揚げる」レシピが明らかに主流となる。その傾向は品目数の集計グラフで、より一層顕著になる。

大正一五年／昭和元年（一九二六年）に「麺を揚げる」が一二品目とあるが、これは同じ

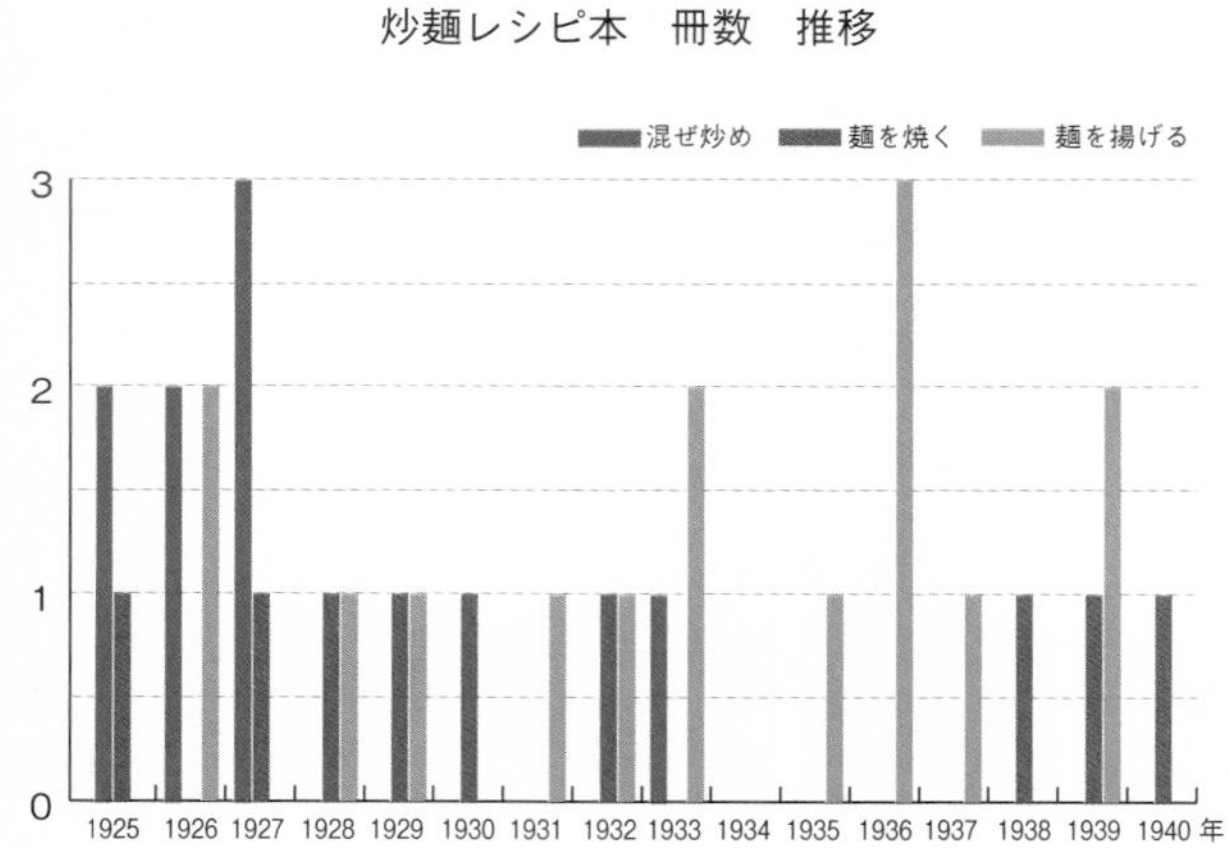

炒麺レシピ本　冊数　推移
混ぜ炒め
麺を焼く
麺を揚げる
3
2
1
0
1925
1926
1927
1928
1929
1930
1931
1932
1933
1934
1935
1936
1937
1938
1939
1940
年

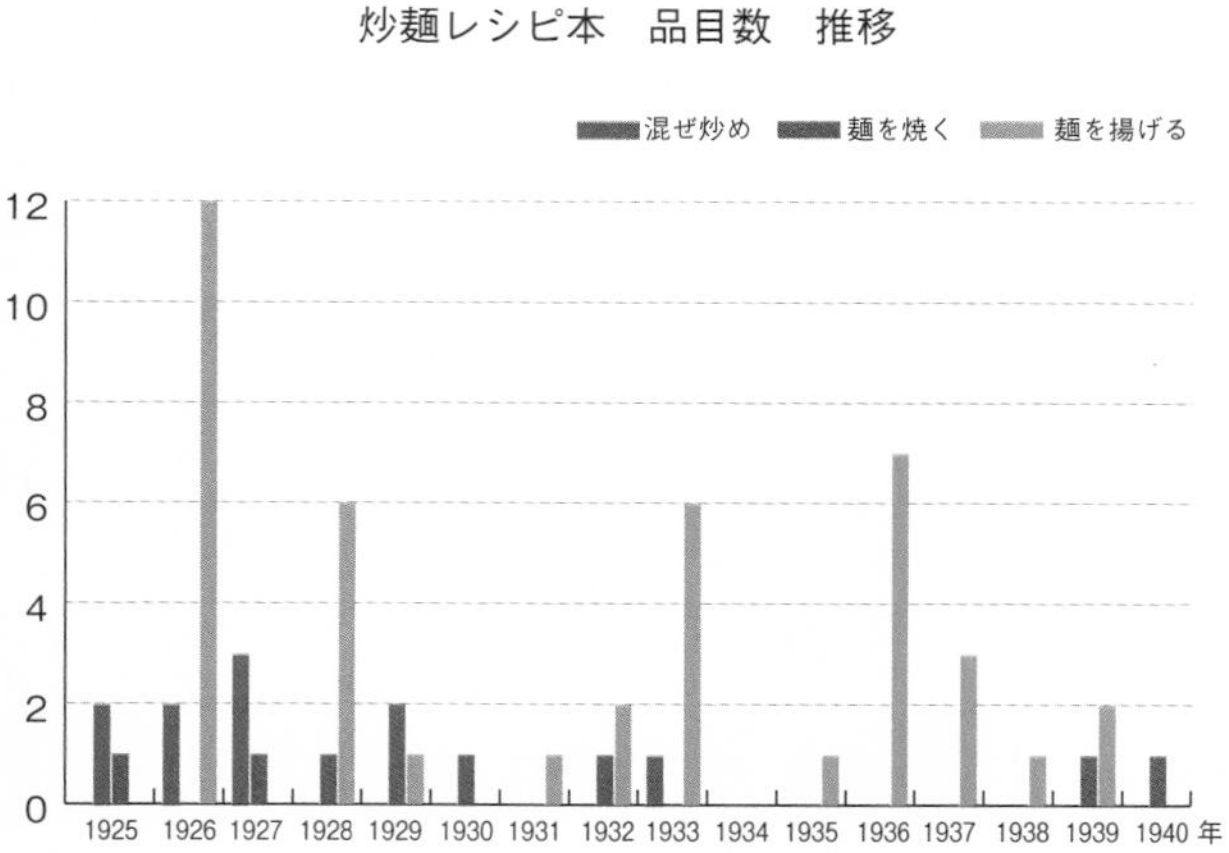

炒麺レシピ本　品目数　推移
混ぜ炒め
麺を焼く
麺を揚げる
12
10
8
6
4
2
0
1925
1926
1927
1928
1929
1930
1931
1932
1933
1934
1935
1936
1937
1938
1939
1940
年

レシピが異なる二冊で紹介されていたものなので、実際のレシピ数は六と数えるのが妥当だろう。しかしそれを差し引いても、「麺を揚げる」レシピ数は「混ぜ炒め」や「麺を焼く」レシピ数を圧倒している。

一六年間全体の集計だと、三三冊のうち「混ぜ炒め」レシピが載っているのは八冊、「麺を焼く」は九冊。それに対して「麺を揚げる」は一五冊だ（料理名のみでレシピのない本や、一冊に複数の調理法もある）。

品目数で見ると、五九品目のうち「混ぜ炒め」は八品目、「麺を焼く」は九品目で一冊に一品目ずつしかない。しかし、「麺を揚げる」レシピは一冊に複数紹介されることも多いため、四二品目もある。

さらに「混ぜ炒め」は同じ内容の重複レシピを除外すると、四冊四品目に過ぎない。また「麺を焼く」レシピ本九冊のうち、次の二冊については特筆しておきたい。

一冊は、昭和一三年に出版された雄山閣編『食物講座第八巻』だ。この本では「麺を焼く」調理法で《肉絲炒麺《ヨクシーチャウミン》》を紹介しているのだが、その冒頭に次のような記述がある。

炒《チャウ》ですが麪《めん》が出ましたから序《つい》でに玆《ここ》で述べます。炒麪と申しましても當今は炸麪を食べさして居り、人々も上げそばを焼そばと思ひ込んで居ります様ですから、念のためにも述べて置きますが、カリン糖の様な炸《あげ》そばは炒麪《チャウミン》でないと言ふ事を書き添へたいと思ひます。[16]

「炒麺と言いつつ、最近は揚げそばを食べさせており、人々も揚げそばを焼きそばと思い込んでいる。念のために述べておくが、かりんとうのような揚げそばは炒麺ではない」という断り書きだ。当時の「ヤキソバ」「炒麺」は揚げ麺が当たり前だったこと、その誤った認識に対して著者が憤《いきどお》っていることがわかる。

もう一冊は、昭和一五年に出版された主婦之友社編『洋食と支那料理』、戦前では最後の炒麺レシピだ。この本では、《肉絲炒麺《ロウスウチアオミエヌ》（焼《やき》そば）》、《三仙炒麺《サヌシエヌチアオミエヌ》（焼《やき》そば）》、《什錦炒麺《シイチヌチアオミエヌ》（五目《もく》そば）》の三種が紹介されている。その《肉絲炒麺》のレシピ冒頭に、先ほどの本と同じような断り書きが記されている。

普通焼《ふつうやき》そばと言《い》はれてゐるものです。こちらの焼《やき》そばは大抵油《たいていあぶら》で揚《あ》げますが、ほんたうは『炒菜《チアオツアイ》』のやうに油《あぶら》で炒《いた》めるもので、あんなにぱり〱してゐないのです。[17]

「焼きそばは大抵油で揚げているが、本当は油で炒めるもので、あんなにパリパリしていない」と、読者に伝えている。この二冊は、「麺を焼く」レシピでありながら、「麺を揚げる」すなわちカタ焼きそばが当時の「ヤキソバ」のスタンダードだったことを示している。

戦後も「ヤキソバ」イコール「カタ焼きそば」

終戦前後の食糧難の時代を経て、支那料理は中華料理と呼ばれるようになった。新聞や雑誌などで再びレシピも紹介され始める。その時期でも「ヤキソバ」「炒麺」の主流は、揚げ麺のカタ焼きそばだった。

昭和二八年一〇月三〇日、読売新聞の朝刊に掲載された《やきそば》のレシピでは、小麦粉・玉子・水・塩・重曹で打った麺を、油で揚げるように書かれている。[18]

昭和三二年春の『暮しの手帖』で紹介された《肉糸炒麺／やきそば》は「麺を焼く」スタイルだ。ただしラードを大匙四杯＝六〇cc使うので揚げ焼きに近い。[19]

昭和三三年『栄養と料理6月号』の《夏むきの家庭やきそば》という記事では、混ぜ炒めのレシピが紹介されているが、前節で紹介した通り、冒頭で《やきそばと一と口に云えばパリパリに油揚げしたものを考えがち》と書かれている。[20]

昭和三四年『栄養と料理4月号』の《焼そば》レシピは、麺を油で揚げるよう明言している。乾燥した麺の場合は揚げる前に蒸すようにも書かれている。[21]

以上のレシピ分析から、戦前の支那料理の「ヤキソバ」「炒麺」は、揚げ麺を使ったカタ焼きそばが主流で、戦後しばらくの間もそれが一般的だったことがおわかりいただけたことと思う。揚げ麺だけで軟らかいヤキソバを提供していない店、あるいは揚げ麺なのに「ヤキソバ」と呼ぶ店が存在するのは、昭和三〇年代頃までは当たり前のことだったのだ。

時が流れ、「焼きそば」という料理名は、ソース焼きそばを指す方が一般的になる。それと反比例するかのように、カタ焼きそばが「ヤキソバ」の標準だったという記憶は失われてしまった。

「ソース焼きそばのルーツは支那料理のヤキソバ」と聞くと、多くの人は混ぜ炒めた中華焼きそばをイメージする。しかしソース焼きそばが発祥した当時はカタ焼きそばが標準だった。支那料理のヤキソバを単にソースで味付けするだけでは、ソース焼きそばにはならないのだ。『ソース焼きそばの謎』で書いた通り、ソース焼きそばは《支那料理の「炒麺《ヤキソバ》」のパロディ》であり、元ネタの「ヤキソバ」とは全く似ていないことを楽しむものだった。その意味合いを、より深く理解していただけたことと思う。

●この節の要約

・明治時代の「炒麺」レシピは、蟹の卵を使った「蟹粉炒麺」が残されている
・戦前の「炒麺」レシピは、大正末期から昭和一五年の間に集中している
・混ぜ炒めや麺を焼くレシピより、麺を揚げるレシピが圧倒的に多かった

第3節 「上海風焼きそば」の真実

ここまでに述べた通り、戦前の支那料理屋の「ヤキソバ」「炒麺」は、広東風のあんかけカタ焼きそばが主流だった。しかし現在の中華料理店には、混ぜ炒めたタイプの焼きそばもごく当たり前にメニューに載っている。最も一般的なのは「上海風焼きそば」だ。料理として見れば、ソース焼きそばにより近いのは、カタ焼きそばよりも上海風焼きそばである。軟らかい麺を具と混ぜ炒め、あんかけではなく直接味付けしている。「上海風焼きそばをソースで味付けすれば、ソース焼きそばになるのでは？」と考える方も多いだろう。

実際、私もソース焼きそばの発祥を考察する際、上海風焼きそばは有力な仮説のひとつだった。しかし上海風焼きそばを丹念に食べ歩いて徹底的に検証してみた結果、その仮説は私

の中で完全に否定された。

その検証で得た「上海風焼きそば」の歴史と本来の名前を、この節で明らかにしたい。

現地の「上海炒麺」とは異なるスタイル

我々が中華料理店でよく見かける「上海風焼きそば」――店によって表記揺れがあるが便宜的にこの呼称を使う――は、細めの中華麺と色とりどりな具を混ぜ炒めた料理だ。具は細切りにした豚肉と野菜が使われ、野菜はキャベツ・ニンジン・タマネギ・モヤシなど数種類を用いている。さらにエビ・イカなどの魚介類や、キクラゲ・シメジ・シイタケなどのキノコ類が使われることも多い。

味付けには醤油やオイスターソースを使い、色合いは薄め。具材から滲《し》みた旨味とあっさりした味付けが、ほどよい塩梅できいている。おおよそ、そんなイメージで間違いないだろう。

ところが、現地・上海で一般的に食べられている焼きそば――こちらも便宜的に「上海炒麺」と呼んでおく――は、それとは全く異なるスタイルなのだ。

「上海炒麺」も混ぜ炒めではあるのだが、麺はうどんのような極太麺を使う。具は細切りの豚肉と青菜くらいで、日本の「上海風焼きそば」に比べると構成要素はごくシンプルだ。味

「上海風焼きそば」と「上海炒麺」の違い

	上海風焼きそば	上海炒麺
麺	細めの中華麺	うどん並の極太麺
具	細切りの豚肉 多様な野菜 魚介類 キノコ類	細切りの豚肉 青菜
味付け	醤油 オイスターソース	老抽《ろうちゅう》 (中国のたまり醤油)
色合い	薄め	濃厚な茶色
味わい	具材の旨味 あっさり	甘塩っぱい

付けには「老抽《ろうちゅう》」と呼ばれる中国のたまり醤油が使われる。色合いは濃厚な茶色で、食べてみると甘塩っぱい。

日本で現地スタイルの「上海炒麺」を提供している店は限られている。代表的なのは横浜中華街にある萬来亭で、ファンも多い品だ。萬来亭以外だと、現地そのままの味を提供する、いわゆるガチ中華系の上海出身者の店くらいだろう。

日本で定着している「上海風焼きそば」と、現地の「上海炒麺」との違いを上にまとめてみた。麺も具も味付けも全く異なり、上海には存在しない「上海風焼きそば」。いったい、いつどこで生まれたのだろうか？

「上海風焼きそば」と神田神保町中華街

「上海風焼きそば」が上海にはないということは、

「上海風焼きそば」の例

浜松町　上海園林
上海風焼きそば（2015年撮影）

横浜中華街　状元楼
上海焼きそば（2015年撮影）

「上海炒麵」の例

池袋　上海味道新天地
上海粗炒麵（2015年撮影）

横浜中華街　萬来亭
上海焼きそば（2012年撮影）

日本で生まれたのではないか。また「上海風」と名付けたのなら広東料理店や台湾料理店の線は薄そうだ。私はそう考え、元祖あるいはその系譜に直結している可能性がある東京近郊の中華料理店を十数軒ピックアップし、「上海風焼きそば」を食べ歩いた時期がある。広東料理店や台湾料理店は除外し、できるだけ上海料理を標榜している店を優先した。

その中から創業年が古い順に五軒を選んで並べたのが次の一覧だ。（横浜中華街の萬来亭は大正時代に製麺所として創業したが、提供しているのは本場スタイルの「上

上海風焼きそばの元祖に連なる可能性がある老舗

屋　号	地　域	創業年	西　暦
維新号	銀座	明治 32 年	1899 年
揚子江菜館	神田神保町	明治 39 年	1906 年
漢陽楼	神田神保町	明治 44 年	1911 年
新世界菜館	神田神保町	昭和 18 年	1943 年
源来軒（源来酒家）	神田神保町	昭和 21 年	1946 年

神保町で創業した老舗の上海風焼きそば

揚子江菜館　上海式焼きそば

維新号　銀座本店　上海風焼きそば

新世界菜館　海鮮上海焼きそば

漢陽楼　上海風炒め焼きそば

源来酒家(源来軒三代目)　上海風焼きそば

海炒麺」なので除外してある）
一行目の維新号を除く四軒は、全て神田神保町にある中華料理店だ。さらに維新号についても来歴を調べると、創業は神田神保町だとわかった。つまり「上海風焼きそば」の元祖に連なる可能性がある東京近郊の現存店で、創業年数が古い五軒は全て神田神保町で創業していることになる。五軒もの数となると、偶然ではなさそうだ。

そもそも神田神保町には老舗の中華料理店が多い。それには理由がある。

明治から昭和初期にかけての神田神保町には中国大陸からの留学生が多く住んでおり、彼らの生活を賄《まかな》うべく多くの料理店が現れた。その様子はまるで中華街のようだった、という。

阿部洋『中国の近代教育と明治日本』によると、《日本への留学生は、一八九六年、清国政府が一三人の留学生を官費で派遣したことにはじまる》。和暦だと明治二九年だ。

第二次伊藤内閣で外務大臣兼文部大臣を務めていた西園寺公望《きんもち》は、武道家・教育者の嘉納《かのう》治《じ》五郎に、清国人留学生一三名を託した。嘉納治五郎は神田区三崎町の民家を学舎として彼らを受け入れた。三崎町は現在のＪＲ水道橋駅の南側にある、神保町に隣接した町域だ。

明治三三年に第二回生を迎える際は、同町内に新家屋を用意し「亦楽《えきらく》書院」と名付けた。すぐにそこも手狭になり、明治三四年には牛込区西五軒町に場所を移して「弘文《こうぶん》学院」を設立した。同学院以外にも法政大学・明治大学・早稲田大学などの私立大学を始めとする教育機関が多数の留学生を受け入れ、最盛期の明治三九年頃の学生数は一万人前後に上った。[1]

地元季刊誌『KANDAルネッサンス』の二〇〇八年夏号に掲載された「神保町・中華街物語」によると、清国人留学生の受け入れに伴い、神保町界隈では彼ら向けの料理店・洋服店・床屋・雑貨屋等が開店したという。《当時の神保町は、メイン通り（現在のすずらん通りからさくら通り）を中心に中華街の様相を呈していた》そうだ。[2]

当時の様子を伝える資料や証言もいくつか残っている。例えば明治三七年一一月三〇日の読売新聞は、《支那《しな》料理《りょうり》の流行《りゅうこう》》と題した囲み記事で、日清戦争に勝利した結果として清国からの留学生が増えたことや、神田周辺の下宿屋で豚肉を使った支那料理を提供する下宿が現れ、牛肉商も豚肉を売り始めたことを伝えている。[3]

その約一カ月後、明治三七年一二月二三日の読売新聞では、清国からの留学生増加に伴い、支那料理を教える学校が二校も出現したことが報じられている。[4]

明治四四年に出版された『東京印象記』には、《三崎町の支那人》という一文が載っており、《此処《ここ》には、支那《しな》学生《がくせい》の下宿《げしゅく》が多《おお》い》《支那《しな》料理《りょうり》が、余計《よけい》にある》と述べている。[5]

大正から昭和にかけての神田神保町

時代が明治から大正に変わっても、神田区の神保町は支那料理屋の多い町として世間に認識されていた。

明治二六年に横浜で生まれた獅子文六は、大正三年以前（第一次大戦より前の時代）を振り返り、《その頃、東京では、偕楽園のほかに、神田に数軒の店があるくらいで、後は、ワンタン屋に過ぎなかった》と述べている。[6]

大正四年『料理の友　第三巻第三号』の「日本人向きの上品な支那料理」という記事では、《神田《かんだ》あたりでよく見《み》る支那料理店《しなりょうりてん》》を次のように描写している。なるほど、まるで中華街だ。

> 赤《あか》、青《あを》の濃厚色《のうこうしょく》で塗《ぬ》りたてた建物《たてもの》に御叮嚀《ごていねい》にも紫《むらさき》や黄《き》で色取《いろど》った支那風《しなふう》の旗《はた》には何々樓《なに〱ろう》、何々軒《なに〱けん》など、人眼《ひとめ》を引《ひ》くのが神田《かんだ》あたりでよく見《み》る支那料理店《しなれうりてん》であります、[7]

大正一一年『東京特選電話名簿』の「支那料理」の分類には、浅草の「来々軒」や日本橋にあった「偕楽園」「大勝軒」に並んで、当時の「維新号」や「中華第一楼」など、神田区にあった支那料理屋が五軒、掲載されている。[8]

昭和に入っても神田神保町は、支那料理屋が繁昌していたらしい。昭和一二年に小説家・宮本百合子が、獄中の夫・宮本顕治（共産主義の政治活動家、のちの日本共産党書記長）へ当てた絵葉書で、《神田で寿江子〔百合子の妹〕と支那飯をたべるために歩いていてこれ〔絵葉書〕を見つけました》と伝えている。[9]

以上のように明治三〇年頃から昭和初期に至るまで、神田神保町は支那料理屋が特に多い町だった。この町で実際に支那料理を提供してきたのが、先に名前を挙げた五軒の中華料理店である。この五軒の共通点は、創業地が神保町ということだけではない。もう一つ、重要なつながりがある。

神保町で創業した老舗五軒の共通点

神保町で創業した老舗五軒の共通点を見つけるため、創業者の来歴を順に紹介していこう。まず明治三二年創業の維新号。現在は銀座に本店を構えているが、もともとは神田今川小路（現在の神田神保町）で、留学生相手の「故郷飯店」として創業した。維新号の公式サイトには、次のように書かれている。

明治20年頃、創業者の鄭余生は20代で、単身寧波《ニンポー》（上海より少し南の港町）より来日し、横浜の羅紗専門店で働いていたそうです。[10]

次に明治三九年創業の揚子江菜館。日本でも指折りの老舗中華料理店で、上海料理店として長年認知されてきた。神田学会のサイト「KANDAアーカイブ」で、四代目の沈松偉《ちんしょうい》氏が創業当時について語っている。

初代の出身地は、上海より100キロメートル南にある寧波で、魯迅や蒋介石、周恩来が生まれ育った所としても有名です。[11]

続いて明治四四年創業の漢陽楼。孫文や周恩来に所縁のある店として、日中台三カ国の外交にも一役買っている存在だ。二〇一六年七月に開催された神田学会で、四代目の和田康一氏が次のように語っている。

初代の顧雲生《こううんせい》氏は浙江省寧波《ニンポー》出身で、店名を名乗る前は、ロシア銀行で賄いをしており、銀行が潰れてからは中国人留学生向けの賄い付きの下宿を営んでおりました。[12]

新世界菜館はだいぶ時代が下って昭和一八年の創業だ。先に紹介した『KANDAルネッサンス』の「神保町・中華街物語」は、新世界菜館・社長の傅健興《ふうけんこう》氏が寄稿した記事だ。新世界菜館を創業した御父君についても、同記事で触れている。

父は1926年（昭和元）、15歳で寧波《ニンポー》市より雑貨商の丁稚として日本に連れて来られ、とても苦労したようですが、戦後（1946年［昭和21］）神保町2丁目の現在地に中華料理新世界を開店しました。[13]

最後の源来軒は、戦後の昭和二一年創業だ。源来軒自体は二〇一四年に閉店したが、ご子息が靖国通り沿いで源来酒家を営んでいる。雑誌『東京人2011年11月号　特集・チャイナタウン神田神保町』の「チャイニーズ・レストラン、味めぐり」という記事では、当時の源来軒店主を次のように紹介している。

「源来軒」のご主人・傅寧興《ふうねいこう》さんは昭和八年生まれの七十八歳。九歳のとき、寧波から来日したというから、太平洋戦争が始まった時期と重なる。[14]

以上、五軒の創業者の来歴を紹介した。それぞれ読んでいただければ、おわかりいただけたと思う。

神田神保町で創業して上海風焼きそばを提供している老舗五軒は、実は全て創業者が同郷なのだ。共通項は出身地。上海から直線距離で一〇〇キロあまり南にある港湾都市、浙江省《せっこう》の「寧波《ニンポー》」出身なのである。

神田神保町中華街に多い寧波出身者

前掲した雑誌『東京人』の「留学生たちの舌の記憶をたどる」という記事によると、広東出身者が中心だった横浜に比べ、神保町は山東や寧波から来た料理人が多かったという。また源来軒の創業者・傅寧興《ふうねいこう》氏の次男で源来酒家を経営する傅登《のぼる》華氏は、同誌の記事「チャイニーズ・レストラン、味めぐり」で次のようにも語っている。

神田はなぜか寧波の出身者が多くて、中華料理の組合や同郷会もあった。揚子江菜館の周さんが初代組合長で、二代目の組合長が漢陽楼のご主人、三代目が私の父親でした。昔の同郷の者は、みんな助け合って暮らしたものですが、私も揚子江菜館の銀座店に見習いに行って、ずいぶんお世話になりました。

これら寧波出身者が創業した中華料理店は、もちろん寧波料理がベースになった。しかし実際には「上海料理」を標榜している店が多かった。

寧波と上海とは直線距離で約一〇〇キロ。大陸の距離感からすれば隣接する都市だ。ただ中国での料理体系では、上海料理は「江蘇《こうそ》料理」、寧波料理は「浙江料理」で別の体系に属する。にもかかわらず彼らはなぜ寧波料理ではなく、上海料理を標榜したのか？

戦前の東京近郊で支那料理といえば、横浜から広まった広東料理が主流だった。それに対して寧波料理は、全く異なる料理体系だ。同じ支那料理でも、広東料理とは別物だと日本人でもわかるようにしたい。ただ寧波という地名も「浙江料理」という分類も、日本人にはあまりなじみがない。

一方で上海は欧米列強が租界（治外法権の租借地区）を形成する世界注目のスポットだった。寧波より歴史が浅いとはいえ、先進国の最新文化が流入する街でもあり、当時の日本でもネームバリューが高かった。また広東料理に比べれば上海料理の方が、寧波との共通点も多かった。それらを勘案して寧波の出身者たちは「上海料理」を看板に掲げるようになったのではないだろうか。

以上はあくまでも仮説だ。この仮説を踏まえて「上海風焼きそば」に話を戻そう。

寧波のヤキソバはどんな料理か？

ここまでの検証で「上海風焼きそば」を提供する老舗は神田神保町に集中しており、寧波の郷土料理をルーツとしていることがわかった。

ところで寧波の「炒麵」「ヤキソバ」はどのような料理だろう？　「上海炒麵」のような極太麵のヤキソバだろうか？

二〇一六年、寧波出身者が営む中華ダイニング高格という浙江料理店が外神田にオープンした。残念ながら一年経たないうちに閉店したが、オーナーもシェフも近年来日した寧波人で、シェフは中国政府が主催した浙江料理のコンテストで優勝経験もあるという。浙江料理の定番に加え、寧波の郷土料理も提供していた。

私はその店での食事会に誘われた際、「寧波炒麵（寧波風ヤキソバ）」をコースに組み込んでいただいた。「現地そのままの味で」とわざわざリクエストして出てきた品は、見慣れた「上海風焼きそば」そのものだった。「上海炒麵」とは明らかに異なるヤキソバだ。

もしかして「上海風焼きそば」とは、本来は寧波《ニンポー》のヤキソバなのではないか？　そんな疑問を抱いた私は、先程の仮説を踏まえ、次のように推理してみた。

――神田神保町で寧波出身者がヤキソバを提供したとする。それは当然、寧波スタイルの混ぜ炒めだったろう。しかし当時の東京で支那料理のヤキソバといえば、カタ焼きそばが主流のあんかけタイプしか認知されていない。同じヤキソバでも全くの別物である。それを日本人に伝えるために、「上海風焼きそば」と名付けたのではないか。「上海料理」と標榜して寧波料理を提供したのと同様に。それが定着して現在に至るのでは――。

揚子江菜館の「上海式焼きそば」

この推理に、別角度からアプローチしてみよう。

《来々軒の固いヤキソバ》を証言した映画評論家の荻昌弘は、食通として知られた実業家・邱永漢《きゅうえいかん》との対談で、「軟らかいヤキソバは戦後のもの」と認識していたことを語っている。

> 僕ら子供の頃は、硬いパリパリがいわゆる中華そばというものであって、むしろ軟らかい焼きそばの方が戦後版だと[15]……。

さらに興味深いことに、例の来々軒のヤキソバを証言した『文藝春秋』の記事では、「軟らかいヤキソバは戦後生まれ」という見解を披露した上で、「揚子江菜館があれを開発したと証言している」と伝えている。

中華ダイニング高格　寧波炒麺　（寧波風焼きそば）
（2017年撮影）

戦後、私たちが焼跡で改めて獲得したレパートリイは、ラーメンと、ギョーザと、そして、なんと、ぐにゃぐにゃに柔らかくなったヤキソバであった。「揚子江」主人は、あの開発は当店である、と証言している。[16]

揚子江菜館の「上海式焼きそば」は同店の看板料理のひとつで、作家・池波正太郎のお気に入りとしても知られている。実際、池波正太郎が雑誌『銀座百点』で昭和五八年から平成二年に亡くなるまで連載した『銀座日記』『新銀座日記』には、揚子江菜館の「上海式焼きそば」を頻繁に食べている様子が書き残されている。[17]

荻昌弘の証言によれば、この揚子江菜館の「上海式焼きそば」が戦後に開発され、軟らかい焼きそば＝「上海風焼きそば」として広まったことになる。揚子江菜館は冷やし中華の元祖を謳っているが、[18]上海風焼きそばについては聞いたことがない。にわかには信じられない話だ。

しかし、揚子江菜館の「上海式焼きそば」が上海風焼きそばの元祖である、という仮説を補強する資料が、実は二つ存在する。その資料は「寧波の焼きそばが上海風焼きそばのルーツなのでは」という私の推理を裏付ける証拠でもある。

寧波炒麵（ミンポーツォミー）
柔らかいやきそば（五人前）
材料　そば玉五個、豚のモモ肉百匁、白菜《はくさい》半分、タマネギ（大）一個、タケノコ（中）一個、椎茸六個、モヤシ三つかみくらい、油大さじ十五杯、ショウ油大さじ十二杯、酒茶さじ五杯、味の素茶さじ二杯。
作り方　そばのゆで方は涼拌肉絲麵と同様《どうよう》にし、肉は長さ七、八センチの細切りにし、
寧波炒麵

『一流料理の味』（1958、金園社）より
寧波炒麵　柔らかいやきそば

寧波とのつながりを示す二点の資料

ひとつめの資料は昭和三三年に出版された『一流料理の味』という書籍だ。各ジャンルを代表する料理人・シェフによるレシピ集である。この本の中で、揚子江菜館のシェフ・周子剛も何品か紹介しており、その中にヤキソバが一品だけある。

中華麺を茹でたあと水にさらして水切りし、細切りの豚肉・野菜（白菜・タマネギ・タケノコ・シイタケ・モヤシ）と混ぜ炒め、醤油・酒・味の素で味付けを……という内容のレシピだ。次の注記の通りに盛り付ければ、現在の「上海式焼きそば」とほぼ同じ品ができあがる。

この盛るとき、箸で、そばだけを先に盛りつけ、野菜を最後《さいご》にのせるようにしてつけると、見た目がきれいですし、型《かた》よく盛りつけるコツです。[19]

このヤキソバの料理名は《寧波炒麺（ミンポーツォミー）》。日本語表記は《柔らかいやきそば》だ。《寧波炒麺》という中国語の料理名は、そのヤキソバがシェフの出身地・寧波のヤキソバであることを示している。また《柔らかいやきそば》という日本語表記は、荻昌弘の「戦後になって揚子江菜館が柔らかい焼きそばを開発した」という証言を補強している。

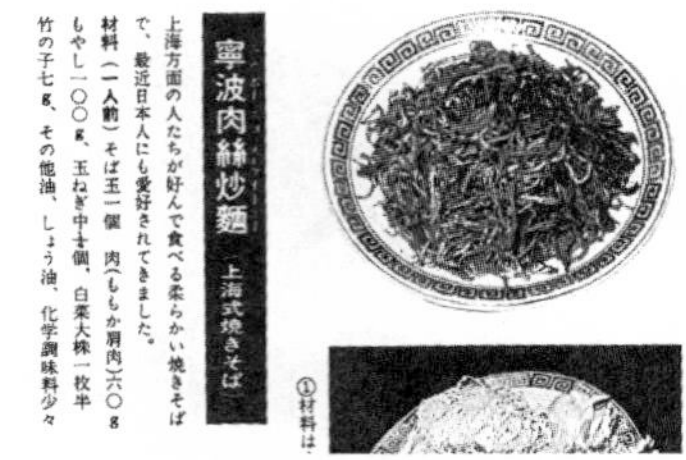
寧波肉絲炒麺　上海式焼きそば
上海方面の人たちが好んで食べる柔らかい焼きそばで、最近日本人にも愛好されてきました。
材料（一人前）そば玉一個　肉（ももか肩肉）六〇g
もやし一〇〇g、玉ねぎ中½個、白菜大株一枚半
竹の子七g、その他油、しょう油、化学調味料少々
①材料は

『サングラフ 1960年5月号』（1960、サン写真新聞社）より
寧波肉絲炒麺　上海式焼きそば

「寧波」という地名が、ようやくヤキソバの名前として姿を現した。

もうひとつの資料は写真雑誌『サングラフ』の昭和三五年五月号である。揚子江菜館のシェフが何品かの中華料理のレシピを教えており、やはりヤキソバが一品だけある。

上海方面の人たちが好んで食べる柔らかい焼きそばで、最近日本人にも愛好されてき

<当店お薦め！特選料理>
特製上海焼きそば……………1,380円
故・手塚治虫先生が愛した焼きそばです。
先生考案の具沢山のあんかけが乗ってます。
特製広東焼きそば……………1,380円
パリパリに揚げたやきそばです。
特製麻婆豆腐……………1,000円
辛くてコクのある味。一度食べたら病みつき！
＊一番飯店と手塚治虫先生＊

高田馬場　一番飯店　特製上海焼きそば
（2012年撮影）

ました。[20]

そんな紹介文でレシピは始まる。内容は『一流料理の味』とほとんど同じで、シイタケが入るか入らないかくらいの違いしかない。

このヤキソバの料理名は《寧波肉絲炒麺《ニンポーニョスーツオーミー》》。日本語表記は、なんと《上海式焼きそば》だ。

揚子江菜館が出身地・寧波のヤキソバ、「寧波（肉絲）炒麺」を「上海式焼きそば」と呼んでいる。「寧波の焼きそばが上海風焼きそばのルーツなのでは」という私の推理を裏付ける、重要な資料だ。

昭和三三年のレシピ本では《柔らかいやきそば》だったのが、昭和三五年には《上海式焼きそば》という呼び名に変わっている点も興味深い。この二〜三年間に《上海式焼きそば》という呼び名が生まれたのかもしれない。

寧波のヤキソバと、「上海」という地名とのミッシングリンクが、この二つの資料でようやく繋がった。「上海風焼きそば」の本来の名前は、「寧波炒麺」だったのだ。

全国へ広まる「上海風焼きそば」

揚子江菜館は日本でも屈指の老舗中華料理店だ。この店で修業した料理人は数多い。

高田馬場に一番飯店という中華料理店がある。創業は昭和二七年で現在は二代目と三代目が切り盛りしている。一番人気は「特製上海焼きそば」だ。近所に手塚プロダクションを構えていた漫画家・手塚治虫が、自分の好物の具材をリクエストして作られたヤキソバだという。

この「特製上海焼きそば」だが混ぜ炒めではなくあんかけ焼きそばだ。一般的にあんかけタイプは広東風と呼ばれるので珍しい。

さらに一番飯店のメニューには、揚げ麺を使ったあんかけの「広東焼きそば」も載っている。とある取材で訪れた際、二代目店主に「上海焼きそば」と「広東焼きそば」の違いを尋ねてみた。すると「軟らかい麺は上海焼きそば、硬い揚げ麺は広東焼きそば。修業先の揚子江菜館でそのように教わった」との答えを得た。

上海周辺では麺の両面をパリパリに焼いたあんかけ焼きそば、「両面黄」も存在しているが、それがルーツというわけではなく、あの揚子江菜館から教えられた料理だった。修業した時期を聴き逃したが、その当時の揚子江菜館では、「広東風」は揚げ麺で「上海風」は軟らかい麺という、シンプルな認識だったのかもしれない。

呼び方も微妙に変化している。揚子江菜館では「上海式焼きそば」だが、一番飯店では「上海焼きそば」だ。「上海風焼きそば」も同様に、料理が伝播する際の揺らぎで生じた呼び名なのだろう。

一番飯店のように、人知れず揚子江菜館で修業した料理人が、そこかしこの中華料理店の厨房で鍋を振るっている。神保町界隈の中華料理店はもちろん、全国各地の有名店も揚子江菜館に子弟を送り込んで修業させ、地元に新たな味を持ち帰った。さらにその店がハブとしての役割を果たし、全国の中華料理店に揚子江菜館由来の料理が拡散して定着した。

そのようにして「上海風焼きそば」が日本に広まったのではないか、と私は推測している。

自説への反証となる一冊の本

「上海風焼きそば」の起源について、自分なりの結論を出したが、実はそれに疑問符を付ける資料が一つある。それについても触れておこう。

昭和二九年に『めん類・粉食・パン食・栄養料理の献立』という、粉食普及を目指した書籍が発行された。この翌年から日本は米国の余剰小麦を大量輸入することになる。それを見越した粉食献立集なのだろう。小麦粉を使った麺類・パンなどのレシピが多数掲載されているが、どちらかというと粗製乱造という印象を受ける。例えば「焼そば」という名で異なるレシピが二つ掲載されている。その他にも焼きそば系レシピが多数ある。

この本に掲載されている焼きそば系レシピの一つが「上海焼そば」だ。麺と豚肉・玉子・野菜（キャベツ・ニンジン・グリーンピース）を混ぜ炒めるレシピで、これも上海にはないタイプのヤキソバだ。[21]

このレシピにより、昭和二九年の時点で上海の地名を冠するヤキソバが、すでに存在していたことがわかる。前節で、私が把握している戦前の焼きそばレシピを全て確認したと述べた。その中に混ぜ炒めタイプのヤキソバはいくつかあったが、上海の地名は冠していなかった。昭和二九年のこの本が初出だ。

この「上海焼そば」が学校給食などで採用され、実際に作られた可能性もある。そうなると私の説に疑義が生まれる。例えば学校給食を通じて「上海風焼きそば」が拡散し、定着したのではないか、など。

ただ、同書を「上海風焼きそば」の起源とした場合も、やはりレシピの内容とそれにそぐわない命名に違和感が残る。上海にはないのに、なぜ上海なのか。また振り出しに戻ってしまう。

私の想像だが、このレシピの考案者は、神保町界隈の上海料理店で寧波をルーツとする軟らかいヤキソバを食べ、それを参考にしたのではないだろうか。上海料理店のヤキソバなので「上海焼そば」と名付けた、あるいは当該店ではそのような名前ですでに呼ばれていたのではないか。

残念ながら、この仮説の結論はまだ出ていない。新しい資料の発見を待ちたい。

再評価されるべき神田神保町中華街

東京の中華料理が、横浜から広まった広東料理をベースにしていることに、誰も異論はないだろう。しかし、実は神保町の寧波出身者の影響も大きい。前掲した雑誌『東京人』の「留学生たちの舌の記憶をたどる」という記事では、次のように述べられている。

東京の中華料理の味の原点は、北京料理や山東料理や上海料理、広東料理ではなく、神保町チャイナタウンの優しく滋味深い寧波料理だったのではないかと思う。

神保町周辺には、件の五軒以外にも寧波出身者の店がある。また、かつてあったことだろう。彼らは日清戦争・日中戦争・国共内戦などの困難の中を、あえて東京・神保町の地で生きることを選択してきた方々である。日本の食文化に与えた影響も大きく、再評価されるべきなのでは、と感じている。

●この節の要約

・日本で定着している「上海風焼きそば」は、現地の「上海炒麺」とは全く異なる料理
・「上海風焼きそば」の老舗は、神田神保町で創業した寧波出身者の店に集中している
・戦後に揚子江菜館が「寧波炒麺」を「上海式焼きそば」と名付け、それが広まった可能性が高い

第2章
長崎皿うどんを解きほぐす

前章で戦前の「ヤキソバ」「炒麺」はカタ焼きそばが標準だったことがわかった。そうなると気になるのは、長崎の皿うどんとの関係だ。カタ焼きそばも皿うどんも揚げ麺を使い、とろみのついた餡をかけているが、関連性はあるのだろうか?

ちゃんぽんの歴史はこれまで大いに研究されてきたが、ちょうどラーメンに対する焼きそばのように、皿うどんの考証はずっとなおざりにされてきた。手つかずのまま置き去りにされ、いつしか複雑に絡み合ってしまった数々の謎。それをこの章で一つずつ解きほぐしてみたい。

最初の謎はごくシンプルだ。皿うどんはなぜ「うどん」と呼ばれるのか? そこから始めよう。

第1節　皿うどんのルーツ「支那うどん」

ちゃんぽんと並び称される長崎の名物、皿うどん。パリパリに揚げた極細麺に、熱々で具沢山の白濁した餡をたっぷりかけた揚げ麺料理。トロミのついた餡はほんのり甘く、鶏ガラあるいは豚骨、魚介の旨味に溢れている。これが一般的な長崎皿うどんのイメージだろう。しかし食べたことがある人なら、誰もが疑問に思うはずだ。なぜ、これが「うどん」なのか、と。長崎を代表する老舗中華料理店・四海楼へ行けば、その答えがわかる。

ちゃんぽんと皿うどんの元祖・四海楼

四海楼はちゃんぽん・皿うどんの元祖として全国に知られる有名店だ。創業は明治三二年。創業者は福建省出身の陳平順。長崎新地中華街からほど近い広馬場で創業し、昭和四八年に現在の松が枝町へ移転した。併設されている歴史資料館「ちゃんぽんミュージアム」には創業時の写真も飾られている。

四海楼のメニューには「ちゃんぽんの由来」と題した文章があり、ちゃんぽんは初代陳平順によって考案されたこと、当初は「支那うどん」と呼ばれていたことが書かれている。

「ちゃんぽん」は明治32年に四海楼を創業した、初代陳平順によって考案されました。当初は「支那うどん」と呼ばれ、長崎に来ていた中国人留学生のために、〝うまくてボリュームがあり、栄養価が高く安価なメニューを〟と、考えたのがはじまりでした。[1]

その四海楼で皿うどんを注文すると、ちゃんぽんと同じ軟らかい太麺を使った料理が出てくる。一般にイメージされているパリパリ細麺の長崎皿うどんとは全く異なる料理だ。長崎県民にとっては皿うどんに太麺が存在するのは常識なのだが、他地域の人はきっと驚くことだろう（私も驚いた）。

一方、パリパリ細麺の方は「炒麵」（チャーメン）という料理名で提供されている。一般的な長崎皿うどんを四海楼で食べたいのなら、「炒麵」と注文すればよい。

皿うどんと炒麵についても四海楼のメニューに「皿うどんの由来」と題した文章が掲載されている。それによると、皿うどんはちゃんぽんのバリエーションで、元々はうどん状の太麺だったという。かつて「支那うどん」とも呼ばれていたちゃんぽんを、スープをなくして大皿に盛ったからというのが、皿うどんという名前の由来らしい。

「皿うどん」は、四海楼初代、陳平順がちゃんぽんのバリエーションとして創ったもので、ちゃんぽん麺を強火で焼き、少なめのスープを加え残らず麺にしみ込ませた料理です。うどん状のものを皿にのせて出したことから皿うどんと名付けられました。[2]
続けてパリパリ細麺の炒麺の説明もある。皿うどんを簡便に作れるよう、極細の揚げ麺にしたそうだ。

一方「炒麺」は、皿うどんを簡便に作れるようにと極細の揚げ麺にあんかけをしたものなので、皿うどんから派生した麺料理です。いつの間にかこの炒麺も皿うどんと呼ばれるようになり、今日に至っています。

同じ内容を四海楼四代目の陳優継氏は、著書『ちゃんぽんと長崎華僑』で次のように記している。

つまり、ちゃんぽんから汁のない〝太麺の皿うどん〟が生まれ、さらに簡便化されて

明治32年創業　長崎四海楼
（2018年撮影）

創業当時の四海楼
四海楼 HP（https://shikairou.com/history/）より

元祖といわれる四海楼の
皿うどんは軟らかい太麺

パリパリ細麺は
「炒麺《チャーメン》」と呼ばれている

餡かけタイプの〝細麺の皿うどん〟が考案されたというわけだ。いかにも中国料理のようだが、この揚げ麺は中国にはない長崎のオリジナルな麺である。これもちゃんぽん同様、平順考案の麺料理なのである。[3]

以上が皿うどん元祖の店が語る発祥の定説、いわば「皿うどん起源神話」だ。まとめると次のようになる。

①四海楼・創業者の陳平順がちゃんぽんを考案し、当初は支那うどんと呼ばれた
②ちゃんぽんのアレンジとして、汁のない太麺の皿うどんが生まれた
③それを簡便化した細麺タイプの「炒麺」（チャーメン）が考案された
④「炒麺」もいつしか皿うどんと呼ばれるようになった

皿うどんの歴史を書籍やテレビ番組などで取り上げる際は、ほぼ必ずこれらの説が紹介される。ただし、私はこの定説に疑念を抱いている。

パリパリ細麺の皿うどんが生まれた経緯は、この「皿うどん起源神話」で一通り説明できている。しかし各項目の時期が具体的にいつ頃だったのかまではっきりしていない。その

時系列を一つ一つ検討していくうちに、おそらく読者も私と同じ疑念を抱くのではないか。
気が遠くなりそうな作業だが、まずはちゃんぽんの発祥から掘り下げてみよう。

ちゃんぽん発祥の異説その1　林さん説

現在の通説では、明治三二年に四海楼を創業した陳平順がちゃんぽんを考案したとされている。

ちゃんぽんの文献初出は、明治三八年一二月二五日付の『東洋日の出新聞』とされている。「神戸から台湾へ帰る途中の芸妓八名が広馬場の四海楼に滞在しており、それ目当ての客で繁盛している」という内容である。その記事の最後で《支那饂飩《ちゃんぽん》》に触れている。[4]

この新聞記事から明治三八年当時、すでに「支那うどん」も「ちゃんぽん」も呼び名として使われており、それが四海楼の名物だったことがわかる。ただしこの記事が四海楼発祥の根拠になるわけではない。あくまでも明治三八年に四海楼で「支那うどん」「ちゃんぽん」が提供されていたことを示しているだけだ。

「四海楼がちゃんぽんの元祖である」という説が、そもそもいつ頃から広まったのか。私なりに調べてみたところ、昭和二九年版『長崎県勢要覧』に四海楼の広告が掲載されており、《明治三十二年、四海楼の先代陳平順氏がちゃんぽんを考案して中国関係の留学生相手に開業した》と書かれていたのが初出だった。[5]

つまり、明治三二年（一八九九年）から昭和二九年（一九五四年）までの五五年間、四海楼発祥説は誰も主張していなかった。一方で四海楼発祥を否定する異説は複数あった。

異説の中で比較的よく知られているのは、新地中華街から少し外れた場所にあった大正元年創業の中華料理店、美有天《びゆうてん》だろう。残念ながら二〇一九年に閉店してしまったが、同店の店頭には、「元祖長崎ちゃんぽん／考案者　初代　林依妹の店」と書かれた看板が掲げられていた。私が二〇一八年に訪問した際も確認できた。

小菅桂子『にっぽんラーメン物語』の次の文は、この美有天を指したものらしい。

> 新地に「私がちゃんぽんの創案者であり、元祖はわが店です」と明示した店がある。店主は元四海楼の料理人であり、新地住人の中に「それ本当ですよ」という人もいる。[6]

それを裏付ける説が、昭和五五年に出版された『長崎の味100店』という本に載っている。明治三〇年に長崎で生まれた女性随筆家・高谷八重が語った話として、《リンさんというのかハヤシさんと呼んだのかははっきりしない》が、林さんという人が四海楼創業者の陳平順とちゃんぽんを考案したという説を紹介し、《この林さんが林依妹であれば》《めでた

大正元年創業　長崎　美有天
皿うどん（2018年撮影）

しめでたし』と締めている。[7]

この説の「林さん」が美有天創業者の林依妹かは定かではない。ただ明治三〇年に長崎で生まれ、長崎の料理・風俗に詳しい文筆家が語ったからには、何かしら根拠のある話だったのだろう。

ちゃんぽん発祥の異説その2　三角亭説

ちゃんぽん発祥の異説は他にもある。今ではすっかり忘れられているが、明治・大正時代の長崎で、支那うどんの元祖を掲げる「三角亭」という店が存在していた。大正三年に出版された『長崎一覧：長崎開港三百五十年紀念』という書籍で、次のように書かれている。

> 支那うどんも亦長崎名物の一つである名の如く支那より傳つたうどんである日本人の初めて製造せし人は大波止三角亭の上田百十郎氏である。氏は初め今の九州日の出新聞

絵葉書「長崎大波止電車通り」
（大正 4～ 7年頃）筆者所蔵

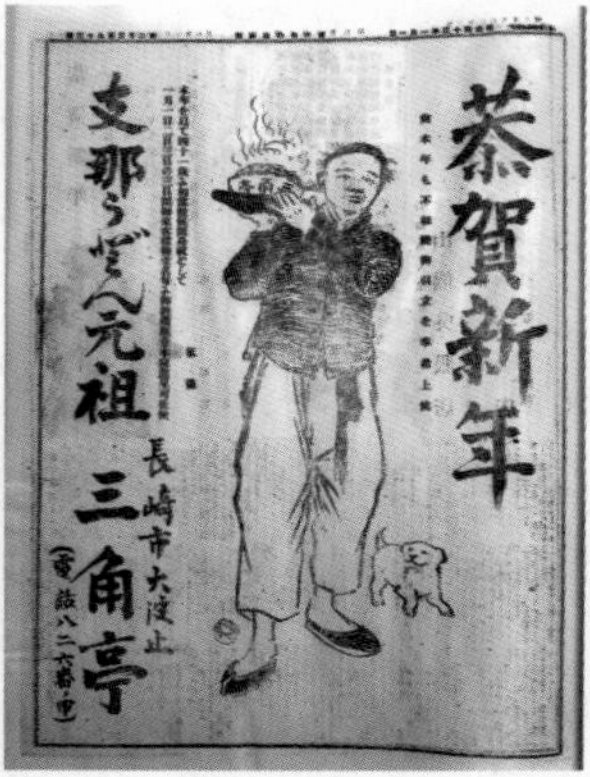

明治43年 1 月 1 日
東洋日の出新聞
三角亭　全面広告

の所で飲食店を營んで居た、支那うどんを創めたのは明治三十二年であつて、創めた當時はあまり歡迎せられなかつたので、其の經營擴張には非常の苦心を要したそうであるが段々嗜好に適するようになつて今では同家一日の賣上高二百以上事ある時には千五百にも登るそうだ[8]

《支那うどんを創めたのは明治三十二年》とあるから四海楼の創業年と同じだ。しかも《日本人の初めて製造せし人》とわざわざ書いているので、中国人はもっと以前から支那うどんを提供していたように読める。

三角亭は明治時代から《支那うどん元祖》を謳っていた。例えば明治四三年の元日や同月五日の「東洋日の出新聞」に、《支那うどん元祖》として広告を出稿している。[9][10]

大正四〜七年頃に作られた絵葉書で、外観も確認できる。《長崎大波止電車通り》というキャプションが付いており、看板に「元祖支那うどん」「三角亭」と大書された建物が写っている[11]（八三頁）。

昭和二二年九月二八日付『長崎日日新聞』の「話の泉」というコラムでは《チャンポンの歴史》と題し、《そもそもの始まりは一パイ五銭、大波止の三角亭で産声》という見出しが打たれている。[12]

このように明治・大正から昭和初期にかけて、三角亭は支那うどんの元祖を謳う店として、長崎市民に広く認知されていた。異説の一つとして無視できないのではないかと思う。

なお現在も大波止に三角亭という店がある。お店の方の話によると、明治時代の三角亭は大家さんの先祖が経営していた店で、店舗を借りる際に「できれば三角亭という屋号を使ってほしい」とお願いされたそうだ。ただし受け継いだのは屋号だけで、残念ながらちゃんぽんや皿うどんの味は継承されていない。

ちゃんぽん発祥の異説その3　ちんばさん説

「ちゃんぽん」という料理名についても、四海楼の開業前から存在していたことを示す資料がある。昭和一四年『長崎茶話　第三号』に掲載されている「ちゃんぽん」という随筆だ。筆者は明治一五年生まれの文筆家、平山蘆江《ろこう》である。[13]

平山蘆江は五歳に父と死別したあと養子に引き取られ、一九歳まで長崎で過ごした。民俗学者・大月隆寛氏のブログ[14]や、平山蘆江を扱った論文[15]を参考に、平山蘆江が生まれてから長崎を離れるまでを、簡単な年表にまとめてみた。

明治一五年　〇歳　一一月一五日、神戸で誕生
明治二〇年　五歳　九月に父と死別、遺言により長崎市本籠町平山家の養子に
明治二七年　一二歳　日清戦争　開戦
明治二八年　一三歳　長崎商業学校入学、日清戦争　終戦
明治三二年　一七歳　長崎商業学校中退、四海楼　開業
明治三四年　一九歳　長崎を離れ上京
明治三七年　二二歳　日露戦争　開戦
明治三八年　二三歳　日露戦争　終戦

この年表を参照しつつ、随筆「ちゃんぽん」の内容をひもといていこう。

私は子供の時分から大人になりかけの時分卽ち、日清戰爭前から、日露戰爭までの間、長崎も支那人町と隣り合せの本籠町で、酒屋の小僧を勤めてゐた頃、廣馬場にちんば〔足が不自由の意〕のちゃんぽんやが居た。

《子供の時分から大人になりかけの時分卽ち、日清戰爭前から、日露戰爭までの間》は、年表によれば、一一、一二歳から一九歳までに当たる。和暦でいえば明治二六、二七年から三四年。その時代に《ちんばのちゃんぽんや》が営業していたという。この店について、平山はさらに語る。

ある時、廣馬場から新地へかけて大火事があり、このちんばさんもたしか焼け出された。〔中略〕寝まき一枚の薄着で日なたぼつこをしながら慄へてゐたのを見た

この火災がいつ頃の出来事か、「ちゃんぽん」の文中には明記されていない。ただそれとは別に、平山は私小説『長崎物語』で新地や広馬場を焼いた大火災について描写している。《明治二七年頃の事》とあり、火事の直後に日清戦争が開戦した様子が語られるので、火災

は日清戦争の直前、明治二七年の夏の出来事だ。[16]平山が《広馬場にちんばのちゃんぽんやが居た》時期を、《日清戦争前から》と述べているのは、この火災が印象的だったためと思われる。

なお、明治二七年に新地で火災が発生したことは、日本損害保険協会『予防時報53号』の「長崎消防よもやま話」という記事でも確認できる。明治時代の長崎では、火災が発生すると、外国艦船の乗組員がしばしば消火活動に協力したらしい。その例の一つとして、明治二七年の新地の火災が挙げられている。[17]

さらに平山は随筆「ちゃんぽん」で四海楼にも触れている。四海楼が開業したのは明治三二年。日清戦争が終結した四年後、新地・広馬場を焼いた大火災から五年後だ。当時、《ほかのちゃんぽん屋》が存在したことがここで明示されている。

今、長崎でちゃんぽんといへば廣馬場の四海樓を第一としてあるやうだ。四海樓といふ見世〔店の意〕が今の位置に出來たのは、日清戰爭後だと思ふ。その時分としては大がゝりの見世だったので、相當繁昌して、ほかのちやんぽん屋は壓倒される勢ひだつたそしてちゃんぽんの発祥について、《あのちんばさんが案じ出したのかも》と持論を述べる。四海楼の開業より五年以上前に《ちんばのちゃんぽんや》を体験していた、平山ならではの発想だろう。

元來、ちやんぽんといふのは、長崎人のために長崎で發祥した支那風のげてもので、本國の支那にはないといふ事を聞いた。して見れば、恐らく、あのちんばさんが案じ出したのかも知れない

明治二〇〜三〇年代の長崎を生きた平山蘆江によれば、明治二七年以前から広馬場で《ちんばのちゃんぽんや》が営業していた。また明治三二年に四海楼が開業する頃には、《ほかのちゃんぽん屋》が複数存在していた。文脈からすると、ちゃんぽんという呼び名もすでに使われていたようだ。

ちゃんぽん発祥の異説その4　明治初年説

昭和一三年に発行された『長崎談叢 二十二輯』では、「チャンポンの始まりは明治初年」という説が語られている。明治初年というのは異説の中でも最も古く、《本吉某》が

《丸山》で開業したと述べている。

チャンポンの濫觴は明治の初年我が長崎人本吉某丸山にて支那饂飩をチャンポンと名づけて開業したるものにして終にチャンポンは支那饂飩の固有名詞となり了りぬ。[18]

昭和五五年『長崎の味100店』では、《明治初年に大浦居留地の菜館でもチャンポンを食べさせていたとの話を聞いたことがある》という説も書かれている。『長崎談叢』の丸山町と、『長崎の味100店』の大浦町では、物理的にかなり距離があるので、二つの説が同じものとは思えない。ただ明治初年からちゃんぽんが提供されていたという証言が、複数ある点は興味深い。

古さでいうと明治よりずっと前、江戸時代中期の宝暦一一年（一七六一年）に出版された『八僊卓燕式記《はっせんたくえんしき》』という料理書にも触れておきたい。「八僊卓」とは卓袱《しっぽく》料理のことだ。[19]山西金右衛門という人物が、長崎で清国人から受けた饗応の内容を書き残した記録で、後に卓袱料理の参考書とされた。その「中食」（なかじき、昼食の意）に、「揀麺《けんめん》」という麺料理が出てくる。

揀麪《ケンメン》
此方ノ温飩《ウンドン》ノ如キモノナリ小麥《コムキ》ノ粉ヲ鶏蛋《キイダン》（タマコノ）汁《デツ》ニテノバシ長サ二寸ホドニ剪《キ》リテ猪《ブタ》の細腸《スイチャン》（ホソワタ）木耳《モルウ》（キクラゲ）ヲツマニシ淡《ウス》醤油ニテ烹《ニ》テ出ス[20]

《此方ノ温飩ノ如キモノナリ》とあるから、「揀麺」は日本のうどんに似た料理らしい。小麦粉を鶏卵で練り、生地を伸ばして六センチほどに切る。豚の小腸とキクラゲを具にして、薄口醤油で煮たものだ。もし和名を付けたなら、「支那うどん」と名付けられただろう。

江戸時代中期にこのような麺料理が長崎には伝来していた。明治時代の初期から長崎で支那うどんが提供されていたとしても、それほど不思議ではないように思う。

右に挙げた四つの異説と根拠となる資料、特に平山蘆江の随筆により、支那うどんという麺料理もちゃんぽんという料理名も、四海楼の開業以前から存在した可能性が高いことがわかった。また明治二〇～三〇年代の長崎をリアルタイムで過ごした世代は、四海楼以前からちゃんぽんが存在していたことを知っていた。四海楼創業から五〇年以上経ち、完全に世代交代した昭和二九年頃まで四海楼発祥説が現れなかったのも当然といえる。

現代に残る支那うどん

支那うどんの例

昭和30年創業　久留米　沖食堂
支那うどん（2019年撮影）

昭和8年創業　久留米　中華うどん一平
中華うどん（2019年撮影）

　さて、ここで新たな疑問が湧く。四海楼以前の「支那うどん」「ちゃんぽん」は、現代のそれと同様の料理だったのだろうか？

　四海楼以前から支那うどんが存在し、ちゃんぽんと呼ばれていたことはわかった。ただし、それが現在のちゃんぽんと同じような料理とは限らない。

　実は今でも「支那うどん」を提供している店がある。福岡県久留米市にある沖食堂という店だ。創業は昭和三〇年。実際に訪問して食べてみたが、現在のちゃんぽんとは全く異なるスタイルなのだ。

　麺はちゃんぽん麺を使用。出汁は

カツオだろうか、やや透明感のあるスープから魚介の風味が香る。加えて豚骨も使っていそうだ。醤油ダレをそのスープで割っており、胡椒をかなり効かせてあった。具は脂身のほとんどないチャーシューとノリ、味付け玉子。一般的な長崎ちゃんぽんと比べて、格段にシンプルな盛り付けである。

さらに久留米にもう一軒、中華うどん一平という店がある。昭和八年創業というから、当時は中華うどんではなく、支那うどんと謳っていたことだろう。

麺は細めの中華麺。一般的な中華そばの麺と大して変わらない太さだ。スープは薄口醤油ベースのタレを、魚介系の出汁で割っているようだ。そこに魚のすり身を揚げた丸天とキクラゲ、ノリ、ネギ、カツオ節、紅生姜がトッピングされている。中華というより和風のうどんに合いそうな具種だ。滋味に富んだ優しい味わいで、こちらも現代のちゃんぽんとは似ても似つかない品だった。

沖食堂の支那うどんはちゃんぽん麺を使っていたので、まだ現代のちゃんぽんとの共通項が見いだせた。しかし一平の中華うどんは、ちゃんぽん麺に比べて細すぎる。初めて食べる人は、この細い麺を「うどん」と呼ぶことに違和感を抱くのではないだろうか。

その違和感は、長崎独自の食文化を振り返ることで解消すると思う。

長崎名物・五島うどんの存在

長崎には、五島うどんという手延べうどんが普及している。五島手延うどん協同組合の公式サイトによると、小麦粉の生地に椿油を塗りながら、二本の棒に橋渡しして延ばしてゆくという製法だ。手延べそうめんとほとんど同じ作り方で、できあがりもそうめんに近く、断面はほぼ円形で直径は二ミリ程度しかない。[21]

私も長崎で五島うどんを食べてみた。麺は私が普段食べているうどんよりずっと細い。椿油を塗って延ばし、干すことで生まれた独特なしなやかさは、讃岐うどんを始めとする手打ちうどんよりも、中華麺に近い食感だ。

長崎周辺では、このようなうどんが古くから存在していた。そして久留米の一平で食べた中華うどんの麺は、この五島うどんによく似た食味だった。今でこそ久留米のうどんは、博多うどんのような太いうどんがスタンダードだが、昭和初期以前に限れば細めの中華麺を「うどん」と呼ぶのはごく自然だったのだろう。

そうなると「支那うどん」という呼び名に対するイメージも変わってくる。現代のちゃんぽんのように具沢山とは限らないし、麺もちゃんぽん麺のような太さとは限らない。白濁した濃厚な白湯《パイタン》スープではなく、透明感のある清湯《チンタン》だったのかもしれない。細い中華麺をそんなスープに浸《ひた》し、シンプルな具を載せた料理も「支那うどん」と呼ばれていたはずだ。

五島うどんの例

思案橋　王道庵本店
肉うどん（2018年撮影）

長崎空港　五島うどん　つばき
丸天あおさうどん（2019年撮影）

細い中華麺を透明感のあるスープに浸し、シンプルな具を載せた料理。東京や横浜では、それを「支那そば」と呼んでいた。

「支那うどん」＝「支那そば」＝肉絲麺

四海楼四代目の陳優継氏は著書『ちゃんぽんと長崎華僑』で、ちゃんぽんのルーツは福建料理の「湯肉絲麺《トンニィシイメン》」だと書いている。ちゃんぽんミュージアムには、大正末期から昭和初期に四海楼で使用されたメニューが展示されている。そのメニューの「椀麺」の筆頭に「湯肉絲麺」がある。それのことだ。

肉絲麺？　どこかで見覚えがある名前だ。そういえば大正三年の支那そば屋台体験記に、支那そばを《肉絲麺とも云う》と書か

大正６年創業　岐阜　丸デブ総本店
中華そば（2020年撮影）

れていた[22]（一八頁参照）。

本書の第１章・第１節に掲載した、日本橋横山町・大勝軒（大正一三年創業）のメニューにも、「肉絲麺」がある。広東語読みの「ヨクシメン」とルビが振られ、「ラーメン」と付記されている（一六頁参照）。

戦前の横浜中華街にあった成昌楼の大正六年のメニューには、「肉絲湯麺《ヨクシイトンミン》」という料理名が載っている。平仮名で「そうば」（そば）とも書かれている[23]。

「湯肉絲麺」と「肉絲湯麺」は「湯」の位置が異なるが、「肉絲麺」と同じ意味合いの料理名だ。つまり、支那料理の「肉絲麺」（肉絲湯麺・湯肉絲麺）が、長崎では「支那うどん」と呼ばれ、東京・横浜では「支那そば」と呼ばれていたことになる。

前項で現代に残る支那うどんや長崎名物・五島うどんを例に挙げ、「そば」のように細い支那うどんがありえたことを示した。それとは逆に「うどん」のような太さの支那そばもある。

岐阜市の柳ケ瀬に丸デブ総本店という中華そば屋がある。創業は大正六年。浅草来々軒の流れを汲むそうで、元々は屋台だった。現在は中華そばとワンタンの二品だけを提供している。[24]その中華そばについて、ラーメン評論家の大崎裕史氏は、夕刊フジの連載「この男麺喰いにつき」で、《そばとうどんの中間のようなストレート細麺》と書いている。[25]

私も訪問して実食した。たしかにうどん寄りの太さで独特な軟らかさの麺と、日本蕎麦にも通じる甘めの醤油出汁が印象的な中華そばだった。久留米で食べた一平の中華うどんや長崎の五島うどんより、麺は太いのではないだろうか。大正六年の創業当時は、恐らく「支那そば」という名前でこれを提供していたに違いない。しかし、それがもし長崎周辺だったのなら、きっと「支那うどん」と呼ばれていたことだろう。

「東日本はそば、西日本はうどん」という食文化の違いはよく語られるが、その違いは明治時代にも存在していた。『明治東京逸聞史』では、明治三〇年の資料を引用し《東京は蕎麦《そば》を主とし、京阪は饂飩《うどん》を主とする》と述べている。[26]

「支那うどん」も「支那そば」も元は肉絲麺という支那料理だった。福建料理と広東料理という料理体系の違いで呼び分けられたのではなく、長崎と横浜という伝播した地域の違いで呼び方が異なっただけではないか。私はそのように考えている。

「ちゃんぽん」という名前の由来

支那うどんが支那そばと同じ支那料理・肉絲麺だとしたら、「ちゃんぽん」という異名はどういう経緯で付いたのだろう？

現在の定説は、福建語のあいさつ「吃飯《セッポン》」が語源という説だ。[27] しかし、それは福建出身の陳平順が命名に影響を与えたという前提に基づく説だ。四海楼より前からちゃんぽんが存在していたとなると、再検討せざるを得ない。

ちゃんぽんの由来には異説がいくつもある。

陳優継『ちゃんぽんと長崎華僑』には《中国の鉦《かね》の〝チャン〟という音と日本の鼓の〝ポン〟という音を合わせた造語だという説》も紹介されている。

昭和二二年『長崎日日新聞』では「中華（チャンホワ）」と「日本（ニッポン）」の前後を取って、「ちゃんぽん」という説を取り上げている。

昭和一三年『長崎談叢　二十二輯』では、マレーシアの「混同」を意味する「チャンプルー」（campur）という説が紹介されている。

平成八年『長崎町人誌　第四巻』の伊東利勝「ちゃんぽん考」では、『長崎談叢』を引用したあとインドネシア料理の「ナシ・チャンプル」や、沖縄料理の「そーみんちゃんぷるー」に触れている。ただ、それらを長崎ちゃんぽんに結びつけるまでには至っていない。[28]

ところで右に挙げた異説は、どれも「混ぜる」を念頭に置いているように読めないだろうか。「ちゃんぽん」という単語を聞いて真っ先に思い浮かべるのは、やはり「混ぜる」というニュアンスだ。広辞苑で「ちゃんぽん」の項を調べてみよう。[29]

　ちゃん‐ぽん（「攙和」の中国音の転とも、マレー語に由来するともいう）①あれとこれと混同すること。まぜこぜ。伎、鬼若根元台「首をくつて身投げだ。死目―に張つた仏だ」。「日本酒とビールを―に飲む」②長崎料理の一つ。めん類・肉・野菜などを一緒に煮込んだ中国料理の一種。

「混ぜる」の例文で挙げられている「鬼若根元台《おにわかこんげんぶたい》」は、四代目鶴屋南北作の浄瑠璃だ。初演は文政八年（一八二五年）[30]。嘉永六年（一八五三年）にペリーが来航する三〇年近く前である。鎖国時代から、「ちゃんぽん」という言葉が「混ぜる」という意味で使われていたことになる。

広辞苑では、語源の一説として「攙和」という中国語が、冒頭に付記されている。中国語辞典で「攙和」を調べると、「混ぜ合わせる、混合する」という意味を持つことが確認できる。「チャン・フォ」と発音するらしい[31]。

語源が中国語にせよマレー語にせよ、鎖国されていた時代に外国語の語彙が日本に入ったとしたら、おそらく長崎を経由していたはずだ。浄瑠璃の台詞で使われるほど定着している単語であれば、長崎でも「ちゃんぽん」が「混ぜる」の意味で使われていた可能性は高いように思う。

単語「ちゃんぽん」はピジン語では？

さらに明治の初頭、横浜に居留していた欧米人の間でも、「ちゃんぽん」という言葉が「混ぜる」の意味で使われていた。明治初期に出版された『Exercises in the Yokohama dialect』（横浜方言の演習）という小冊子がある。横浜の外国人居留地で使われていた片言日本語の会話集だ。初版は一八七三年（明治六年）で、一八七九年（明治一二年）の増補改訂版がWEBで公開されている。[32]

例えば《Good bye》（さようなら）には《Sigh oh narrow》（サヨーナラ）という対訳（音写）が当てられている。別れの挨拶、「サヨウナラ」の音写である。《Take care》（気をつけて）には《Ah booneye》（アブナイ）、《Strong, well》（大丈夫）には《Die job》（ダイジョブ）など、片言ぶりが面白い。ちょうど日本人が「What time is it now?」（いま何時？）という英語のフレーズを、「掘った芋、いじるな」という日本語で置き換えて覚えたのと同じ要領だ。

その会話集に《To mix》（混ぜる）という項目があり、その対訳に《Champone》（チャンポン）という単語が割り当てられている。中国語「攙和」に由来するであろう「ちゃんぽん」という言葉を、日本人だけでなく日本に滞在していた欧米人も使っていたことになる。

鎖国時代の長崎や開国後の横浜で使われた、中国語が由来の言葉。もしかしたら「ちゃんぽん」という単語は、中国ピジン・イングリッシュの一つだったのではないだろうか？

中国ピジン・イングリッシュは、ピジン語の一種だ。広辞苑ではピジン語を次のように説明している。

ピジン‐ご【―語】（pidgin は英語の business の中国訛りという）異言語の話者が接触・交流して生まれる混成語。特に植民地などで英語・フランス語・ポルトガル語などの言語と土着の言語とが混合して生じたもの。母語とする話者を持たず、文法が単純化、語彙数が限定される傾向がある。

ピジン語の例を挙げよう。明治一七年生まれの作家・長谷川伸が、明治三〇年頃の横浜居留地で「らうめん」を初めて食べる際、中国人の店主とこんなやり取りをしている。

「らうめん？　何でぇそりあ」
「豚肉《ぶたにく》うまく煮《に》る、蕎麦《そば》、上《うへ》かける、おつゆうまい、蕎麦《そば》たいさんある[33]」

中国人店主の喋る片言の日本語は、中国語の文法の語順をベースに日本語の単語を並べた混成言語だ。「てにをは」などの助詞が略されていても、日本語話者には意味が伝わる。満州国でも協和語と呼ばれるこれと似たような言葉が使われた。これらの混成言語がピジン語と呼ばれる。

中国ピジン・イングリッシュは中国語と英語から生まれたピジン語だ。中国とイギリスとの貿易増大に伴い、遅くとも一七四〇年代には誕生していた。大きな取引をする商人だけでなく、日用品の売買や各種サービスを通じて、欧米人と接する機会の増えた中国沿海の貿易港に住む中国人にとって、中国ピジン・イングリッシュは必須のコミュニケーション・ツールになった[34]。

「久しぶり」を意味する英語のフレーズ、〝Long time no see〟が中国語の「好久不見」の直訳に由来する、という話はよく知られている。これもピジン語の好例だ。

一方、日本の場合。欧米商人が鎖国中の長崎や開国後の横浜などを訪れる際は、「買弁」

と呼ばれる仲買人やコック・召使いなどの清国人を伴って来日した。清国人は——小原鉄心と李遂川との筆談のように——漢字を使って日本人とコミュニケーションを取った。[35] そして欧米商人と清国人との間では、——もちろん正しい英語を使える清国人もいただろうが——主に中国ピジン・イングリッシュが使われた。

仮に「ちゃんぽん」という単語が中国ピジン・イングリッシュに含まれていたのなら、鎖国時代の長崎や開国後の横浜で中国語由来の言葉が使われたことも理解できる。さらに欧米と中国・日本との航路を想定した場合、途中にあるインドネシアやマレー、沖縄に「ちゃんぽん」というピジン語が「チャンプルー」という音で伝わり、「混ぜる」という意味合いで使われるようになったと考えれば、いろいろと腑に落ちる。

さて、「混ぜる」という意味合いの「ちゃんぽん」という言葉が、鎖国時代の長崎に伝わっていたとしよう。仮に麺料理の「ちゃんぽん」も「混ぜる」という意味だった場合、いったい何を混ぜたのか？

陳平順が最初に始めたのは湯肉絲麺だった。しかし、古い四海楼のメニューには「湯牛肉麺」「湯鶏絲麺」「湯蝦仁麺」「湯火腿麺」なども載っている。四海楼だけではなく、他の支那料理屋も似たような品揃えだったことだろう。私は、これらの具を複数のせた支那うどんを、「ちゃんぽん」と呼んだのではないかと考えている。いわば「全部のせ」だ。

もともとの支那うどんは、具がとてもシンプルなものだった。豚肉やエビやハム、野菜など、それぞれの具で分かれていた。それらの具を一緒に乗せてほしい場合に「ちゃんぽん」と指定したのが、いつしか支那うどん全般を指す一般名称として定着したのではないか。

以上が、ちゃんぽんという名前の由来に関する私の持論である。

二代目が語る《ちゃんぽんの起こり》

「全部のせ」がちゃんぽんだとしても、具が複数トッピングされるだけでは、現代のちゃんぽんとは全く似ても似つかないものになる。海鮮や肉と野菜を混ぜ炒めるという工程がない。また、あれほどのボリューム感も出せない。

ちゃんぽんの発祥に関する陳平順自身の発言は残されていない。ただ昭和三九年『サンデー毎日』で二代目の陳揚春氏が父の話として「ちゃんぽんの起こり」を詳細に伝えている。

なくなった父・陳平順が明治三十二年、二十一才のとき、福建省から日本に渡り、いまの長崎市広馬場で中華料理店をはじめたというから、もう六十五年あまりになります。父の話によりますと、そのころは肉少量にタケノコ、シイタケを入れた湯肉麵（タンシユメン）という中国うどんをはじめたのだそうです。

いまではタケノコ、シイタケなどカン詰や干物は一年中ありますが、そのころは材料を間に合わせるのにひと苦労だったということです。だから、長崎近海でとれる海産物など（モヤシ、チクワ、カマボコ、イカ、小ガキ、小エビなど油でいためて）をふんだんに使った、これが〝ちゃんぽん〟の起こりです。[36]

陳揚春氏によると創業当時に提供されたのは福建料理の《湯肉麵（タンシュメン）》で、《肉少量にタケノコ、シイタケを入れた》シンプルな《中国うどん》――当時でいう支那うどんだった。その後、海産物などをふんだんに使うよう、改良を加えた。《これが〝ちゃんぽん〟の起こり》としている。

この二代目の発言を素直に読むと、福建料理の湯肉麵＝支那うどんに対して、陳平順が「海産物などをふんだんに使うよう改良を加えたこと」を、ちゃんぽんの発祥と見做しているように読めないだろうか？

支那うどん（湯肉麵）はもともと存在していた福建料理で、陳平順が考案したとは書かれていない。また陳平順がちゃんぽんと名付けたとも書かれていない。

陳揚春氏は常々「チャンポンは、うちのオヤジが作った」と語っていたらしい。[37]ただ、それは右に述べたような文脈で語られたのではないか。支那うどん自体の考案やちゃんぽんという命名まで陳平順によるという通説は、後の世代やメディアによる拡大解釈のように思える。

支那うどんから現代のちゃんぽんが生まれるには、誰かが大きな改良を加える必要がある。それが四海楼の陳平順なのか、四海楼で料理人をしていた林さんなのか。それとも大波止にあった三角亭の料理人か、あるいは日清戦争開戦前の《ちんばのちゃんぽんや》なのか。今のところ、その決め手となる資料はない。

ただ留学生のために具沢山にしたというエピソードや、四海楼の明治時代からの繁盛ぶりを考えると、今のちゃんぽんのスタイルを生み出したのはやはり陳平順だと考えるのが、もっとも説得力があるように思う。何より、子孫が伝える陳平順の人となりからすると、他人の手柄を自分のものとして子供に伝える人物とはとても思えないのだ。留学生云々も、内地雑居が許可された明治三二年以降ならではの由来で説得力がある。

古い四海楼の「碗麵」メニューには「拌十錦麵」という品もある。個人的にはそれが現代に伝わる「ちゃんぽん」ではないかと思う。「拌」は「混ぜる」という意味を持ち、「十錦」は多種多様な具材を意味する。

支那うどん・ちゃんぽんは四海楼の創業前から存在していた。しかし今のちゃんぽんのスタイルを作り上げたのは、四海楼創業者の陳平順氏だった可能性が高い。それが私なりの結論だ。
その時期について、一九九六年『長崎町人誌　第四巻』の「ちゃんぽん考」では《早くても一九〇二〜三年（明治三十五〜六年）以降》と推論し、当時の四海楼社長、三代目・陳名治氏も同意している。[38]
それを受けて、例の皿うどん起源神話の①を修正しておこう。

①早くとも明治三五年頃、四海楼・創業者の陳平順がちゃんぽん（支那うどん）に改良を加えた
②ちゃんぽんのアレンジとして、汁のない太麺の皿うどんが生まれた
③それを簡便化した細麺タイプの「炒麺」（チャーメン）が考案された
④「炒麺」もいつしか皿うどんと呼ばれるようになった

さて、次は②、太麺の皿うどんの発祥時期だ。

●この節の要約
・ちゃんぽん（支那うどん）は明治二七年以前から長崎に存在していた
・支那うどんと支那そばは伝来した地域が違うだけで「肉絲麺」という同じ料理だった

・ちゃんぽんという名前は「混ぜる」を意味するピジン語に由来する
・現在のちゃんぽんのスタイルは四海楼・初代陳平順が考案した可能性が高い

第2節　太麺皿うどんの起源に迫る

明治三五年頃に現在のちゃんぽんのスタイルが作られた。ではそれがアレンジされ、太麺の皿うどんが生まれたのは、いつ頃だろう?

昭和一〇年、新宿の皿うどん

皿うどんは戦前から存在していた。それどころか、東京にまで伝わっていた。戦前の新宿に「チャンポン」という店があった。昭和一〇年『主婦の友 三月号』の「新宿名物の一品料理の作り方」という特集で、その店主が皿うどんのレシピを紹介している。麺は「支那うどん」(ちゃんぽん麺)を使うというから、太麺皿うどんだ。

ちゃんぽん麺を茹でて二～三時間乾かしたあと、多めのラードで両面を揚げ気味に焼く。

それとは別に野菜などを炒め、少量のスープを加えて煮る。そこに揚げておいたちゃんぽん麺を入れ、水気がなくなるまでスープをよく沁み込ませれば出来上がり。ちゃんぽん麺を揚げておく手法は、長崎新地中華街の江山楼の太麺皿うどんや天神・福新楼の博多皿うどんに似ている。《支那《しな》うどんがなければ、支那《しな》そばでも、普通《ふつう》のうどんでも結構《けっこう》です》とも書かれている。[1]

同店は昭和一三年『長崎茶話　第一号』に《東京を代表する支那料理・支那うどん店》と謳った広告を出稿している。「支那うどん」という呼称が、昭和一〇年でもちゃんぽんの異名として使われていたことがわかる。[2]

サトウハチロー『僕の東京地図』には、新宿・チャンポンで皿うどんを食べた話が載っている。「三越の裏」という回で、昭和一一年に朝日新聞で連載していた当時の話だろう。[3]

長崎で育った文筆家・平山蘆江も、新宿チャンポンで一度食べたらしい。昭和一四年『長崎茶話　第三号』の随筆「ちゃんぽん」で、《味のつけ加減がくどすぎて、脂っぽいようだった》と書いている。残念ながら味付けは口に合わなかったようだ。[4]

同誌の次の号『長崎茶話　第四号』には五反田のチャンポン屋・紅華の広告が掲載され、そこにも皿うどんの単語が見える。平山蘆江が前号で《目黒のが一番古いと思う》と書いているが、この五反田・紅華のことだろう。[5]

さらに昭和三四年に発行された『続・東京味どころ』という書籍の「チャンポン・長崎の味」によれば、新宿「チャンポン」は戦後に銀座六丁目へ移転して「新々飯店」という屋号に変わったようだ。[6]

昭和一〇年には東京の新宿で皿うどんが食べられていた。そしてそれは太麺だった。また目黒にはそれより古い店も存在していた。太麺の皿うどんは、遅くとも昭和一〇年には東京へ伝播していたことになる。

昭和初期・大正時代の長崎皿うどん証言

当然、長崎でも昭和初期には既に皿うどんが普及していた。当時の長崎での皿うどんの証言を紹介しよう。

平成一〇年に出版された『長崎弁で綴る絵のない漫画』というエッセイがある。著者の昭和八年の思い出として、一〇銭のチャンポンを五銭で食べた話が紹介され、その中に皿うどんが出てくる。《私が商業学校五年のとき》と具体的に年代に触れているので、時期的な確度は高い。[7]

昭和三三年『長崎料理史』には、「ちゃんぽんが十銭の時代に皿うどんは（量が五人前くらいあるので）五十銭だった」という話が出てくる。ちゃんぽんが一〇銭というのは『長崎弁で綴る絵のない漫画』と同価格だ。皿うどんが五〇銭というのも、同じ昭和八年前後の話と考えるのが妥当だろう。[8]

明治四一年生まれの医師・文筆家の永井隆。彼は自ら被爆しながらも、原爆被災者の救護活動に努めたことで知られている。昭和二三年に発行された永井隆の自伝的小説『亡びぬものを』には、皿うどんの証言が残っている。これも大皿で五〇銭。小説上は主人公が除隊して長崎医科大学に復帰した時期で、著者の来歴では昭和九年に当たる。なので、その頃の価格なのだろう。[9]

昭和四〇年、雑誌『あまカラ　第一七一号』に掲載された「ムツゴロとチャンポンの味」には、大正と昭和の端境期の皿うどん証言がある。筆者の青地晨《しん》は、明治四二年富山県生まれ、佐賀県育ちの評論家だ。彼は《高校、中学時代の一番の御馳走は長崎チャンポンと皿うどんだった》《チャンポンは一皿二十銭、皿うどんは五十銭だったと思うが、皿うどんは二人か三人でたべないとたべきれぬほどの分量だった》と述べている。[10]

明治四二年生まれだと中学入学が大正一一年、高校卒業が昭和二年だろうか。大正末期の佐賀に、既に皿うどんが存在したことになる。ちなみにこの続きには、《戦前、新宿のムーランルージュ近くの横丁に、比較的うまいチャンポンを食わせる店があった》とも書かれている。もちろんあの店、新宿・チャンポンのことだ。

大正二年生まれの作家・足立巻一《けんいち》は、幼い頃に漢学者の祖父・足立敬亭（清三）と放浪生活を共にした。昭和五一年『味雑事談』での対談で、その放浪時代の小学校二年頃を回想し「長崎で皿うどんを食べた」と語っている。生年から数えると大正九年頃の話だ。[11]

さて、私が知る最古の皿うどん証言は新聞への読者投稿だ。

昭和五六年三月二六日の朝日新聞で、読者投稿レシピの欄に《小学校にあがる前まで長崎にいました》という七〇歳の主婦が、《中華街》の《忘れられない味》として《皿うどん》のレシピを投稿している。[12]

昭和五六年で七〇歳ということは明治四三〜四四年生まれ。当時の尋常小学校の入学時の年齢は現在と同じく六歳。入学前で五歳とすると、投稿者が長崎新地中華街で皿うどんを食べたのは、遅くとも大正四〜五年くらいだろう。言い換えると、大正四〜五年には長崎新地で皿うどんが提供されていた。

私が調べた限り、これが最も古い皿うどんの証言である。[13]

皿に盛られた方の支那うどん

皿うどんの発祥を遡るうちに気付いたのだが、大正から昭和にかけての頃、皿うどんはちゃんぽんと同一視されていた可能性がある。

前述した足立巻一の祖父、漢学者・足立敬亭が著したとされる『鎖国時代の長崎』という手稿がある。[14]以下は同書の『中編』に含まれる「第十二章　支那渡来の学芸」「第九節　料理」の一節だ。

五、煎包《チャンポン》　玉葱蒲鉾《カマボコ》小椎茸皮豚肉豚薄焼卵等を小麦粉の鉢に堆く盛り五目飯散目鮓のごとくにし或いは脂濃き煎汁をかけ麪と同じき椀盛りとす

長崎の郷土史家の越中哲也氏は、著書『長崎学・続々食の文化史』の「長崎チャンポン考」でこの手稿の来歴を検証し、《この本は大正十年以前には書かれていたと考える》との見解を述べている。[15]また、前述した一節について、《この前段の料理は現在の「皿うどん」と称しているもののこと》、《後段は現在各店で売られているチャンポンのこと》と分析している。[16]

たしかに原文をよく読むと《小麦粉の鉢に堆〔うずたか〕く盛り五目飯散目鮓のごとくにし》と、《脂濃き煎汁をかけ麪と同じき椀盛りとす》が、《或いは》で対になっている。内容から前段が皿うどん、後段がちゃんぽんの描写と考えると、なるほどしっくりくる。どちらも「煎包《チャンポン》」と呼んでいる点が興味深い。

似たような証言がもう一つある。

作家・子母澤寛《しもざわかん》が雑誌『あまカラ』で連載していた『味覚極楽』に、「長崎のしっぽく‥南蛮趣味研究家　永見徳太郎氏の話」という回がある。永見氏は長崎で明治二三年に生まれた人物だ。昭和四年に子母澤寛から長崎の食に関するインタビューを受けた際、ちゃんぽんについてこう話している。


チャンポンといふのがある。えび、しひたけ、豚、なまこ、鶏の雑物、骨などを大きな鍋で、うすい鹽味で、煮合せて、それへ「うどん」を入れてまた煮る。つゆを多くしたのと少し焼きつける位にしたのとあるが、これを山のやうに盛つて出す。書生料理でもあり、またうまくもある。[17]

ちゃんぽんには「つゆを多くしたの」と「少し焼きつける位にしたの」の二種類があると語っている。後者は明らかに皿うどんのことだ。こちらも皿うどんを「チャンポン」と呼んでいることになる。

『鎖国時代の長崎』と「永見徳太郎氏の話」から推測するに、大正から昭和初期の長崎の一部では、ちゃんぽんと皿うどんが同一視されていたように思う。もりそばもかけそばも「そば」と呼ばれているように、皿うどんは「汁がない方のちゃんぽん」であり「皿に盛られた方の支那うどん」だった。

両資料とも麺の違いに全く触れられていないのは、恐らく軟らかい太麺なのが暗黙の了解だからだろう。汁ありが「支那うどん」で汁なしが「皿うどん」とシンプルに呼び分けられ、やがて後者の呼び方だけが残ったと思われる。

そして『鎖国時代の長崎』も「永見徳太郎氏の話」も、皿うどんが山盛りになっている点に注目したい。《堆く盛り》、《山のように盛って出す》。四海楼の陳平順が改良を加えたであろう、現代に伝わるタイプのちゃんぽんから派生したことを想像させる記述である。

●この節の要約

・皿うどんは、遅くとも大正四〜五年にちゃんぽんから派生していた
・大正から昭和にかけての頃、皿うどんはちゃんぽんと同一視されていた可能性がある
・当初の皿うどんは軟らかい太麺なのが暗黙の了解だった

第3節　太麺から細麺へ　～長崎皿うどん革命～

前節の分析を踏まえ、皿うどん起源神話の②に時期を明記しておこう。

①早くとも明治三五年以降、四海楼・創業者の陳平順がちゃんぽん（支那うどん）に改良を加えた
②遅くとも大正四～五年に、ちゃんぽんのアレンジとして汁のない太麺の皿うどんが生まれた
③それを簡便化した細麺タイプの「炒麺」（チャーメン）が考案された
④「炒麺」もいつしか皿うどんと呼ばれるようになった

順番でいうと次はパリパリ細麺の発祥なのだが、あえてそれを飛ばして、細麺が皿うどんと呼ばれるようになった時期を先に考察したい。

戦前から細麺も皿うどんと呼ばれていた

現在、皿うどんといえば揚げ麺を使ったパリパリ細麺のスタイルが一般的だ。しかし元々

の皿うどんはちゃんぽんと同じ麺を使っていた。いつかはわからないが、とある時期に皿うどんという料理の一般認識が、軟らかい太麺からパリパリ細麺へと変化したはずだ。

パリパリ細麺が皿うどんと呼ばれるようになった時期は、残念ながらはっきりとはわからない。ただし戦前から一部では軟らかい細麺も皿うどんと呼ばれていた。

永井隆は『亡びぬものを』で昭和九年頃の皿うどんを《うどんは細い黄色いのと、太い白いのと二通りあったし、また細い米粉「ミイフン」もあった》と描写している。[1] 五島うどんを例に出した通り、長崎では細い麺も「うどん」と呼ばれることがあり、それは皿うどんも同様だった。ただ、この細麺は揚げていない。

揚げ麺の初出は昭和三三年『長崎料理史』だ。同書の皿うどんのレシピでは、《細かく切った干麺》を《ラードで充分揚げる》よう指示している。麺の太さはわからないが、同書では昭和一〇年頃と思われる皿うどんの述懐もあり、その当時のレシピの可能性もある。[2]

これら二つの資料から類推すると、戦前から細麺を揚げたタイプを皿うどんと呼んでいた可能性は否定できない。ただ、仮に戦前から呼んでいたとしても、資料の数から言って少数派だったのは間違いない。戦前の文献のほとんどは、ちゃんぽん麺を使う前提の太麺タイプだ。

戦前から長崎の一部では細麺も皿うどんと呼ばれていた。そのくらいの認識で必要十分に

太麺を皿うどんの標準とする老舗一覧

屋　号	地　域	創業年	西　暦
四海楼	長崎	明治 32 年	1899 年
福新楼	博多	明治 37 年	1904 年
光華楼	久留米	大正 6 年	1917 年
春駒食堂	佐賀	大正 11 年	1922 年
中山楼	北九州	昭和 7 年	1932 年
紅蘭亭	熊本	昭和 9 年	1934 年
門司倶楽部	北九州	昭和 9 年	1934 年
四海楼	佐世保	昭和 29 年	1954 年
桃園	東京・有楽町	昭和 29 年	1954 年
山形屋食堂(珍々亭)	鹿児島	昭和 33 年	1958 年

思う。

長崎と他地域の老舗との違い

むしろ私が興味を抱いたのは、皿うどんの主流が太麺から細麺に変わった時期だ。現在は大多数の人が「皿うどんといえばパリパリ細麺」と認識している。この一般認識はいつからなのか？　その時期を考察する手がかりが一つある。

私は長崎だけでなく、九州各地でも皿うどんを食べ歩いてきた。その過程で発見したのだが、九州各地に点在する老舗の中華料理店の多くは、皿うどんといえば太麺なのだ（上の表）。現代の長崎では軟らかい太麺もパリパリ細麺も皿うどんと呼ばれるが、他地域では必ずしもそうではない。

本来の皿うどんが太麺なのだから、老舗が皿うどんという名前で太麺を供するのは理解できる。福岡では博多

九州各地の老舗の皿うどんは太麺ばかり

久留米　光華楼
皿うどん

博多　福新楼
博多皿うどん

北九州　中山楼
皿うどん

佐賀　春駒食堂
皿うどん

北九州　門司倶楽部
皿うどん

熊本　紅蘭亭
皿うどん

鹿児島市　山形屋食堂
焼きそば（2011年撮影）

皿うどんの名で軟らかい皿うどんが名物にすらなっている。しかし、老舗がパリパリ細麺を提供する場合、長崎と違って皿うどんと呼ぶことはない。多くの店が「ヤキソバ」と呼んでいる。揚げ麺をヤキソバと呼ぶ代表格が、鹿児島の「山形屋食堂《やまかたや》」だ。昭和三三年から同デパートで営業していた「珍々亭」というラーメン屋の名物を、同店廃業に伴いデパートの運営元で引き継いだそうだ。[3]

私が山形屋食堂を訪問した二〇一一年当時は、店頭のショーケースに《柔らかい麺を使った「皿うどん」もあります》との文言が掲示されていた。つまり軟らか太麺は「皿うどん」、パリパリ揚げ麺は「ヤキソバ」だった。

その他にも、私が訪問した店では、「光華楼（久留米）」「中山楼（北九州）」「紅蘭亭（熊本）」「門司倶楽部（北九州）」「四海楼（佐世保）」がパリパリ細麺を「ヤキソバ」と呼んでいた。東京・有楽町にあった昭和二九年創業の「桃園」という店も同様だった。長崎以外の老舗では、太麺は「皿うどん」、パリパリ細麺は「ヤキソバ」と明確に区別して呼ぶ店が主流なのだ。

仮説・長崎皿うどん革命

長崎の四海楼ではパリパリ細麺を「炒麺」と呼んでいる。「炒麺」の一般的な和訳はご存じの通り「ヤキソバ」だ。暖簾分けされた佐世保・四海楼でも「ヤキソバ」と呼ぶ。つまるところ一覧の老舗のうち、パリパリ細麺を提供する店は例外なく、それを「炒麺」「ヤキソバ」と呼んでいる。

一方、長崎では——四海楼を除いて——創業年にかかわらずどの店でもパリパリ細麺を皿うどんと呼んでいる。それどころか、太麺よりもパリパリ細麺の方が皿うどんの標準になっている。長崎以外の地域でも、先に挙げたような老舗を除く比較的最近の店は、パリパリ細麺が皿うどんの標準だ。なぜこのようなまだらな状態が生じたのだろう？

ありうるケースを自分なりに検討し、最終的に「この流れなら今の状態になる」という仮説を図にしてみた（次頁）。

他地域の老舗に「太麺は皿うどん、パリパリ細麺は炒麺（ヤキソバ）」として伝播したあと、とある時点で「長崎でパリパリ細麺が皿うどんの主流になる画期的な出来事」が発生する。それがどんな出来事なのかはわからないが、仮に「長崎皿うどん革命」と呼んでおこう。

その後、長崎の店はパリパリ細麺が主流になり、他地域へも「皿うどんはパリパリ細麺」

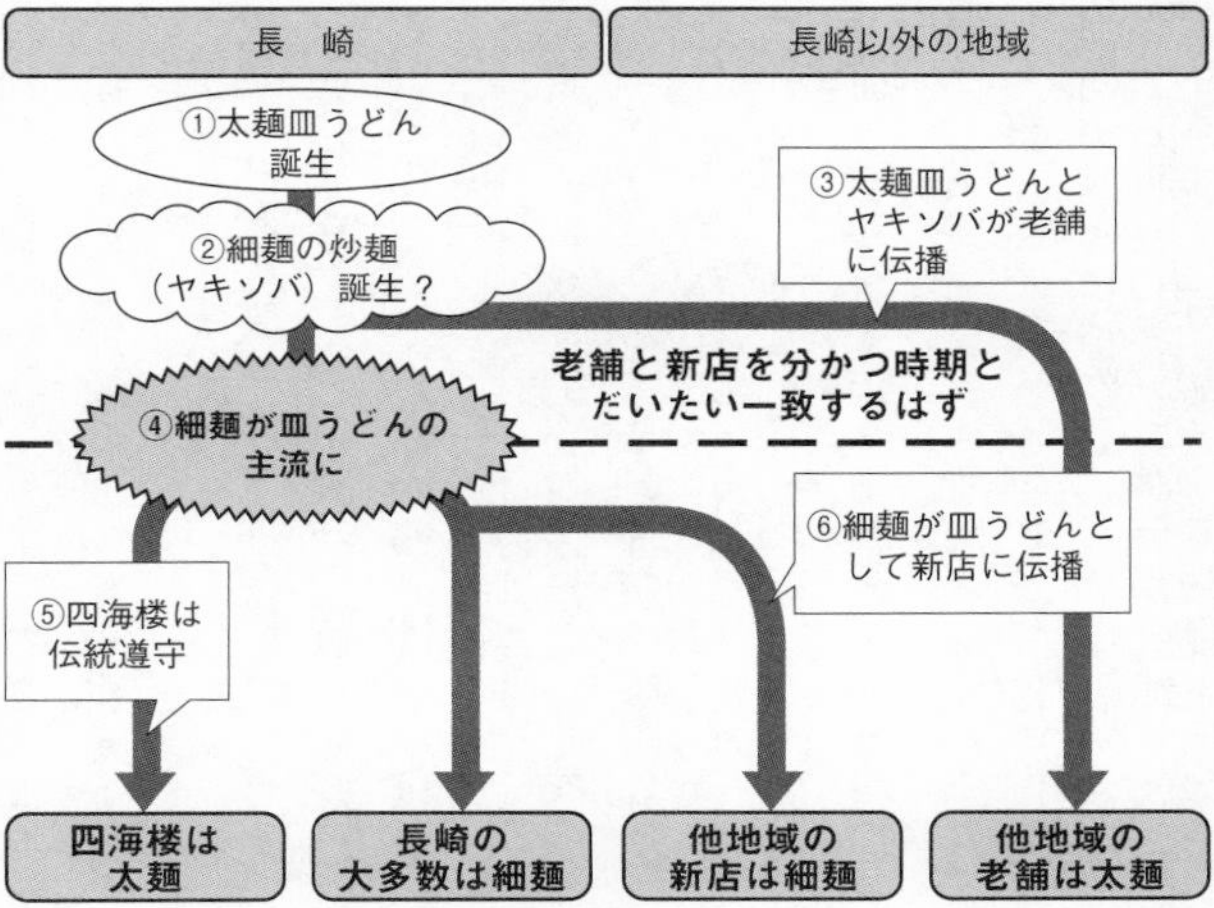

仮説・長崎皿うどん革命

として伝播する。長崎では四海楼だけが伝統を守って昔通りの呼び方を続ける。この流れなら現在の状態になりうる。というか、この流れ以外、今のまだらな状態にはなり得ないのではないだろうか。

上図の流れが実際に正しかったと仮定した場合、長崎皿うどん革命の発生時期は、他地域の老舗と新店を分かつ時期とほとんど一致するはずだ。太麺皿うどんの老舗一覧では、山形屋食堂の昭和三三年（正確には前身の珍々亭の創業年）が最も新しいので、長崎皿うどん革命は昭和三三年以降に発生した可能性が高い。

一方でパリパリ細麺を皿うどんと呼ぶ店はあまりに多すぎる。新店の創業年を参考に正確な境界線を引くことは事実上不可能だ。もう少し異なる方法でのアプローチが必要そうだ。
第1章第2節で戦前の料理書を分析した、あの手法をここで流用してみよう。

大正・昭和の資料四一冊を調査

もし皿うどんの主流が太麺から細麺に変化した場合、出版物での皿うどんの記述にもその影響が出るのではなかろうか。私はそのように考え、主に長崎県立図書館・長崎市立図書館の蔵書を探し、大正から昭和にかけて皿うどんに言及している出版物の内容を確認してみた。次頁の一覧が、調査対象になった四一冊である。

中には単なる中華料理店の広告もあり、麺の太さは一切わからないケースも含まれている。ただ、長崎の名物を紹介するガイドブックや、郷土料理としてのレシピ紹介などは判別しやすかった。太麺・細麺の両方に言及している本も多かった。

皿うどんが太麺・細麺どちらで描写されているか、年代ごとに集計したのが一二四頁のグラフである。

大正から昭和一〇年代までは圧倒的に太麺が多い。昭和二〇年代・昭和三〇年代は太麺・細麺が混在し始める。

昭和四〇年代には細麺の割合が増えてきて、昭和五〇年代にはパリパリ細麺一色になる。

皿うどん調査の参考にした大正・昭和の資料 41 冊

・昭和56年３月26日朝日新聞「わが家の郷土料理」（1981、朝日新聞社）
・奈良本辰也『味雑事談』「足立巻一」（1976、芸艸堂）
・足立敬亭『鎖国時代の長崎』（長崎県立図書館所蔵）
・大正15年１月３日長崎新聞　文化食堂広告（1926）
・『あまカラ（171）』青地晨「ムツゴロとチャンポンの味」（1965、甘辛社）
・『あまカラ（49）』「味覚極楽〔14〕」（1955、甘辛社）
・渡部正之『長崎弁で綴る絵のない漫画』（1988、自費出版）
・永井隆『亡びぬものを』（1948、中央出版社）
・『主婦の友　昭和10年３月号』（1935、主婦の友社）
・サトウハチロー『僕の東京地図』「三越の裏」（2005、ネット武蔵野）
・『長崎茶話 第一号』新宿チャンポンの広告（1938、長崎茶話会）
・『長崎茶話 第三号』平山蘆江「ちゃんぽん」（1939、長崎茶話会）
・『長崎茶話 第四号』五反田・紅華の広告（1939、長崎茶話会）
・『婦人倶楽部 昭和15年５月号』（1940、講談社）
・歌川龍平『長崎郷土物語　わしが町さ物語』（1952、中央出版社）
・『週間サンケイ　昭和28年12月20号』「家計の設計」（1953、扶桑社）
・『あまカラ（17）』森田たま「お供日」（1953、甘辛社）
・『あまカラ（74）』山本健吉「太ッとかと皿うどん」（1957、甘辛社）
・『文藝春秋　昭和32年６月号』吉田健一「舌鼓ところどころ」（1957、文藝春秋社）
・嘉村国男『長崎への招待（初版）』（1957、長崎観光協会）
・和田常子『長崎料理史』（1958、柴田書店）
・佐久間正『続・東京味どころ』（1959、みかも書房）
・『サンデー毎日　昭和39年12月13日号』（1964、毎日新聞社）
・『あまカラ（161）』戸塚文子「ちゃんぽん／皿うどん」（1965、甘辛社）
・嘉村国男『長崎への招待（第２版）』（1966、長崎観光協会）
・『長崎文化　第22号』21頁（1967、長崎国際文化協会）
・嘉村国男『長崎への招待（第３版）』（1967、長崎観光協会）
・『井手勝治のお料理読本　長崎の家庭料理』（1968、2009復刻版、長崎新聞社）
・『別冊文藝春秋　116特別号』荻昌弘「食いもの列島」（1971、文藝春秋社）
・『山と渓谷　昭和47年４月号』（1972、山と渓谷社）
・『マイクック　昭和47年11月号』（1972、日本割烹学校出版局）
・『味のふるさと２　長崎の味』（1977、角川書店）
・遠藤元男『日本の名産事典』（1977、東洋経済新報社）
・『婦人倶楽部　昭和54年２月号』（1979、講談社）
・『伝えてゆきたい家庭の郷土料理　第２集』（1980、婦人之友社）
・あずま企画編集室『長崎の味100店』（1980、あずま企画編集室）
・『長崎の味づくし』（1982、長崎ばってん出版社）
・井上寿子『長崎の郷土料理：よみがえるふるさとの味』（1982、長崎出版文化協会）
・嘉村国男『ながさきことはじめ』（1990、長崎文献社）
・『長崎町人誌　第四巻』友清辰夫「皿うどんの由来」（1996、長崎文献社）
・『長崎学・続々食の文化史』（2002、みろくや食文化研究所）

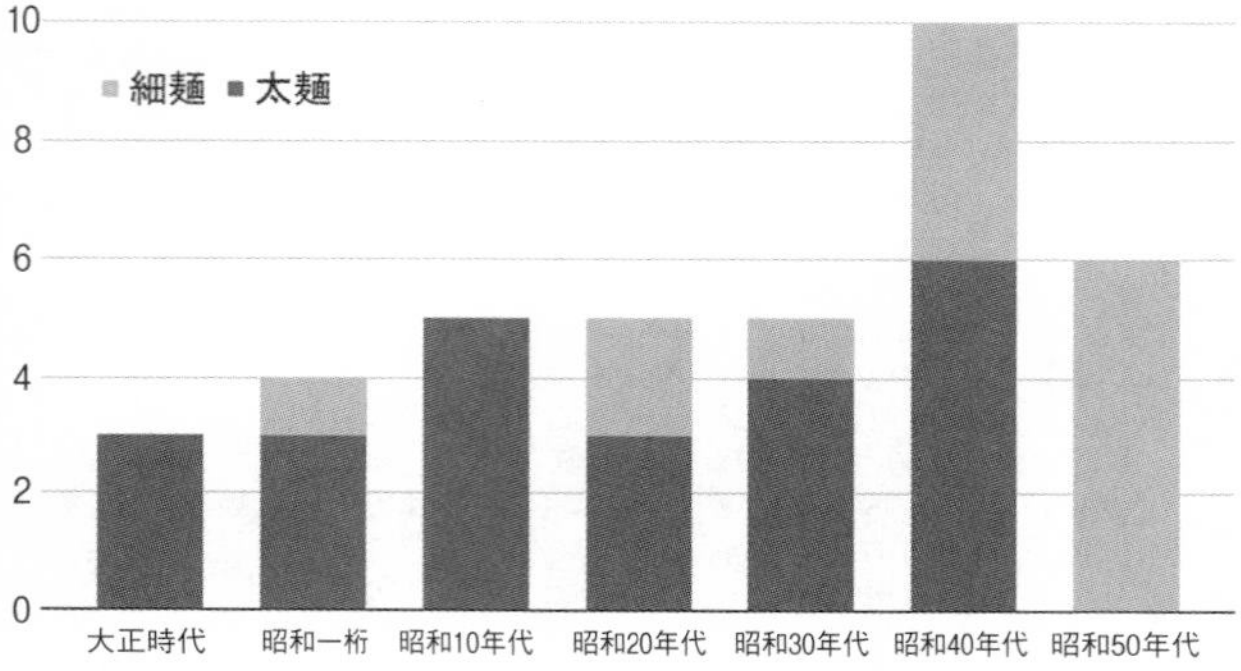

大正・昭和の出版物における太麺・細麺の推移

「皿うどん」イコール細麺になったのは、戦前どころか戦後だいぶ経ってからだ。時間経過と共に資料を追ってみると、太麺と細麺のバランスが劇的に変化したのは昭和四〇年代だった。前述した長崎皿うどん革命の「昭和三三年以降」という予測とも合致する。

なぜ昭和四〇年代にパリパリ細麺が長崎皿うどんの主流になったのか。なぜ長崎以外の老舗は太麺皿うどんのままなのか。長崎皿うどん革命とは何が起きたのか。

料理名や内容が変化した他の麺料理を参考に、考えられうる仮説をいくつか立てて検証してみよう。

大型チェーンや老舗中華料理店ではなさそう

仮説その1は、大規模チェーン説だ。

例えば「つけめん」。つけめんの元祖とされる東池袋大勝軒や丸長のれん会では、「つけめん」ではなく「もりそば」や「つけそば」という名前で提供されてきた。

それを「つけめん」と名づけたのは後発のチェーン店「つけ麺大王」という説がある。ウェブサイト『メシ通』で刈部山本氏が執筆した記事に詳しいが、「つけ麺大王」のチェーン展開がきっかけとなり、「つけめん」という呼び方が定着したという説だ。[4]

もしかしたらそれと同様に、細麺の皿うどんを長崎県内に普及させたチェーン店があるのではないか？　可能性があるとすれば、長崎ちゃんぽんを代表するチェーン、あの「リンガーハット」だろう。同社の知名度や展開規模なら充分にありうる。

ただ、これは少し調べたら簡単に否定された。公式サイトの沿革ページによると、同社がリンガーハットの一号店をオープンしたのは昭和四九年で、当初は「長崎ちゃんめん」という屋号だった。そして「長崎皿うどん」の販売を開始したのは昭和五六年だ。[5] 時期的には細麺皿うどんが主流になったあとなので、同社の影響は考えにくい。またリンガーハット並みに影響力がありそうなチェーンも探してみたが見つからず、大規模チェーン説は消えた。

仮説その2は、老舗中華料理店説だ。大規模チェーンではなくとも、四海楼に比肩するほど古い店が、細麺だけを皿うどんとして提供していたら、その呼び名が普及しても不思議で

長崎市内の老舗の皿うどんメニュー記載内容

屋　号	創業年	メニュー記載	備　考
四海楼	明治32年	太麺のみ	細麺は「炒麺」
美有天	大正元年	細麺のみ	ちゃんぽん元祖を名乗る
会楽園	昭和２年	太・細あり	
新和楼	昭和３年	細麺のみ	最近まで太麺も掲載
京華園	昭和19年	太・細あり	
江山楼	昭和21年	太・細あり	
天天有	昭和21年	細麺のみ	
康楽	昭和23年	太・細あり	

はない。

実際に細麺だけが提供されている老舗はないのか、長崎の新地中華街を中心に市内の老舗中華料理店をリストアップし、一軒一軒、皿うどんを食べ歩いてみた。特に「太麺の皿うどんがメニューに記載されているか」に着目してみた（上図）。

ちゃんぽんの元祖を名乗る大正元年創業の「美有天」は、パリパリ細麺の皿うどんのみをメニューに記載していた。戦前にも一部で細麺や揚げ麺が皿うどんと呼ばれていたかもしれないと述べたが、美有天がそうだった可能性は高そうだ。パリパリ細麺を「炒麺」ではなく「皿うどん」と呼び始めたのは、これら四海楼以外の中華料理店のどこかであったろうと思われる。

ただ、ほとんどの店は細麺だけではなく、太麺も細麺もメニューに載せている。細麺のみの店も、太麺をリクエストすればおそらく受け入れてくれる。「江山楼」のように太麺の皿うどんが人気という店もある。

そして「美有天」のような細麺のみの店が、昭和四〇年代に

長崎の老舗中華料理店の皿うどんの例

長崎新地　新和楼
皿うどん（細麺）

長崎新地　会楽園
細麺皿うどん

長崎新地　江山楼
特上皿うどん（太麺）

長崎新地　京華園
特製皿うどん（細麺）

思案橋　康楽
ソボロ皿うどん（細麺）

思案橋　天天有
皿うどん

四海楼と比肩するほどの人気を得たような事実もない。皿うどんの主流が太麺から細麺へ劇的に移行するには、もっと決定的なきっかけが必要に感じる。

仮説その3は家庭向け商品説だ。かつて支那そばや中華そばと呼ばれた麺料理が「ラーメン」と呼ばれるようになったのは、日清食品「チキンラーメン」のテレビCMの影響だったというのが定説だ[6]。

パリパリ細麺の皿うどんにも、同じように画期的な家庭向けヒット商品やテレビCMがあったとしたら、呼称が劇的に変化するだろう。そう考えて、長崎で販売されている皿うどん商品を洗い出し、一つ一つ発売時期や商品名を調べてみた。最終的にこれだと目をつけたのが「みろくや」の「長崎皿うどん」だ。先行する競合商品はあったが、そちらの商品名は皿うどんではないので違うと判断した。

みろくやチャンポン、皿うどん♪

みろくやは長崎ちゃんぽん・皿うどんのメーカーで、その商品は主に土産物や贈答用として販売されている。公式サイトの「みろくやの歴史」によれば、昭和四二年に《長崎名物皿うどん製造に着手》し、県外の物産展や海外への輸出を開始したと書かれている。《長崎ち

みろくや　浜町店と商品パンフレット
（2018年撮影）

長崎新地中華街　三栄製麺
生皿うどん（2018年撮影）

みろくや　太麺皿うどん
（2018年撮影）

ゃんぽんの製造に着手》は昭和四四年なので、ちゃんぽんより先に皿うどんが売られたことになる[7]。

昭和四二年に製造を始めた「長崎皿うどん」は細麺だったのか。同社の公式サイトから問い合わせてみたところ、販売開始当初、昭和四二年の『長崎名物皿うどん』は生麺で、揚麺の皿うどんの発売開始は昭和五七年との回答を得た。

ここで長崎以外の方のためにちょっと補足しておこう。私も目の当たりにして驚いたが長崎では生麺の皿うどんが売られている。上の写真は新地中華街にある三栄製麺の店頭で売られていた生皿うどんだ。わざわざ中華街まで行かずとも、スーパーで普通に生麺の皿うどんが販売されている。家庭によっては、これを揚げるところから皿うどんを作り始めるのだ。さすが本場である。

みろくやが生皿うどんを販売開始した昭和四二年は、細麺の普及開始時期と合致している。果たしてこれが正解だろうか。そういえば、みろくやでは太麺の皿うどんも販売している。みろくやからのメールでは「生麺」とだけ答えて、麺の太さには触れていない。当初の生麺がもしかして太麺の可能性は……と考えて、ハッと気付いた。

いやいや、太麺であるわけがない。もし太麺の生麺があれば、それは皿うどんではなく、ちゃんぽん用の麺として売られるはずだ。みろくやではちゃんぽんより皿うどんの販売が先だった。念のため、みろくやに確認したら、現在販売している太麺皿うどんの麺はちゃんぽんと同じ麺を使っているそうだ。

言い換えると、みろくやに限らない話だが、家庭向けの商品には皿うどん用の太麺は存在しないのだ。なぜならそれは皿うどん用の麺ではなく、ちゃんぽん麺なのだから。考えてみれば拍子抜けするほど当たり前な話だ。家庭向け商品に限れば皿うどん用の麺は細麺しかない。皿うどんと細麺が完全にイコールで結ばれる。その認識がスーパーなどの小売店で商品を手に取る主婦層に広まり、それが当然と受け止められるようになる。家庭で日常的に皿うどんを消費する長崎でしか起こりえない現象だ。

そしてさらに決定的だったのはテレビＣＭだ。「みろくや持って通りゃんせ～♪」で始まり、「みろくやチャンポン、皿うどん～♪」で終わるＣＭソングは、地元の人に長年親しまれてきた。このＣＭについても問い合わせたところ、放送開始は昭和四六年、放送エリアは長崎県内のみだった。このＣＭにより、皿うどんイコール細麺の認識が主婦層以外にも一気に広まり、定着したのではないか。

長崎の皿うどんが細麺一色になったことも、他県の老舗では太麺皿うどんのままだったことも、これで説明できる。昭和四〇年代、高度成長とカラーテレビの普及、スーパーマーケットでの流通革命の時代。ヒット商品が次々と生まれ、大量生産・大量消費で世の中が大きく変化した。「チキンラーメン」により「ラーメン」という呼び名が定着したのと全く同じ現象が長崎という地域限定で起きたのだ。

「長崎でパリパリ細麺が皿うどんの主流になる画期的な出来事」、長崎皿うどん革命とはなにか？　それは長崎で放送されたみろくやのテレビＣＭだったというのが、私のたどり着いた答えだ。

「炒麺」（チャーメン）という呼び名はいまだ健在

現在、長崎でパリパリ細麺の皿うどんを炒麺と呼ぶ中華料理店は、私が知る限り四海楼だけだ。では炒麺という呼称は長崎からなくなったのか？　それが実は残っている。長崎では皿うどんに使う細い揚げ麺のことを、料理ではなく食材として今でも「チャーメン」と呼んでいるのだ。

代表的な例だと、小川食品が販売していた「長崎ちゃーめん」という商品がある。昭和五七年『長崎の味づくし』に《販売から20年》と語られているので、販売開始は昭和三七年頃になる。[8]前段で「みろくやの皿うどんに先行する競合商品」と触れたのはこの「長崎ちゃーめん」だ。

小川食品は平成一三年（二〇〇一年）に吸収合併されてすでにないが、「みろくや」と同様に長崎県内でテレビCMを放映し、人気も高かったようだ。現在、同様の商品は多数あり、「チャーメン」という呼称が一般名詞として使われている。

「チャーメン」という商品名は白雪食品、五島製麺、荒木商会、福建など地元メーカーばかり。中には「生チャーメン」という自己矛盾していそうな商品や、割れせんべいのような「ちょっとくずれたチャーメン」もあった。また皿うどんのレシピでも、食材の中華麺を「チャーメン（チャン麺）」と呼ぶ例が複数あった。[9]

パリパリ細麺の「炒麺」という呼称は、生活に欠かせない食材の一般名詞として、このように長崎市民の間にすっかり溶け込んでいる。長崎市内のスーパーなら、どの店でも複数の

家庭向け商品に見られる「炒麺」の名残

五島製麺
揚げチャーメン

白雪食品
長崎チャーメン

福建
中華炒麺

荒木商会　揚皿うどん
（長崎ちゃーめん）

白雪食品
ちょっとくずれたチャーメン

五島製麺
生チャーメン

「チャーメン」が販売されている。機会があれば確認してみてほしい。

●この節の要約
・長崎以外の老舗では太麺皿うどんが標準の店が多い
・昭和四〇年代後半に長崎で放映されたテレビCMで、皿うどん＝パリパリ細麺が定着した
・「炒麺」という名前は食材としてのパリパリ細麺「チャーメン」として残っている

第4節　細麺皿うどんとカタ焼きそば

戦前から細麺や揚げ麺も皿うどんと一部で呼ばれ始め、昭和四〇年代に皿うどんはパリパリ細麺が標準になった。元々の「炒麺」（チャーメン）という呼び名は家庭向け商品の商品名として残った。

例の皿うどん起源神話の《④「炒麺」もいつしか皿うどんと呼ばれるようになった》は、解像度が少しあがったので、二段階に分解しておこう。

①早くとも明治三五年以降、四海楼・創業者の陳平順がちゃんぽん（支那うどん）に改良を加えた
②遅くとも大正四〜五年に、ちゃんぽんのアレンジとして汁のない太麺の皿うどんが生まれた
③それを簡便化した細麺タイプの「炒麺」（チャーメン）が考案された
④戦前から細麺や揚げ麺も皿うどんと一部で呼ばれ始めた
⑤昭和四〇年代に、パリパリ細麺タイプが皿うどんの標準になった

さて、残るは「炒麺」の発祥時期だ。ここで改めて『ちゃんぽんと長崎華僑』の記述を再掲しよう。

つまり、ちゃんぽんから汁のない〝太麺の皿うどん〟が生まれ、さらに簡便化されて餡かけタイプの〝細麺の皿うどん〟が考案されたというわけだ。いかにも中国料理のようだが、この揚げ麺は中国にはない長崎のオリジナルな麺である。これもちゃんぽん同様、平順考案の麺料理なのである。[1]

《この揚げ麺は中国にはない長崎のオリジナルな麺》《ちゃんぽん同様、平順考案の麺料

理》と表現されている。しかし本当に陳平順がパリパリ細麺の「炒麺」を考案したのだろうか？　陳平順本人がそう語っていたという資料を探してみたが、私は見つけられなかった。

とてもよく似た二つの「炒麺」

　ところで揚げ麺にとろみのついた餡をかけた「炒麺」という料理を、我々はすでによく知っている。前章「支那料理の「ヤキソバ」考」で念入りに検証した通り、そもそも戦前の支那料理屋で提供されていた「炒麺」「ヤキソバ」は、揚げ麺にとろみのついた餡をかけたカタ焼きそばが標準だったのだ。

　繰り返しになるが、明治三八年創業の大勝軒総本店のヤキソバは、《上にあんかけのある、カリカリの堅いほうの焼きそば》だった。[2]また明治四三年に創業した浅草・来々軒で提供されていたのも、《アゴの裏側へ突刺さるような、来々軒の固いヤキソバ》だった。[3]

　カタ焼きそばのみを提供してきた代表的な店、横浜で大正七年に創業した奇珍楼の「やきそば」は、パリパリに揚げた細い麺に、かなり甘い餡をかけたものだ。全体的に長崎で供されているパリパリ細麺の皿うどんによく似ている。漢字表記すればこれも「炒麺」だ。

　横浜も長崎も「炒麺」ではややこしいので、ここからは横浜の「炒麺」は「カタ焼きそば」、長崎の「炒麺」は「細麺皿うどん」と表記する。

仮に四海楼の「細麺皿うどん」の説明が正しかったとしよう。「ちゃんぽんから皿うどん」が派生し、「皿うどんから細麺皿うどん」が派生した。一方の「カタ焼きそば」だが、「細麺皿うどん」と全く同じ「炒麺」という名前で、実物も酷似している。両者が無関係とは思えない。すなわち長崎で生まれた「細麺皿うどん」＝「炒麺」「ヤキソバ」が、横浜へ伝わって東京へも普及したとする。

その場合、時系列に矛盾が生じる。

これまでに検証した通り、現スタイルのちゃんぽんの発祥は明治三五年頃と思われる。そこから太麺皿うどんが派生し、さらに細麺皿うどんが派生し、それが横浜へと伝播した。それまでに少なくとも五～六年はかかるだろう。最短で明治四〇年だ。

一方、大勝軒総本店や来々軒は創業に際して横浜の支那人を雇い入れた。つまり大勝軒総本店が創業した明治三八年には、すでに横浜に「カタ焼きそば」が存在していたはずだ。ざっくりした検討でしかないが、長崎で太麺皿うどんから派生し、横浜へ伝播したという流れは時系列的に無理があるように思う。

むしろシンプルに考えてみよう。横浜の「カタ焼きそば」も長崎の「細麺皿うどん」も、名前は全く同じで調理法もよく似ている。つまり、これは「炒麺」という料理が二つの土地に伝わっただけではないか。そう考えるのが最も矛盾のない解釈だろう。

細麺皿うどんの唐灰汁《トーアク》について

そもそも横浜の「カタ焼きそば」と長崎の「細麺皿うどん」は、本当に違う麺料理なのか。「細麺皿うどん」ならではの特徴とされる点について検証してみよう。

まず唐灰汁《トーアク》について。

中華麺独特のコシや食感は、小麦粉と水にアルカリ性の添加物を加えることで生み出される。一般的には鹹水《かんすい》を使うが、ちゃんぽんや細麺皿うどん用の麺には、長崎県内でのみ製造が許可されている唐灰汁を使用する。ちゃんぽんや細麺皿うどんの麺作りには必要不可欠な添加物だ。細麺皿うどんとカタ焼きそばの相違点について論じる場合、この唐灰汁の使用・不使用が必ず俎上に上がる。

伊東利勝氏の「ちゃんぽん考」では、ちゃんぽんとラーメンの違いは何点かあるとしつつ、特に唐灰汁と鹹水の成分構成が大きく異なる点を指摘している。具体的には唐灰汁の主成分が炭酸ナトリウムなのに対し、鹹水の主成分は炭酸カリウムである、という違いだ。[4] また形状でいうと、唐灰汁は固形または粉末状なのに対し、鹹水は粉末または液体で販売されている。唐灰汁も鹹水も業者や銘柄によって成分が微妙に異なり、それが麺の味の違いとして現れる。

唐灰汁がどんな品なのか、実際に長崎の新地中華街で固形タイプの唐灰汁を購入してみた。白い粉を固めたような塊で、六〇グラム一二〇円。もち米一升に対してこれを使い、ちまきなどを作るそうだ。もちろんちゃんぽんや細麺皿うどんの製麺時にもこれを混ぜて使う。

私もちゃんぽんや細麺皿うどん用の麺と他地域の中華麺との大きな違いが、唐灰汁であることに異論はない。ただし現代においては、だ。明治時代はどういう状況だったろう？

「ちゃんぽん考」では唐灰汁について次のように語られている。

昔は、中国奥地の鹹湖《かんこ》に産する天然製の塊状のものを上海経由で輸入して業者に卸した。

その後は、輸入もままならず、それなら、というので、行政のキビしい規正〔原文ママ〕の中で、カンスイ（トーアク）の製造が始まった。

〔中略　唐灰汁の使用方法に続けて〕以上のように中国、つまり「唐」の天然生産物である石塊状の、「鹹水または梘水《かんすい》」を輸入して、これを食品に使用するのに、液状にしたものが、「唐灰汁（トーアク）」である。

つまり《中国奥地の鹹湖《かんこ》に産する天然製の塊状のもの》が本来の唐灰汁だった。昔は上海

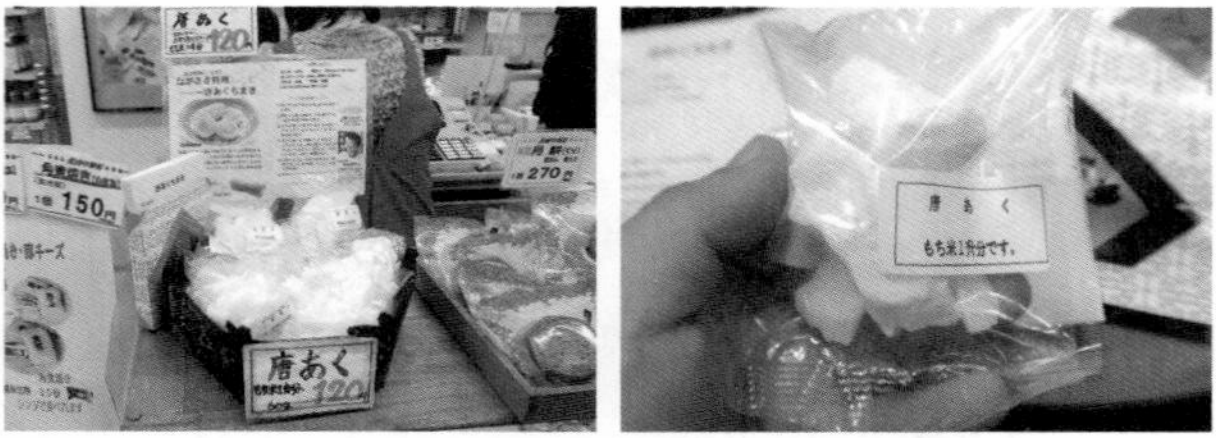

長崎新地中華街で販売されている唐灰汁
（2018年撮影）

から輸入していたが、後に輸入が途絶えて人工的に製造し始めたという。《カンスイ（トーアク）》《鹹水または梘水《かんすい》》とも書かれている。

一方、現スタイルのちゃんぽんが誕生したのと同時代、明治三〇年代後半の横浜では、中華麺を作る際にどのような添加物が使われていたのか？　小菅桂子『にっぽんラーメン物語』（講談社＋α文庫版）の「第五話　カンスイなくしてラーメンなし」では、アルカリ物質を大量に含んだ鹹湖の水を固形化した鹹石《かんせき》について説明したあと、次のように書いている。

> その鹹石が日本に入ってきたのは明治時代のことであった。明治四十三年（一九一〇）に開店した浅草の来々軒のそばは開店当初から鹹石を使っている。
>
> また大正十一年（一九二二）に、札幌の北大前に開業した竹家食堂でも、横浜の荷札をつけた鹹石が、店の隅によく置いてあったことを竹家食堂の二代目であった大久陸《おおひさのぼる》さ

んは子供の頃の記憶としておぼえているという。

来々軒は創業時から、竹家食堂は開店間もなくから中国人のコックが働いており、麺打ちは彼らの仕事であった。ということは、彼らは当たり前に、故郷で習いおぼえた鹹石を使って麺を仕立てていたのであろう[5]。

> 浅草の来々軒も札幌の竹家食堂も、横浜中華街から中国人コックを連れてきて雇っていた。そして横浜の荷札をつけた鹹石があった。横浜の中華料理店でも当然、鹹石が使われていたことになる。

そしてその後にこうも述べている。

> そんなことで、中華そば時代は中国から輸入した鹹石という天然アルカリの塊を使用していた。しかし戦争によって輸入が中断されると、当時の物資不足、加えて法的規制がなかったこともあって、これ幸いとばかり洗濯ソーダが、代用カンスイの座を占めることになる。

また長崎の唐灰汁（唐灰）にも触れ、次のように述べている。

この唐灰、他県では「カンスイ」という。しかし長崎では昔からの呼び名である「トウアク」といういい方をそのまま踏襲している。

長崎で《トウアク》と呼ばれる《鹹石》《天然アルカリの塊》を、他県では《カンスイ》と呼んでいた。明治・大正時代の横浜や東京で中華麺を作る際には、それを使用していた。つまり明治・大正時代に限って言えば、唐灰汁も鹹水も同じモノを指していた。ちゃんぽんから皿うどんが派生した頃、長崎と横浜の間に唐灰汁・鹹水の差異はなかったことになる。

カタ焼きそばと細麺皿うどんの違いと思われていた要素が、歴史を遡ることで一つ消えた。

皿うどんと金蝶ソース

「細麺皿うどん」と「カタ焼きそば」とが異なる点として、ソースに触れられることも多い。四海楼ちゃんぽんミュージアムの説明を引用しよう。

一説には当時、外国からソースの輸入が盛んになるとともに国内でも盛んに生産されるようになり平順は、このソースの持ち味をベースに新しい味の料理をと考えたと言われています。現在でも長崎の人は「皿うどん」に長崎独特のソースをかけて食しています。[6]

確かに長崎では細麺皿うどんにウスターソースがつきものだ。私が訪問したどの店でも、皿うどんを注文すれば当たり前のようにソースが出され、地元の人は好みの量をかけていた。皿うどんにソースをかけるのは戦前から続く習慣だ。昭和三三年の『長崎料理史』では、昭和初期と思われる五人前五〇銭の皿うどんが記述されていたことはすでに述べた（一〇九頁参照）。それとは別に「はじめに」の中で、皿うどんらしき出前注文を受けた中華料理店で《廃品の小瓶にウスターソースをつめて》と、現代の長崎でも使われている手法が描写されている。[7]

皿うどんにかけるソースは、チョーコー醤油の金蝶ソースが定番とされる。同社の公式通販サイトでも、金蝶ソースについて《皿うどん発祥の店とされる「四海楼」の創業者、陳平順さんにも、何度もアドバイスを求めたそうです》と紹介されている。[8]

しかし、揚げ麺の焼きそばにウスターソースをかけるのは本当に長崎の「細麺皿うどん」だけの特徴なのだろうか？　実は、そうとも限らない。前章で戦前の「炒麺」レシピを分析したが、その中には揚げ麺のカタ焼きそばにソースをかけることに触れているものもある。三二冊五九品目の「炒麺」「やきそば」レシピ中、ソースをかけるのは五冊八品目[9]なので、割合としては多くない。また、そのうちのいくつかはほぼ同じ内容だ。だがカタ焼きそばにソースをかけて食べるケースが、それほど珍しくなかったことの裏付けにはなる。

加えて「焼売」にソースだと格段に事例が増える。私が把握する四九の戦前「焼売」レシピ中、ソースをかけるのは約半数の二四例だった。当時の支那料理屋のテーブルにソースが置かれていたことは容易に想像できるし、眼の前にソースがあればカタ焼きそばにかける人も多かったことだろう。

さらに、長崎以外で揚げ麺の焼きそばにウスターソースをかける実例を、私は二つ知っている。

一つは第1章第1節の終盤で触れた、三重県松阪市の不二屋である。同店では揚げ麺の「やきそば」にウスターソースをかけるのが定番の食べ方とされている。

もう一つの事例は長野県松本市の上土町にあった本郷食堂という店だ。創業は昭和元年。こちらの「焼そば」も軟らかい部分はあるが麺を揚げたあんかけ焼きそばで、配膳時に「お好みでどうぞ」とウスターソースを渡された。

長野県には横浜をルーツとする独特なあんかけ焼きそば文化があり、長野市のいむらやも含めて酢とカラシを混ぜた「カラシ酢」が添えられるケースが多い。この食堂ではそれがウスターソースだったので、ちょっと驚いた記憶がある。

松本市上土町　本郷食堂　焼そば
（2011年撮影）

以上のように資料の上でも、飲食店での実体験からも、カタ焼きそばにソースをかけることは、戦前ではそれほど珍しいことではなかったことがわかる。細麺皿うどんだけの特徴というわけではない。

カタ焼きそばと細麺皿うどんを隔てる要素がまた一つ消えた。

カタ焼きそばも細麺皿うどんも「炒麺」

明治三〇年代から東京・横浜で食べられてきたカタ焼きそば。時期は不明だが長崎で四海楼が提供し始めた細麺皿うどん。その相違点を検証すると、カタ焼きそばと細麺皿うどんの違いが消えてしまった。

もちろん現在のカタ焼きそばは人工鹹水を使った麺で、醤油餡が多く太麺もある。チャンポンと同じ具やスープを使う細麺皿うどんとは味付けも麺も異なる。しかし歴史を遡ると話が変わってくる。

麺を揚げてトロミの付いた餡をかける調理法。「唐灰汁」イコール「天然鹹水」を使った製麺。ソースをかけるという食し方。どこにも本質的な差異が見つからない。ならば答えは一つだろう。

カタ焼きそばも細麺皿うどんも、本来は全く同じ、「炒麺」（チャーメン）という麺料理だった。長崎を除く九州の老舗がパリパリ細麺を「ヤキソバ」と呼ぶのも、「炒麺」に対する一般的な訳語だったからに過ぎない。それが私の結論だ。

そしてその結論には、次の大きな謎が伴う。麺を揚げた「炒麺」の生まれた場所と時期に関する謎だ。揚げ麺の「炒麺」が生まれたのは横浜だろうか？　それとも長崎なのだろうか？

私の答えはどちらでもない。麺を揚げた「炒麺」は海外から伝来したと考えている。中国ではない。正反対の海の彼方、アメリカだ。

●この節の要約

・明治・大正時代には、「唐灰汁」も「鹹水」も同じモノを指していた
・カタ焼きそばにソースをかけることは戦前ではそれほど珍しいことではなかった
・カタ焼きそばも細麺皿うどんも、本来は全く同じ「炒麺」（チャーメン）という麺料理だった

第3章

「炒麺」（チャーメン）はどこから来たのか

第1節　アメリカ式中華料理「チャプスイ」

カタ焼きそばアメリカ発祥説

麺を揚げた「炒麺《チャーメン》」、いわゆるカタ焼きそばはアメリカで生まれた。あまりに飛躍しすぎて、眉唾ものの俗説に感じるだろう。しかし、それが私の持論だ。

私がその突拍子もない説を出版物で初めて目にしたのは、台湾で購入した『麺王』というレシピ本だ。台湾ではカタ焼きそばを「広東炒麺」や「広州炒麺」「広式炒麺」と呼んでいる。そのレシピページにコラムがあった。

広州炒麺の発祥は広州なの？

広州炒麺の発祥の地は広州ではなく海外でした。伝えられるところによると、多くの中国人がサンフランシスコへ働きに出ていた一九世紀のこと。ある日すでに閉店していた中華料理店に、中国人労働者のグループが来て食べ物を求めました。料理人が残り物のごった煮（チャプスイ）を、ご飯あるいは麺を炒めて一緒に出したところ、意外な好

『麺王』86〜87頁
（2011、人類智庫、台湾）

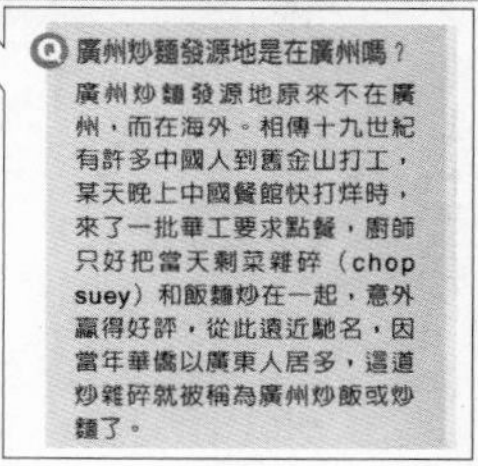
廣州炒麵發源地是在廣州嗎？

廣州炒麵發源地原來不在廣州，而在海外。相傳十九世紀有許多中國人到舊金山打工，某天晚上中國餐館快打烊時，來了一批華工要求點餐，廚師只好把當天剩菜雜碎（chop suey）和飯麵炒在一起，意外贏得好評，從此遠近馳名，因當年華僑以廣東人居多，這道炒雜碎就被稱為廣州炒飯或炒麵了。

コラム部分を拡大

評を得て、あちこちに名を馳せました。
当時の華僑のほとんどが広東人だったので、このごった煮炒めは広州炒飯、あるいは（広州）炒麺と呼ばれるようになりました。[1]

中国（台湾）で麺料理の専門書を出している料理研究家が、「一九世紀のサンフランシスコで広州炒麺（カタ焼きそば）が生まれた」と語っている。耳を傾ける価値はあるだろう。

はじめにチャプスイありき

カタ焼きそばアメリカ発祥説の鍵となるのは、一九世紀のアメリカで誕生したアメリカ式中華料理、「チャプスイ」（Chop Suey）

だ。広東料理がルーツとされ、漢字表記だと「雑碎」と書き、「什碎」や「雑炊」の字を当てることもある。

二〇一九年に出版された魚柄仁之助『刺し身とジンギスカン』の「第3章　チャプスイ」では、《客観的なチャプスイの定義》として、次のように説明している。また、《基本的なイメージとしては「八宝菜」を想像してもらうのがわかりやすい》とも述べている。


一九〇〇年頃にアメリカではやりだした中華風惣菜。肉や魚介類が入った野菜あぶら（油脂）炒めを作るとき、最後に水溶き片栗粉（小麦粉なども可）を鍋に流し込んでとろみをつけた惣菜料理。惣菜にするほか、ご飯や麺類にかけたり、マカロニを一緒に炒めたりもする。主に塩味、トマト味などだったが、日本では味噌やカレー味などにも発展した。[2]

同書によると、《日本では一九三三年（昭和八年）頃に流行し》た。戦後にアメリカの影響が大きかった沖縄を除けば、現代の日本で「チャプスイ」を提供する店はごく限られている。

都内で代表的なのは、上野精養軒フォレスティーユだ。ブイヨンを使ったチャプスイで、どこかしら八宝菜の面影を感じさせつつも中華の要素は見受けられない。なんとも不思議な料理である。

高田馬場にある餃子荘ムロでは、「チャップスイ」という料理名で提供されている。こちらのチャップスイはとろみがついておらず、大振りに刻んだ野菜炒めという印象だ。様相は全く異なるが、どちらもアメリカ式中華料理、チャプスイのアレンジだ。

一方、チャプスイのルーツとされる中華料理「炒雑碎《チャーチャプスイ》」は、広東省の台山《だいざん》という地域の郷土料理とされる。横浜の本郷町にある大正元年創業の華香亭本店や、横浜中華街にある昭和二三年創業の楽園など、古くからの広東料理店では、今でも「炒雑碎」や「五目うま煮」などの料理名で提供されている。

この広東料理・炒雑碎がアメリカ式中華料理・チャプスイへと変容した。

二〇〇九年に、アメリカで『Chop Suey: A Cultural History of Chinese Food in the United States』（チャプスイ：アメリカにおける中華料理の文化史）というタイトルの書籍が出版された[3]。著者はAndrew Coeという人物。アメリカ式中華料理の歴史をまとめた類書は他にもあるが、現時点ではチャプスイの歴史を学ぶならこの本（以下、『Chop Suey』）が最適だろう。

この節では『Chop Suey』を参照しつつ、一九世紀の中国系アメリカ移民の歴史とチャプ

老舗広東料理店の炒雑碎の例

横浜　華香亭本店
炒雑碎（五目うま煮）

横浜中華街　楽園
炒雑碎

現代日本のチャプスイの例

上野精養軒フォレスティーユ
チャプスイ

高田馬場　餃子荘ムロ
チャップスイ

スイの成立について掘り下げてみたい。

イギリス東インド会社と中国ピジン・イングリッシュ

中国系アメリカ移民の歴史は、一九世紀＝一八〇〇年代の中頃から始まる。その前段として中国とアメリカの状況について語っておこう。

日本の江戸幕府は読者もご存じの通り、長崎を除いて海外貿易を禁ずる鎖国政策を長らく取っていた。それと同じように、中国大陸を支配していた清国も、一七五七年から広州を除いて欧米諸国との

食事をする中国人
筆者所蔵の絵葉書

左上に〝CHINAMAN CHOW-CHOW〟の文字

貿易を禁ずる海禁政策を行っていた。

ヨーロッパと中国との貿易は、イギリスの東インド会社によって大半が牛耳られていた。この頃にイギリス商人と清国人との間でコミュニケーションを取るために生まれたのが、前章で触れた中国ピジン・イングリッシュだ。[4]

論文「中国ピジン・イングリッシュ最初の語彙集」によると、中国ピジン・イングリッシュは、誰でも簡単に使えるよう語彙量が非常に少ない。そのため、ひとつの単語に複数の意味を持たせている。[5]

例えば「何か食事を用意する」という意味で、〝Go catchy chow-chow〟というフレーズが使われた。〝catchy〟は複数の意味を持つ中国ピジン・イングリッシュの単語だ。〝catchee〟とも綴られ、《get、bring、find などのほかに、become の意味もある》と同論文では説明されている。

〝chow-chow〟は食事を意味する。古い絵葉書で、中国人が食事をする場面にキャプションとして添えられることが多い。他にも「混ぜ合せ」や「寄せ集め」の意味を持つ。二つの単語を組み合わせた〝catchy chow-chow〟で「食事を取る」「食事を運ぶ」などの意味になる。

また、多用された中国ピジン・イングリッシュの一つに〝chop〟という単語がある。論文「中国ピジン・イングリッシュ最初の語彙集」によると、語源はマレー語の〝chapa〟らしい。印章・スタンプという原義から、押印されたものや公式文書などを示すようになったそうだ。

さらに〝chop-chop〟という言葉が派生して、「速く」「急ぐ」という意味を持った。中国人が食事に使っていた「箸」は中国語で「筷子」と呼ばれる。直訳すると「速い棒」だ。そこから〝chop sticks〟という英訳が生まれた。

一八四〇～五〇年代、中国系アメリカ移民のはじまり

中国ピジン・イングリッシュを介して行われたイギリスと清国との貿易は、アヘンを巡る貿易摩擦から武力衝突へと発展し、一八四〇年にアヘン戦争が勃発した。「眠れる獅子」という異名で欧米に恐れられていた清国だが、イギリスの火力の前に惨敗を喫する。

一八四二年、清国はイギリスと南京条約を締結し、莫大な賠償金の支払いと香港島の割譲、広州・福州・廈門・寧波・上海の五港開港を強いられた。[6]日本でいうと江戸時代の天保一三年。嘉永六年（一八五三年）の黒船来航より一〇年あまり前の話だ。清国の敗戦は日本にも伝えられ、その後の江戸幕府の政策にも影響を与えることとなる。

清国がイギリスに屈したのを傍で見ていたいくつかの国は、同程度の待遇を求めて清国に圧力をかけた。その一つがアメリカだった。

一八四四年七月三日、マカオ郊外にある望厦《ぼうか》村の観音堂にて、アメリカと清国との間に修好通商条約が締結された。[7]望厦《ぼうか》条約と呼ばれるこの条約は、対イギリスの南京条約と同様、関税自主権の放棄や治外法権を認めさせた、清国に不利な不平等条約だった。

老いさらばえた「眠れる獅子」は抵抗する余力もなく、されるがままの死に体も同然だった。

望厦条約の締結から四年後の一八四八年。アメリカ西海岸のカリフォルニアで金鉱が発見された。一攫千金目当ての男たちが世界各地から集まり、翌一八四九年にはカリフォルニアの人口が一年間で一〇万人近くも増加した。いわゆるカリフォルニア・ゴールドラッシュだ。

その熱狂は太平洋を横断し、広州・香港・マカオを擁する中国の珠江《しゅこう》デルタにまで及んだ。先行き真っ暗な清国の住民にとっては、夢のような話だ。一八四九年には、早くも中国からアメリカへの移民が開始された。

以下、『Chop Suey』第4章[8]の内容をベースに、その流れを追ってみよう。

最初期の中国系移民は金鉱の契約労働者ではなく自費で渡航した商人や投機家だった。あらゆる物資が必要とされた新興の町で、彼らは商店や料理店を開業した。

当時の証言によると、中国人の料理店は中華料理だけではなく、西洋料理も提供していた。箸ではなく、フォークとナイフ、スプーンを使ったアメリカン・スタイルの食事で、コーヒーは素晴らしかったと語られている。また料理店の経営者らは広州や香港の貿易商で、スタッフの多くは英語を話したという。例の、中国ピジン・イングリッシュだ。

フランス料理・イギリス料理・イタリア料理など、多種多様な料理店がある中でも、中国人が経営する料理店は値段が安くて評判だった。

一八五〇年の時点で、カリフォルニア在住の中国人は約四〇〇〇人だったが、一部の成功者が呼び水になり、新たな移民たちが続々とやって来た。一八五一年に上陸したのは二七〇〇人だったが、一八五二年にはそれが二万人に増えた。

一八六〇〜七〇年代　苦力《クーリー》と大陸横断鉄道

引き続き『Chop Suey』第4章に基づき、中国系アメリカ移民と中華料理の流れを追う。

急増した中国系アメリカ移民の多くは、鉱山や大農園で働きながら渡航代金を返済する契約労働者「苦力《クーリー》」だった。

一八五〇年に州に昇格したカリフォルニアは、奴隷制度が廃止された自由州のひとつだった。自由州で鉱山や大農園を経営する白人富裕層は、黒人奴隷に代わる働き手を求めていた。その需要に応えるべく、中国やインドなどから連れてこられたのが苦力だ。

一八五九年頃にはカリフォルニアの鉱山が枯渇し始めたが、各種産業の労働者や家庭の召使、料理人として苦力は必要とされた。一八六〇年に北京条約で清国が海外移民を公認すると、苦力は同国にとって重要な輸出品目になった。

一八六二年九月にリンカーン大統領が奴隷解放を宣言し、一八六五年に南北戦争で北軍が勝利したことで、アメリカでの奴隷制度は完全に違法となった。黒人奴隷の代替として、苦力は一層不可欠な存在になる。特にアメリカの東海岸と西海岸を結ぶ大陸横断鉄道の建設は、さらなる多大な労働力を必要としていた。

一八六五年に大陸横断鉄道の工事で中国人が雇われ始め、一八六九年頃には中国系アメリカ移民が六万人を超えたという。和暦では明治二年に当たる。移民が増えてくると、中国人向けに商売をする者も現れ、出身地ごとのコミュニティが各地で形成され始めた。

中国移民で最も多くを占めたのは、広東省の「四邑《しゆう》」と呼ばれる貧しい地域、新會《しんかい》・台山《だいざん》

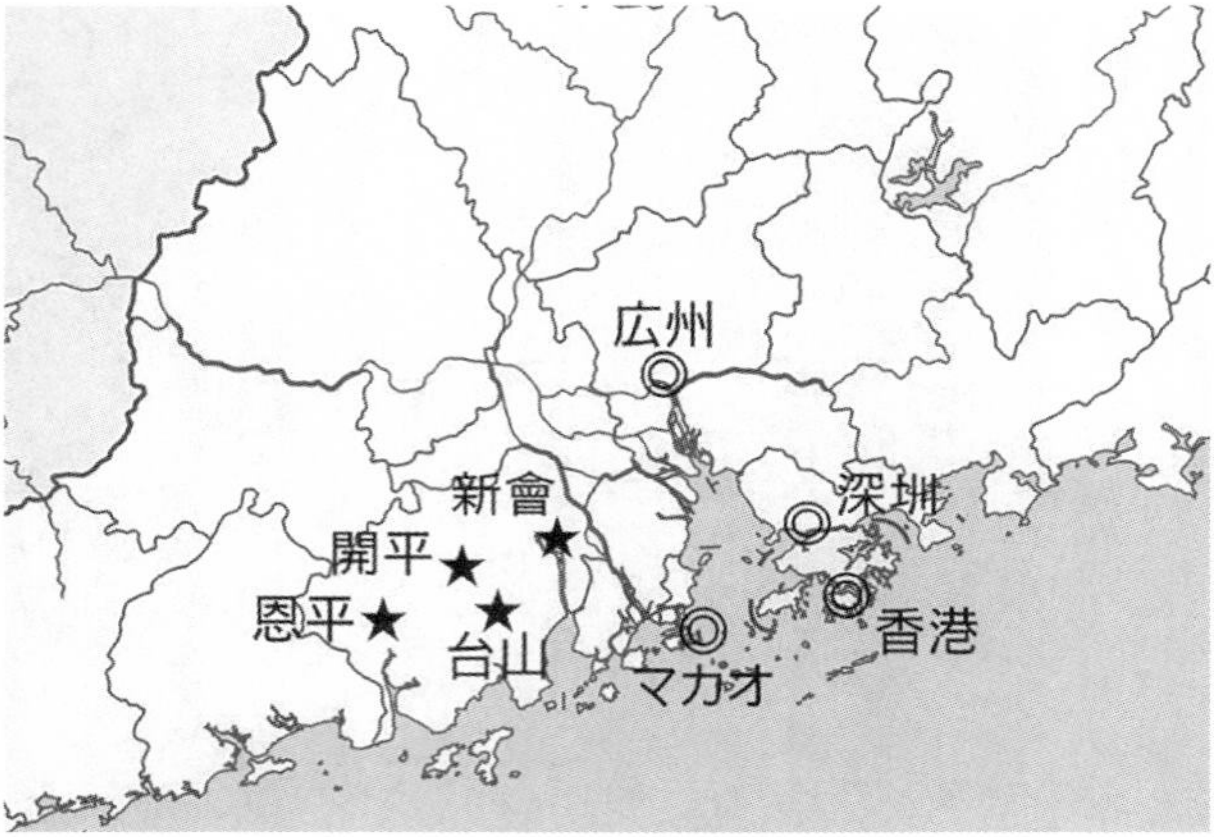

珠江デルタと四邑の位置関係

・開平《かいへい》・恩平《おんへい》の出身者だった。彼らは中国南部の典型的な食習慣をアメリカでも維持していた。一人ずつご飯を盛った器を手に、大きな鍋を大勢で囲んで箸でつつき合い、野菜と僅かな肉との炒め煮をご飯に乗せて食べる。そんな食事スタイルだ。

彼らが食べた料理の一つが、台山の郷土料理・炒雑碎《チャーチャプスイ》だ。もともと「雑碎」は「臓物」を意味する。炒雑碎も本来は余った内臓肉を使う料理だが、苦力たちは手に入る食材なら、肉だろうが魚だろうが何でも使った。

中国系移民が急増する一方、彼らを歓迎しないアメリカ人も多かった。特に白人労働者にとって、安い賃金と過酷な労働条件でも勤勉に働く中国人は、自分たちの飯の種を脅かす危険な存在だった。言語も宗教も習慣も異なる未開人として、中国系移民はあからさまに差別された。

一八六〇年（万延元年）、江戸幕府からアメリカに使節団が派遣された。その遣米使節団のひとり、仙台藩士・玉虫左太夫は、サンフランシスコで中国人の移民が差別される様子を目の当たりにした。《中国人のほとんどは痩せて弱々しく汚れており、西洋人から大いに卑しめられている。その扱いはアフリカ系の黒人奴隷と異ならない》と書き残している。[9]

中国人に対する差別感情は、彼らが食べる中華料理にも及んでいた。中国系移民の中には料理店やカフェを営むものや、料理人として雇われるものも多かった。しかし彼らに求められていたのは中華料理ではなく西洋料理だった。中華料理はあくまでも中国人のためのもので、アメリカ人が食べることはごく稀だった。それどころか〝中華料理には犬や猫、鼠などが使われている〟という偏見さえも広まっていた。

絵葉書に見る中国南部の食事スタイル
筆者所有の絵葉書

中国系移民の増加につれて、アメリカ西海岸では白人労働者との軋轢が強まり、中国人排斥運動が激しさを増していった。やがて中国系移民は別の土地へと移住を始める。自分たちの建設した大陸横断鉄道を使い、東海岸のニューヨークやボストンへ向かう者も多かった。

一八八〇年代〜　ニューヨークでのチャプスイ流行

『Chop Suey』の第5章[10]によると、中華料理がアメリカの白人社会に受け入れられたのは、ニューヨークが最初だった。

ニューヨークの中国人コミュニティは一九世紀の早い時期にでき始め、マンハッタン島南部のモット・ストリート（Mott Street）周辺を中心にチャイナタウンが形成された。一八七三年のニューヨーク・タイムズによると、当時の市内在住の中国人は五〇〇人ほど。イタリア人やユダヤ人の移民に比べて人数が僅かだったため、拒否反応が少なかったようだ。

もちろん中国人への偏見もあったが、それに抵抗したのが上海出身の中国系新聞記者、王《ウォン》清福《チンフー》だ。第3節で詳述するが、一八八二年に中国人排斥法が成立した際には、国民の権利を主張する市民団体を設立し、中国人への偏見を解く講演活動を積極的に行った。[11]また一八八三年には、ニューヨーク・タイムズで中国人や中華料理への偏見に対する反論記事を書きキャンペーンを展開した。彼の影響のおかげで、同時期の西海岸に比べてニューヨークでは中国人排斥運動はそれほど盛り上がらなかった。

一八八四年七月六日、王清福の「Chinese Cooking」と題した記事が、ブルックリン・イーグル紙に掲載された。中華料理への偏見を正した上で、蓮の葉のちまき（蓮葉糯米鶏《リンイップローマイガイ》）やワンタン、〝Yak-o-men〟（アメリカでの中華そばの呼称）など、馴染みのある広東料理を紹介している。その中に「Chop Soly」（Chop Suey の誤植）が含まれている。豚肉、ベーコン、鶏肉、キノコ、タケノコ、タマネギ、ピーマンなど、使う食材は多種多様。「中国の国民食」「安くて最高、猫も鼠も使われていない」とアピールした。

王清福が料理のリストにチャプスイを加えた点について、『Chop Suey』の著者・Andrew Coe 氏は、《当時（一八八四年）、チャプスイが西洋人の間で、すでに人気になりつつあったのだろう》と推測している。

では中華料理を食べた西洋人は、どのようなタイプの人たちだったのか？

一八六五年の南北戦争終結から一八九三年の恐慌にかけて、アメリカでは資本主義が急速に発展し、富裕層が急増した。マーク・トウェインの共著小説の題名から、この時期は「金ぴか時代」（Gilded Age）と呼ばれている。経済格差が広がり、政治の腐敗が進んだ。成金が集まる上流階級のパーティには、贅を凝らしたフランス料理が必須とされた。

同時期に上流階級への反発から、旧習に囚われない自由奔放な生活を追求する人々も現れ始めた。彼らは「ボヘミアン」を自称し、ニューヨークを始めとする都市部でコミュニティを作った。高級なフランス料理よりも、安い移民料理を好み、白人が来ないような店を敢えて選んだ。もちろんそれらには中華料理も含まれている。

王清福の記事が登場した一八八四年は、そんな時代の真っ只中だ。チャプスイは安いうえに都会的な雰囲気の味として、自由を愛するニューヨーカーたちに親しまれるようになった。王清福は、一八八五年七月一九日のボストン・グローブ紙で「すでに数千人が東洋の食事を経験した」と書いている。また、一八八八年七月のコスモポリタン誌では、「五〇〇人ものアメリカ人が、日常的に中華料理店を訪れている」とも書いている。

さらに『Chop Suey』では触れられていないが、一八八八年一〇月の『Current Literature』という雑誌に、王清福がコスモポリタン誌に書いた「Chinese Restaurants」という記事が転載されている。ニューヨークのチャイナタウンにある料理店とその安さに触れた上で、次のように書いている。王清福は、チャプスイの原義が内臓であることを充分に理解していたことがわかる。

　中国の食通の定番は炒雑碎、鶏レバーと砂肝、キノコ類、タケノコ、豚の胃袋、モヤシに香辛料を加えて煮込んだ料理です。この肉汁を〝ウスターソースの原型〟〔恐らく醤油の類を指す〕と一緒にご飯にかけることで、お気に入りの穀物に美味しい味わいを加えます。[12]

チャプスイはもともと副菜の単品料理だったが、前掲のレシピにもあるように、ご飯にかけて提供するスタイルが一般的だった。そのため、ご飯も含めた一皿料理もチャプスイと呼ばれるようになった。カレーライスをカレーと呼ぶようなものだ。

王清福の記事だけでなく、西洋人によるチャプスイの記録もある。一八八六年、アラン・フォーマンという記者が友人に誘われ、モット・ストリート一八番地の〝Mong Sing Wah's〟という店を訪れた。チャプスイやロースト・ポーク、魚料理や中国酒を堪能し、価格の安さと美味しさに驚嘆している。

黒人やユダヤ人も、彼らを差別しないという理由で中華料理店を好んだ。特にキリスト教徒の料理店が一斉に休業するクリスマスには、ニューヨークのユダヤ人たちは中華料理を食べるのが習慣となった。さらにはユダヤ教徒の食の禁忌＝コーシャに則した中華料理店まで出現し始めた。

中国人が中華料理店を訪れる際は、貴重な食材や熟練の術を必要とする高級料理が主目的だ。一方、中国人以外の客には、チャプスイを筆頭とした安い料理が好まれた。一八九〇年代にはボストンやフィラデルフィアなど、アメリカの東海岸や内陸の都市に中華料理店が広く普及した。
こうしてチャプスイは、アメリカにおける中華料理の代名詞となった。

李鴻章チャプスイ起源説の真相

チャプスイについて古くから語られているのが、清国の宰相、李鴻章《りこうしょう》による起源説だ。
例えば昭和五年に発行された『片假名でひく外国語辞典』ではチャプスイが次のように紹介されている。昭和一桁の頃から、李鴻章チャプスイ起源説が一般化していたことがわかる。

チャプ・スイ、chop suey、（雜會、chau wey、の米國訛り）、米國式支那料理。嘗て李鴻章が全權として米國にあつた時の或日政府の大官及び實業界の名士を饗し、最後に隨行の厨夫の調理した雞豚肉・海老・椎茸・野菜類の殘物を寄集めた料理が特に彼等の口に合つて、一般の流行を來し、この雜會が遂に支那料理の代表とされるに至つた。[13]

台湾生まれの実業家・邱永漢《きゅうえいかん》も、著書[14]『食は広州に在り』の「雑炊起源　チャプスイの起り」で李鴻章起源説を取り上げている。南條竹則『中華文人食物語』にも、李鴻章起源説のいろいろなバリエーションが紹介されている。[15]中には李鴻章の名を冠したチャプスイもあった。横浜開港資料館が所蔵する昭和一〇年頃の聘珍楼のメニューには、「李鴻章雑砕」が「ごもくのうまに」という和訳付きで載っている。

しかし、李鴻章起源説は完全に間違っている。李鴻章がアメリカを訪問したのは一八九六年(明治二九年)だが、前述したように、一八八〇年代にはニューヨークですでにチャプスイが食べられていた。李鴻章が訪米する一〇年以上前から、ニューヨークにチャプスイが存在していたのだ。

ではなぜ、李鴻章チャプスイ起源説が生まれたのか。Andrew Coe 氏は『Chop Suey』で次のように分析している。[16]

一八九六年八月、李鴻章がニューヨークに到着し、ウォルドルフ・ホテルに滞在した。一行には北京から四人の厨師が随伴していた。ニューヨーク・タイムズは、李鴻章が公式晩餐会で出されたフランス料理ではなく、「小さく角切りされた鶏肉の煮込み、白飯、野菜スープ」などの中華料理を食べたことを伝えている。一方、ワシントン・ポストは同じ宴会について、「李鴻章が公式料理を残して、チャプスイを食べた」と報道した。

ニューヨーク・タイムズが報じたのが実際のメニューで、ワシントン・ポストの「李鴻章がチャプスイを食べた」という記事は完全な誤報だ。しかし、その誤報が全米に配信され、各地のメディアで繰り返し報じられた。

なぜ食べてもいないチャプスイが持ち出されたのか。Andrew Coe 氏は「単に、当時アメリカ人が食べたことのある中華料理がチャプスイしかなく、中華料理の象徴だったから」と推測している。

さらに李鴻章が帰国した後の一八九六年九月六日、ニューヨーク・ジャーナル紙が「李鴻章に随行した厨師たちを密着取材した」という体で、〝chow chop sui〟（炒雑碎）を含む中華料理のレシピを掲載した[17]。同紙はセンセーショナルで根拠薄弱な記事を乱発したことで知られている。もちろん密着取材はしていないし、李鴻章がチャプスイを食べたという事実もない。Andrew Coe 氏は「恐らくチャイナタウンのどこかの店のレシピだろう」と述べている。

かくして、李鴻章がチャプスイを食べたという誤報はメディアによって広められ、彼の訪米がチャプスイの起源という俗説を生んだ。また李鴻章の訪米をきっかけにニューヨークでは中華料理が注目を集め、チャイナタウンを訪れる食事客が増えた。

全米各地でも、チャプスイを看板に掲げる中華料理店が現れ始め、家庭向けのレシピも刊行された。

チャプスイのレシピとアレンジの広がり

チャプスイは造り手によって多種多様にアレンジされた。元来は内臓肉の料理だったはずだが、それも使われなくなってゆく。

一九一〇年に発行された『Chinese Cookery in the Home Kitchen』では、「Chop Sooy」という綴りでチャプスイのレシピが紹介されている。概要を述べたあと、基本的レシピや鶏肉・牛肉・羊肉、果てはパイナップル入りなどの応用レシピを紹介している。冒頭には《全中華料理の四分の三の基盤》という記述もあり、当時のチャプスイの位置づけの高さが伝わってくる。[18]

一九一四年『Chinese-Japanese Cook Book』は中華料理と日本料理のレシピ本だ。この書籍にも複数のチャプスイのレシピが載っている。以下は〝CHOP SUEY (PLAIN)〟。チャプスイを御飯と共に供するよう書いてある。

一・五ポンドの豚肉を細かく切り、三分間炒めます。一・五ポンドの仔牛の肉も切って加え、五分間炒めます。タマネギ二個とセロリ半束のみじん切り、クワイの実一ダース の薄切りスライス、醤油小さじ三杯と塩小さじ半分を加えます。一〇分間調理したら、モヤシ二ポンドを加えてさらに五分間調理します。ご飯と一緒に召し上がりください。[19]

クラシック・カフェ　アメリカン・チャプスイ
（2018年撮影）

チャプスイの人気は中華料理に留まらなかった。『Chop Suey』によると、一九〇五年にはソーダ・ファウンテンが「チャプスイ・サンデー」なるものを売り出した。また、一九一〇年には、イリノイ州アルトンの新聞に「チャプスイとその作り方」という記事が掲載された。トマト缶と挽肉、パスタを煮込むという、中華料理とはかけ離れた料理だ。

トマトと挽肉、パスタを煮込んだ「チャプスイ」は、「アメリカン・チャプスイ」（American Chop Suey）という名前で、アメリカ北東部・ニューイングランド地方の家庭料理として定着している。どんな品か確かめるため、私は二〇一八年にマサチューセッツ州を訪れ、メドフォード（Medford）という町の「クラシック・カフェ」（Classic Cafe）という小さな店で、実際にアメリカン・チャプスイを食べてみた。マカロニと牛挽肉、トマトソースとパルメザンチーズを使ったキャセロール料理で、中華料理のチャプスイの面影は全くなし。かなりの量だったが私好みの濃厚な味付けで、美味しく平らげた。

セイラム・ロウ　チャプスイ・サンドイッチ
（2018年撮影）

マサチューセッツ州のセイラム（Salem）には、チャプスイをパンで挟んだ「チャプスイ・サンドイッチ」（Chop Suey Sandwich）を名物にしている店がある。セイラム・ウィローズ・パーク（Salem Willows）内で、夏季のみ営業している「セイラム・ロウ」（Salem Lowe）という売店だ。セイラム州立大学のウェブサイトによると、同店の開業は一九一二年頃らしい[20]。

二〇一八年に私が訪問した際は、チキン・チャプスイ・サンドイッチ（Ch. Chop Suey Sandwich）が二ドル二九セント（当時の換算で約二四〇円）という安さだった。大量のモヤシとほんのわずかな鶏肉とをクタクタに煮込んだチャプスイを、二枚のバンズで上下に挟んでいる。もちろん下側のバンズは水分でデロデロになっていたが、これがよい塩梅で意外といけた。

チャプスイはアレンジを加えやすい料理だったのだろう。昭和初期に日本でチャプスイが流行した際も、風変わりなチャプスイが多数生み出された。それらについては魚柄仁之助『刺し身とジンギスカン』に詳しく紹介されているので、興味のある方はご確認いただきたい。

こうしたチャプスイの様々なバリエーションのひとつに、チャプスイ自体と肩を並べるほど普及した料理がある。肉や野菜の炒め煮を、ご飯ではなく揚げ麺にかけたアメリカ式中華料理、「チャウメン」(Chow Mein)だ。

●この節の要約

・一九世紀、中国系の移民によって中華料理がアメリカに持ち込まれた
・中華料理の流行は一八八〇年代のニューヨークから始まり、チャプスイが代名詞となった
・李鴻章チャプスイ起源説は、当時の誤報に由来する根拠のない俗説

第2節　「チャウメン」の誕生と変容

筆者が所有する古い絵葉書の一枚に、一九四〇年代のニューヨークのチャイナタウンを撮影したものがある。そこに〝CHOP SUEY〟と〝CHOW MEIN〟と書かれた、二枚の看板

1940年代のニューヨークの
チャイナタウン
筆者所有の絵葉書

拡大すると“CHOP SUEY”
と“CHOW MEIN”の看板
を確認できる

が並んでいるのが確認できる。

チャプスイと同程度にまで普及したアメリカ式中華料理、「チャウメン《Chow mein》」。Chow Meinという言葉自体は中国語の「炒麺」を単に音訳したものだ。アメリカに限らず、ネパールや中米など世界各地でローカライズされた炒麺由来の焼麺料理の多くがChow Meinと呼ばれる。ただしアメリカで生まれたチャウメンは、他地域のチャウメンとは異なる大きな特徴を持っていた。アメリカのチャウメンは、揚げ麺を硬いまま使うのだ。

一九世紀末、アメリカ東海岸のチャウメン資料

私が調べた限りでだが、アメリカの資料でのチャウメンの初出は一八九六年のニューヨーク・タイムズだ。数人でチャイナタウンを訪れたレポートの、中華料理店での食事の場面で、パイナップル・チキンやチャプスイに続いて、《fried noodles》（ヤキソバ）が登場する。正確な料理名は記載さ

れていないが、内容は明らかに「チャウメン」だ。

三品目はヤキソバだった。小麦粉と水で作った細長い麺を、たっぷりの油で揚げたものが皿に敷かれ、小さく切ったタマネギなどが入ったもので覆われていた。[1]

また、一八九八年には二つの資料でチャウメンに触れられている。

一つはニューヨークのチャイナタウンを紹介した書籍、『New York's Chinatown』だ。この本によると、当時のチャイナタウンには一流の中華料理店が七軒、二流以下が四軒あり、料理と価格は横並びだったそうだ。そのあとに、具体的なメニューが記載されている。その中の一五セントの料理に〝Chop Suey〟が、五〇セントの料理に〝Chow Mean〟がある。スペルは多少異なるが、後者はもちろんチャウメンのことだ。[2]

一流の中華料理店七軒は名前と住所が具体的に挙げられており、モット・ストリート一六番地には《King Hong Lau》という店がある。書籍『Chop Suey』には、同店の一九〇〇年時点のメニューが掲載されている。[3]

メニューは英語と漢字の表記が並び、《売炒／FRIED》（炒めもの）の欄に《什碎／Chop Sooy》が一五セント、《肉絲麵／Main, with meat》が五〇セント、《鶏絲麵／

Main, with boneless chicken》が七〇セントで掲載されている。後者二つは《売炒／FRIED》の《肉絲麺》《鶏絲麺》。つまり肉絲炒麺、鶏絲炒麺を指している。チャプスイもチャウメンも、『New York's Chinatown』に記載された価格と合致している。

さらにもう一冊、一八九八年に出版された『The Street Railway Review, Volume 8』で、ボストンにある《Chinese quarter》（中国人街区）に触れている。そこには三〇〇〇人のアジア系移民が住み、チャプスイやチャウメンを提供するレストランがあることを伝えている。[4]

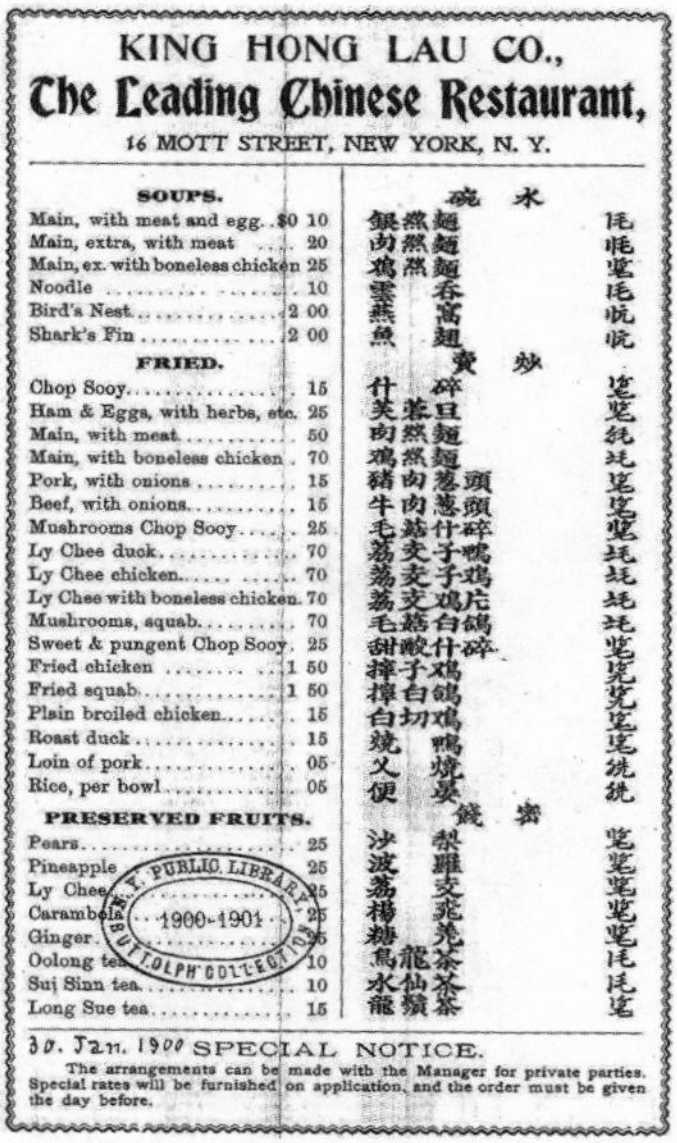
KING HONG LAU CO.,

The Leading Chinese Restaurant,

16 MOTT STREET, NEW YORK, N. Y.

SOUPS.		水碗
Main, with meat and egg	$0 10	銀絲麵
Main, extra, with meat	20	肉絲麵
Main, ex. with boneless chicken	25	鷄絲麵
Noodle	10	雲呑
Bird's Nest	2 00	燕窩
Shark's Fin	2 00	魚翅
FRIED.		炒黄
Chop Sooy	15	什碎
Ham & Eggs, with herbs, etc.	25	芙蓉旦
Main, with meat	50	肉絲麵
Main, with boneless chicken	70	鷄絲麵
Pork, with onions	15	豬肉葱頭
Beef, with onions	15	牛肉葱頭
Mushrooms Chop Sooy	25	毛菇什碎
Ly Chee duck	70	荔支子鴨
Ly Chee chicken	70	荔支子鷄
Ly Chee with boneless chicken	70	荔支鷄片
Mushrooms, squab	70	毛菇白鴿
Sweet & pungent Chop Sooy	25	甜酸什碎
Fried chicken	1 50	擇子鷄
Fried squab	1 50	擇白鴿
Plain broiled chicken	15	白切鷄
Roast duck	15	燒鴨
Loin of pork	05	叉燒
Rice, per bowl	05	便晏
PRESERVED FRUITS.		密餞
Pears	25	沙梨
Pineapple	25	波羅
Ly Chee	25	荔支
Carambola	25	楊桃
Ginger	25	糖羌
Oolong tea	10	烏龍茶
Suj Sinn tea	10	水仙茶
Long Sue tea	15	龍鬚茶

30. Jan. 1900 SPECIAL NOTICE.

The arrangements can be made with the Manager for private parties. Special rates will be furnished on application, and the order must be given the day before.

『Chop Suey』より
1900年「King Hong Lau」のメニュー

以上の資料により、遅くとも一八九六〜一八九八年（明治二九〜三一年）頃には、ニューヨークやボストンなどアメリカ東海岸の主要なチャイナタウンで、チャウメンが提供されていたことがわかる。発祥自体はもっと古いはずだ。

当時から揚げ麺だったチャウメン

一八九六年のニューヨーク・タイムズのチャウメンは、《fried in deep fat》（たっぷりの油で揚げた）と描写されていた。つまり一九世紀末の時点から、カリカリの揚げ麺だったことがわかる。それが標準的なチャウメンだった。

ジャーナリスト・脚本家のRoy L. McCardellという人物が、一九〇二年頃にワシントン・ポスト紙でコラムを連載していた。それをまとめた『Conversations of a Chorus Girl』（コーラスガールとの対話）という本で、コーラスガールに次のような台詞を言わせている。

〔七番街の中華料理店について〕チャウメンもおいしいのよ。鶏肉と生姜とキノコとタケノコと、あといろいろ、蒸してから揚げた細い麺と一緒に料理してあってね。もう最高！それが好きなの。あなた、あの細麺を、サラトガ・チップスを糸みたいに切ったと勘違いするんじゃないかしら。[5]

「サラトガ・チップス」（Saratoga Chips）とは、日本でもおなじみのスナック菓子、あのポテトチップスの当時の呼び方だ。チャウメンは麺を蒸してから揚げたものだと言い、その食感を細切りにしたポテトチップスに例えている。

揚げ麺を使ったチャウメンのレシピも残っている。

一九一〇年『Chinese Cookery in the Home Kitchen』には、前節で紹介した「Chop Sooy」に加えて「Chow Main」のレシピが載っている。「Chow Main」のあとには、括弧書きで「Fried Noodles」とも記されている。「麺を揚げて、お好みのチャプスイと一緒に召し上がれ」というレシピだ。

チャウメン（フライド・ヌードル）

深い鍋にオリーブオイルを一インチ（約二・五センチ）ほど入れて熱します。麺をほぐし入れて、両面が狐色になるまでじっくり揚げます。片面が仕上がったら、ひっくり返してもう片面も揚げます。一〇分から一五分ほど経ったら、麺を取り出して油を切ってください。大皿に載せ、好みの「Chop Sooy」と一緒に召上れ。「Chop Sooy」は事前に熱い状態で用意しておき、麺が揚がったらすぐ提供してください。[6]

一九一四年『Chinese-Japanese Cook Book』にも、前節で紹介した「Chop Suey」だけでなく、「Meat Chow Main」、「Chicken Chow Main」、「Lobster Chow Main」という三種のチャウメンのレシピが載っている。もちろん全て麺は揚げ麺だ。例えば「Meat Chow

Main」のレシピを引用しよう。

肉チャウメン

〔前略〕一クォートのピーナッツオイルに四分の一ポンドの麺を入れ、カリカリになるまで揚げます。揚がったら鍋から取り出し、油を切っておきます。その間に豚肉一ポンドを細かく切り、狐色に炒めます。牛肉を半ポンド切り、豚肉と一緒に五分間炒めます。醤油大さじ二杯と塩大さじ半分を加え、次の準備をしながらゆっくりと煮ます。〔中略　干キノコ、セロリ、タマネギ、クワイの準備〕これらを肉と一緒に入れて、五分間一緒に調理します。温めた大皿に麺を敷き、肉と野菜で覆います。細切りにしたハムと、固ゆで卵二個分を砕いた卵黄をトッピングして完成です。[7]

一クォートは九四六cc、約一リットルと思ってよい。四分の一ポンドは約一一三グラム。一リットルの熱した油に、一〇〇グラム余りの麺を入れ、カリッとするまで揚げるよう指示している。

これらのチャウメンのレシピが、中心までカリカリの揚げ麺を前提としていることが、おわかりいただけたことだろう。

チャウメンのルーツの麺料理は？

アメリカのチャウメンは、広東料理の「炒麺《チャーメン》」から独自に進化した料理だ。もともと中国にある麺料理を、そのままアメリカで提供したものではない。

中国本土にも油で揚げた麺は存在する。しかしアメリカのチャウメンのように、カリカリのまま食べるという料理はごくごく限られているし、それを炒麺と呼ぶこともない。

四海楼四代目の陳優継氏は《いかにも中国料理のようだが、この揚げ麺は中国にはない長崎のオリジナルな麺》と語っている。[8] また食通として知られる台湾出身の実業家・邱永漢は、荻昌弘との対談で《私は硬い焼きそばというのは、日本でしか食べたことないんです》と告げ、さらに《僕は未だ中国人の世界へ行って、あの硬いそばを見たことないんですよ》と重ねている。[9] 彼らの言う通り、中国にはない麺料理なのだ。

それでも念のために、数少ない中国の揚げ麺料理がそのままアメリカに移入された可能性がないか、筆者の思いつく限りで検証してみよう。

まずは「炸麺《ツァーメン》」。日本の中華料理店では、カタ焼きそばに炸麺という漢字表記が当てられることが多い。そのため中国に炸麺というカタ焼きそばが存在しているものと勘違いされやすい。しかし、それは間違いだ。中国本土で「炸麺」というとドーナツや揚げパンという意味合いの方が一般的である。カタ焼きそばには、「炸麺」ではなく「煎麺《ジェンミエン》」や「脆麺《ツイミエン》」という表記が当てられる。ただし、普及している調理法ではないし、「脆麺」はインスタント麺を指すことの方が多い。

次に「伊府麺《イーフーミエン》」。水を使わずに全卵で打った全蛋麺《ぜんたんめん》を、油で揚げたものだ。保存性が高く、「伊麺」とも呼ばれ、インスタント麺のルーツという説もある。ただし基本的に硬い状態のまま提供する麺ではない。調理する際はまずお湯で茹で戻し、軟らかい状態にしてから使用する。

「乾焼伊麺《ガンシアオイーミエン》」という焼きそば的な調理法もあるが、これもやはり軟らかい状態だ。渋谷区三宿の「香港麺 新記」という店で食べた「乾焼伊麺」はコシのない特徴的な食感の麺で、一般的な中華麺より軟らかく感じた。

例外的に伊府麺を硬い状態で食べるケースもある。広東省潮州市の干煎伊府麺《ゴンジェンイーフーミエン》（干煎伊麺）という料理だ。パリパリに揚げ焼きされた麺の間に具が挟まれており、麺を砕いてそのまま、あるいはスープに浸して食べる。

干煎伊府麺は、日比谷にかつて存在した山水楼という中華料理店でも提供されていた。その流れを汲む山梨県北杜市小淵沢の「山水楼 龍淵」という店では、「最高級焼きそば」という料理名で提供され、筆者はそれを食べたことがある。確かに硬い麺だった。ただ盛り付

香港麺　新記　三宿本店
乾焼伊麺（2015年撮影）

小淵沢　山水楼　龍淵
最高級焼きそば（2014年撮影）

香港　太陽軒飯店
糖醋煎伊麺（2023年撮影）

け も食べ方も独特で、一般的なカタ焼きそばとは明らかに異なっていた。

日清食品の創業者・安藤百福氏によると、この干煎伊府麺は「卵入りの切り麺を一度蒸し、少量の油で炒め焼きしたもの」と述べている。揚げ麺をそのまま食べるわけではない[10]。

他にも潮州には、糖醋《タンツウ》煎伊麺や潮州《チウジャウ》煎伊麺・黄金煎伊麺と呼ばれる、硬焼きの麺を使った料理がある。具なしの麺に白砂糖と黒酢を浸けて食べる、デザート寄りの麺料理だ。香港の潮州料理店で実際に食べてみたところ、表面はカリカリだが中心部は軟らかだった。揚げているわけではない。

そもそもの話になるが、アメリカの中華料理店でも、伊府麺と炒麺は明確に区別されていた。ニューヨークのチャイナタウンにあった〝LEE's〟という店の一九四〇年代のメニュー（筆者所有）には、英語と中国語で料理が併記されている。その《麺類／NOODLES》の中に、炒麺類とは別に《伊府窩《おう》麺／Yee-fu-wor-mein》が記載されている。もし炒麺ではなく干煎伊府麺などがアメリカのチャウメンのルーツであれば、名前もチャウメンではなく伊府麺《イーフーミェン》に似た響きになっていたことだろう[11]。

麺の両面を焼き固めて具で覆うスタイルは、上海や蘇州で食べられている「両面黄」という麺料理にも見られる。中には芯まで硬いケースもあるようだ。しかし両面黄の発祥時期は定かではなく、アメリカでチャウメンが確認された一九世紀末頃に、すでに存在していたのかは不明である。また、広東からの移民が主体だった一九世紀末のアメリカで、上海や蘇州の料理が普及するとも思えない。個人的には、逆にアメリカのチャウメンが上海に逆輸入された可能性が高いように思う。

また、仮に両面黄が古くからあり、一九世紀末にアメリカに伝わったとしても、「炒麺」とはみなされず、チャウメンという名前にもなっていなかったことだろう。一九五五年頃に香港で出版されたレシピ本では、「上海料理の両面黄は炒麺ではない」「本来の炒麺は炒めるもの」と書かれている。[12] また上海の「炒麺」が混ぜ炒めだったことは一九一九年頃のレシピでも確認できる。[13] 中国人にとって、両面黄を炒麺と呼ぶことには違和感があるのだ。

他には福建省厦門《アモイ》の「炒麺線」という料理も、素麺のように細い麺を揚げて使う。ただし、一度揚げたものを軟

1940年代ニューヨーク
LEE's　外観　筆者所蔵の絵葉書

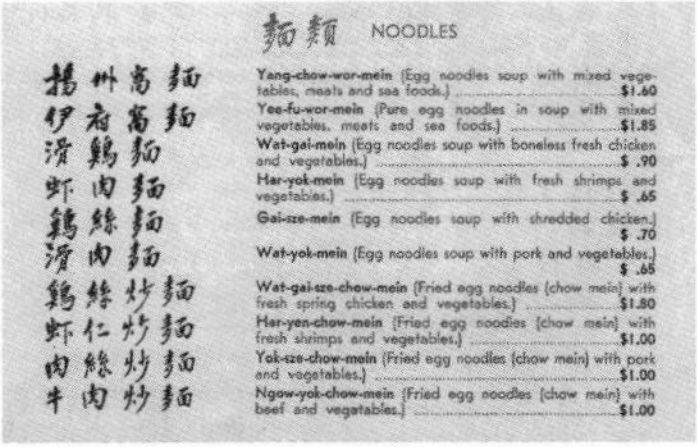

麺類　NOODLES

揚州窩麺　Yang-chow-wor-mein (Egg noodles soup with mixed vegetables, meats and sea foods.) $1.60
伊府窩麺　Yee-fu-wor-mein (Pure egg noodles in soup with mixed vegetables, meats and sea foods.) $1.85
滑鶏麺　Wat-gai-mein (Egg noodles soup with boneless fresh chicken and vegetables.) .... $ .90
虾肉麺　Har-yok-mein (Egg noodles soup with fresh shrimps and vegetables.) .... $ .65
鶏絲麺　Gai-sze-mein (Egg noodles soup with shredded chicken.) $ .70
滑肉麺　Wat-yok-mein (Egg noodles soup with pork and vegetables.) $ .65
鶏絲炒麺　Wat-gai-sze-chow-mein (Fried egg noodles (chow mein) with fresh spring chicken and vegetables.) $1.80
虾仁炒麺　Har-yen-chow-mein (Fried egg noodles (chow mein) with fresh shrimps and vegetables.) $1.00
肉絲炒麺　Yok-sze-chow-mein (Fried egg noodles (chow mein) with pork and vegetables.) $1.00
牛肉炒麺　Ngow-yok-chow-mein (Fried egg noodles (chow mein) with beef and vegetables.) $1.00

1940年代ニューヨーク
LEE's　メニュー（抜粋）　筆者所蔵

らかく戻して使う点が、アメリカのチャウメンとは異なる。安藤百福氏の『麺ロードを行く』によると、大鍋で熱した油で麺線を揚げたあと、同じ鍋で湯を沸かして、揚げたばかりの麺線を入れるらしい。[14]あとは鍋で具を炒めて味付けし、その鍋に麺線を入れ、具と混ざらないよう同時に炒める。これが「炒麺線」だ。中国政府がまとめた『中国名菜譜』にも、厦門の名物料理として《三絲炒麺綫》が同様の調理方法で紹介されている。[15]「炒麺線」も揚げ麺ではあるが、軟らかい状態で提供される料理なのだ。

中国の揚げ麺料理を幾つか挙げてみたが、アメリカのチャウメンとイコールで結ばれる料理はない。やはり広東料理の炒麺が、アメリカで独自に進化したと考えて間違いないだろう。

アメリカで揚げ麺を使い始めた理由

筆者が所有する古い絵葉書に、炒麺らしき麺料理を食べる清国人男性が写っている。撮影された地域は不明だが、弁髪なので時期は一九世紀末から二〇世紀初頭と思われる。彼らが食べている麺は軟らかい。広東地方の炒麺も、本来は軟らかな麺で提供された。表面を焼き固めることはあっても中心部は軟らかいままで、それがよしとされた。

一九一〇年代から一九四〇年代にかけて、ニューヨークのチャイナタウンに〝PORT ARTHUR〟という店が存在していた。筆者は一九一〇年代の絵葉書と、一九三八年当時の

筆者所蔵の絵葉書　（撮影時期・場所不明）

拡大

炒麺らしき麺料理を食べる清国人男性

1910年代ニューヨーク　PORT ARTHUR　外観
筆者所蔵の絵葉書

ORIGINAL CHINESE DISHES

(Prepared and Served in Real Canton Style)

SOUPS

1. Dow Fu Choy Tong (Chinese Vegetable Soup with Bean Cake and Dropped Egg) . . Large, .75; Small .50　荳腐菜湯
2. Sai Young Choy Tong (Watercress Soup with Dropped Egg) . . . . .Large, .75; Small .50　西洋菜湯
3. Gai Young Yuen War (Chicken Bird's Nest Soup) . 1.50　雞茸燕窩

CHOW MEIN

4. Canton Chow Mein . . . . .2.00, 1.50, 1.00　唐庄炒麵
(With Soft Brown Noodles.)

1938年ニューヨーク　PORT ARTHUR　メニュー
（抜粋）筆者所蔵

メニューを個人的に所有している。メニューにはチャプスイやチャウメンなどアメリカでおなじみの料理が載っている。それらとは別に「本物の中華料理」（ORIGINAL CHINESE DISHES）という分類もあり、「本場の広東式で提供します」（Prepared and Served in Real Canton Style）と謳っている。その中に炒麺が一品混ざっている。[16]

英語の料理名は「広東炒麺」（Canton Chow Mein）だが、漢字表記は「唐庄炒麺」となっている。「唐庄」は「中国本場の」という意味合いだ。「茶色く軟らかな麺」（With Soft Brown Noodles）ということは、蒸し麺を使用した炒麺だ。ニューヨークでチャウメンを提供する中国人たちが、「本来の広東の炒麺は、軟らかな蒸し麺を使うもの」と正しく認識していたことがわかる。

もともと軟らかい麺だった広東の炒麺が、なぜアメリカで揚げ麺を使うようになったのか？ それについては、アメリカ人がパリパリ、サクサクしたクリスピーな食感を好むから、という理由が大きいだろうと私は考えている。

一九八三年四月一三日のニューヨーク・タイムズ紙に「CHINESE DISHES, AMERICAN STYLE」という記事が掲載された。この記事でインタビューされた中華料理店の経営者は「アメリカ人はスパイシーなもの、甘いもの、クリスピーなものを好みます」と語っている。それに合うよう中華料理も変容したそうだ。[17]

薄切りポテトチップスの元祖　サラトガ・チップス
（2021年撮影）

アメリカでカリカリ・サクサクになった食べ物たち

アメリカ人がクリスピーな食感を好むという指摘は、私もその通りだと思う。その証左として、もともとは軟らかな食べ物がアメリカでカリカリ・サクサクになった事例がいくつかある。それらを紹介していこう。

まず世界的に有名なのはポテトチップスだ。薄切りにしたポテトチップスの起源は一八五三年。ニューヨーク州のサラトガ・スプリングス市とされている。前述したコーラスガールのセリフにあった「サラトガ・チップス」（Saratoga Chips）は、その地名に由来している。

現在でも元祖を謳う同名の商品「サラトガ・チップス」が販売されている。筆者が販売元から個人輸入して実食したところ、現代日本メーカーの厚切りポテトチップスに似た歯応えだった。サラトガ・チップス販売元のサイトには、「常連客の〝もっと薄くしろ〟というクレームから極薄のポテトチップスが生まれた」という有名な

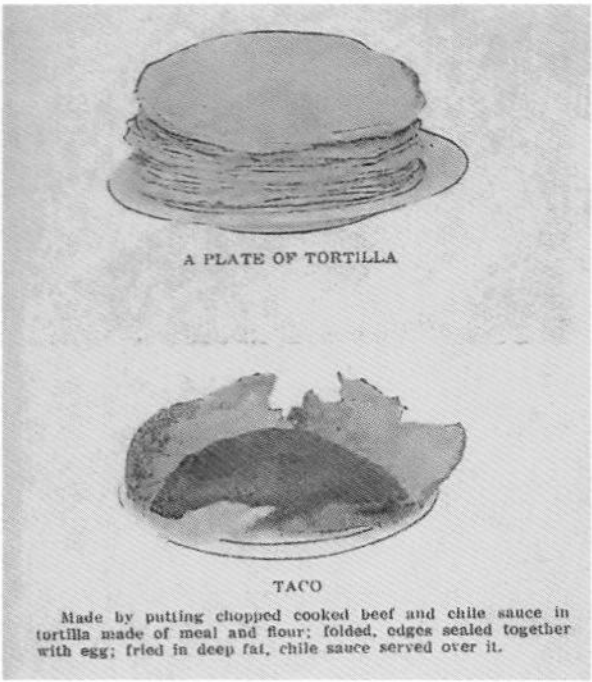

California Mexican-Spanish Cook Book, 1914

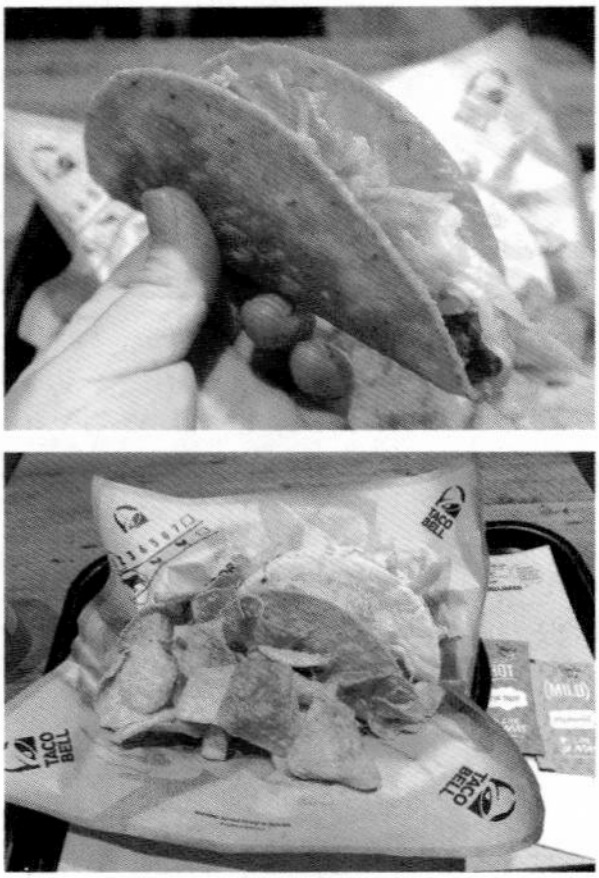

タコベル渋谷店
ハードシェルのタコス
（2021年撮影）

発祥エピソードが掲載されている。[18]

ポテトチップスと同じくらい有名な事例に、タコスがある。メキシコからの移民がアメリカに持ち込んだ料理が変容し、テクス・メクス（テキサス風メキシコ料理）が生まれた。アメリカ風のタコスはその筆頭だ。

タコスはトウモロコシ粉や小麦粉で作られた薄焼きパン、トルティーヤに、サルサで味付けした肉や野菜を挟んで食べる。メキシコでは軟らかなトルティーヤ（ソフトシェル）が使われるが、テクス・メクスではトルティーヤをカリカリに揚げたハードタコス（ハードシェル）を使う。一九六二年にカリフォルニア州で創業したタコベルのチェーン展開成功により、ハードシェルのタコスは全米に広まった。

ただしハードシェルの発祥ははっきりしない。ロサンゼルス・タイムズのコラムニストで『Taco USA: How Mexican Food Conquered America』（タコスＵＳＡ：メキシコ料理は如何にしてアメリカを席巻したか）の著者、Gustavo Arellano 氏によると、タコスが英文で初めて紹介されたのは一八九九年一二月一〇日、同紙に掲載されたメキシコシティからの手紙だという。[19]

またタコスの英文レシピの初出は、一九一四年に出版された『California Mexican-Spanish Cook Book』とのことだ。同書ではトルティーヤに具を載せたあとに端をとじてから揚げるよう書かれており、タコスではなくエンパナーダという別の料理のようでもある。ただこのレシピから、アメリカでは二〇世紀初頭から「タコスは揚げるもの」という認識だったことがわかる。[20]

プレッツェルもシリアルもクリスピーに

ポテトチップスとタコスに加えて、プレッツェルも似た事例の一つだ。プレッツェルはドイツなどヨーロッパ諸国で食べられている独特な形のパンで、本来は軟らかい。日本人がイメージする一般的なパンに比べると歯応えがあり、ビアプレッツェルなど硬いバリエーショ

ハード・プレッツェルの元祖の味を継承する
トム・スタージス社の製品（2021年撮影）

ンもある。ただしカリカリしたスナック状のものは、ヨーロッパでは主流ではない。一方アメリカでは、輸入食材店でよく見かける「スナイダーズ」（Snyder's）を始めとして、カリカリのハード・プレッツェルが普及している。

現在、スナックとして受容されているクリスピーなハード・プレッツェルは、一八六一年にペンシルバニア州のリティッツで、ジュリアス・スタージスという人物によって開発された。彼の孫が一九四六年に設立したトム・スタージス・プレッツェル社のサイトにはそう紹介され、発祥の定説となっている。[21]

トム・スタージス・プレッツェルも、筆者が個人輸入して実食してみた。苛性ソーダを希釈した「ラウゲン液」に生地を浸すのがプレッツェルの特徴なのだが、その薬品臭が強すぎて、私好みとは言い難い味だ。ただ、確認したかったカリカリした食感は期待通りだった。

さらにシリアル食品もクリスピー化の事例に含まれる。シリアル（Cereal）の本来の意味は「穀物」である。日本のご飯や

ケロッグ社のコーンフレーク
(2021年撮影)

お粥のように、米や大麦、蕎麦などを茹でたり煮たりして、粒状のまま食べるのをホット・シリアルと呼ぶ。それに対し、フレーク状に加熱・加工して、そのまま食べられる状態にした穀物をコールド・シリアルと呼ぶ。それがいわゆるシリアル食品だ。

コールド・シリアルは、一九世紀末のアメリカで健康食品として発明された(同時期にスイスで発明されたコールド・シリアルもある)。特にジョンとウイリアムのケロッグ兄弟が開発した「グラノラ(グラノーラ)」や「小麦フレーク」「コーンフレーク」は、当時流行していた菜食主義や健康志向に合致して大成功を収めた。今でも彼ら兄弟の名は、コーンフレークの代表的なブランドとして世界中に知られている[22]。

以上、ポテトチップス、タコス、プレッツェル、シリアル食品。一九世紀末から二〇世紀初頭にかけて、もともとは軟らかい食品がアメリカで硬い加工品に変容した事例を四つ挙げてみた。

こうした加工には、保存性や運搬しやすさを高める目的もあったのだろう。広大な国土で流通は未整備、食料の安定供給があてにできないという、当時のアメリカならではの事情だ。ただ、それに加えてアメリカ人がカリカリ・サクサクしたクリスピーな食感を好んでいるのも間違いないように私は思う。保存や流通を考慮せずに済む現代でも、前掲した品々が市場の大半を占めているのだから。

それらの事例と同じく、広東式の炒麵が揚げ麵を使うチャウメンに変化したのも、アメリカ人のクリスピー嗜好という需要に応えたものだと思う。

アメリカ東海岸でのチャウメンの変容

中華料理の普及の流れや残された資料の古さから考察すると、チャウメンはアメリカの東海岸、おそらくはニューヨークのチャイナタウンで生まれたと思われる。チャウメンはその東海岸で、日本人がイメージするカタ焼きそばとは全く異なるスタイルに変容した。

変化の一つは揚げ麵の形状だ。ニューヨークのチャイナタウン、モット・ストリート一七番地に、一九三八年創業の〝Wo Hop〟という中華料理店がある。チャイナタウンの中でも安くて美味いと評判の老舗だ。深夜まで営業しているため、様々なライフスタイルの人々に利用されてきた。

Wo Hop　ロースト・ポーク・チャウメン
（2018年撮影）

二〇一八年四月、私はその Wo Hop を訪れた。「ロースト・ポーク・チャウメン」（Roast Pork Chow Mein）を注文すると、店員から「広東スタイルか、それともオールド・スタイルか？」（Cantonese style or old style?）と訊かれた。よくわからないまま後者を指定したところ、出てきた品は一風変わったカタ焼きそばだった。

麺はグリコのプリッツを半分に折ったような、五～六センチの短くて細い揚げ麺だ。そこにセロリなどの野菜とチャーシューを炒めた餡がかかっている。料理と一緒に渡されたのは箸でもフォークでもなく、スプーンだった。なるほど、この揚げ麺ならスプーンでも食べやすい。

このような短い棒状の揚げ麺は、英語で「クランチ・ヌードル」（Crunchy Noodles）、中国語で「麵乾」（面干）と呼ばれる。クランチ・ヌードルは、箸に慣れていない人々でも、スプーンを使えば食べやすいという利点がある。

もちろん、全てのチャウメンがこのような麺ではない。日本

Delight 28 Restaurant　ロブスター・クリスピー・ヌードル
（2018年撮影）

のカタ焼きそばのような揚げ麺もある。もしWo Hopで「広東スタイル」を指定していたら、そちらが出てきていただろう。実際に、Wo Hopのすぐ近所にある〝Delight 28 Restaurant〟という店で食べた「ロブスター・クリスピー・ヌードル」（Lobster with Crispy Noodles）は、麺は日本で出されてもおかしくない揚げ麺だった。

大手メーカーのクランチ・ヌードル式チャウメン

その一方でクランチ・ヌードルがチャウメンの標準と思っているアメリカ人も少なくない。

一九二五年にミシガン州のデトロイトで創業した〝La Choy〟や、一九四〇年代にイタリア系移民が創業した〝Chun King〟という食品メーカーは、家庭向けのチャウメンを製造販売して大ヒットした。どちらも前述したタイプのクランチ・ヌードルだ。缶詰入りのスープと肉野菜を温めてかけるだけで、いつでもどこでもチャウメンが食べられる。しかも箸が使えな

Prepare Tasty Chinese Dishes at Home with La Choy Food Products

The art of Chinese cookery, the envy of nations and hitherto the despair of even the most adept chefs, has, until recently, been practised only in the Orient and in a few expensive restaurants. Now Chop Suey and other Chinese dishes can be quickly and easily prepared in every American household with LaChoy genuine imported products, which constitute the basis, and the secrets as well, of these justly famed and flavorous foods.

For years American housewives have eagerly sought genuine Chinese ingredients and the instant response and rapidly increasing demand that marked the appearance of LaChoy products in leading groceries is an index of their great popularity.

These products are imported from China, where slow and painstaking processes have imparted rare and inimitable flavor. Yet this typically elusive and delicate tastiness might still be lost, were it not for most advanced and carefully evolved canning methods.

Our sanitary American plant, where highest standards of purity are strictly adhered to, is equipped with the most modern canning machinery available. Specially trained LaChoy workers carefully supervise each process.

Leading dietitians acclaim the healthfulness of these foods. Dr. John Harvey Kellogg has found LaChoy Sprouts particularly rich in the recently discovered and life-giving vitamines.

Bottled or canned in hermetically sealed containers, LaChoy products come to you with the highest possible guarantee of immaculate purity and sterling quality.

La Choy Food Products, Inc., Detroit, Michigan

LaChoy Sprouts are the principal Chinese ingredient for making delicious Chop Suey. However, should you desire extra fine chop suey, Sub Kum, the product pictured on this page, contains in pleasing variety LaChoy Sprouts, Water Chestnuts and Bamboo Shoots, all the essential imported ingredients of this popular dish.

CHINESE CHOP SUEY
For Two Persons

For 75 to 100 Persons

Chop Suey, best known and most popular of all Chinese dishes

For Lenten or Friday Dishes Shrimp may be Substituted for Meat on Above Recipe

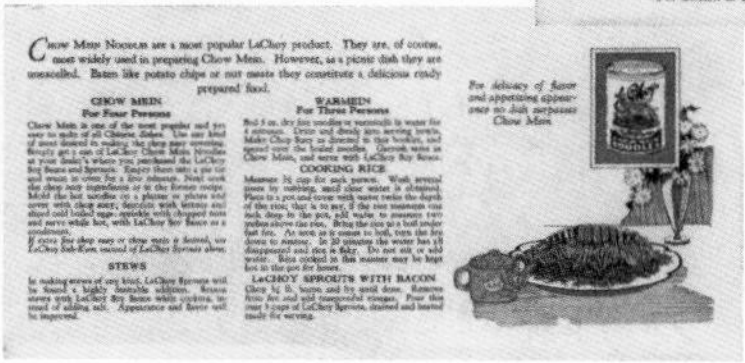

Chow Mein Noodles are a most popular LaChoy product. They are, of course, most widely used in preparing Chow Mein. However, as a picnic dish they are unexcelled. Eaten like potato chips or nut meats they constitute a delicious ready prepared food.

CHOW MEIN
For Four Persons

STEWS

WARMEIN
For Three Persons

COOKING RICE

LaCHOY SPROUTS WITH BACON

For delicacy of flavor and appetizing appearance no dish surpasses Chow Mein

1925年 La Choy社が配布した小冊子（抜粋）筆者所蔵
CHOP SUEYや CHOW MEINなど中華料理のレシピ集

くてもスプーンでオーケーという商品だ。

　一九二五年にLa Choy社が販売促進のため配布した小冊子には、チャプスイやチャウメンなどの中華料理のレシピが掲載されている。上の画像の一番下のチャウメンのイラストを見ると、短い麺が描かれており、当時すでにクランチ・ヌードルだったことがわかる。Chun King社のチャウメンも、一九五八年の広告ポスター（次頁）でクランチ・ヌードルが描かれている。

　〝ERICT CULINARYLORE〟というサイトの記事によると、

La Choy社のチャウメン
（2016年撮影）

1958年Chun King社の
広告ポスター 筆者所蔵

一九五〇年代後半から一九六〇年代初頭に、Chun King はアメリカにおける中華料理の缶詰市場の八〇％を支配したという。その後、売上は落ち、いくつかの買収を経て、一九九五年に競合ブランドの La Choy に吸収された[23]。

アメリカに住む知人から、その La Choy のチャウメンをいただいたことがある。缶詰はチキンスープの缶と、モヤシなど野菜の入った缶とに分離している。別売りのクランチ・ヌードルは、麺というよりはスナック菓子だ。醤油やスパイスなど味を足すのを前提としているのか、かなり薄い味付けだ。そのままでは私の口に合わなかったが、面白い食体験だった。もし子供の頃からクランチ・ヌードルのチャウメンを食べて育ったのなら、これが当たり前だと思い込むのも無理からぬことだろう。

チャウメンなのに麺じゃない⁉

アメリカ東海岸のチャウメンの変容はクランチ・ヌードルだけに留まらない。なんと麺ではなくご飯（白米）が主体のチャウメンが存在しているのだ。

ニューヨークの〝Great Wall Restaurant〟という中華料理店で「当店特製チャウメン」（House Special Chow Mein）を注文したところ、ご飯に野菜炒めを乗せた中華丼のような料理が出てきた。別添えの紙袋の中には一〇本ほどのクランチ・ヌードルが入っている。これをトッピングしたものが、この店のチャウメンなのだ。

この店が特別なわけではなく、アメリカの東海岸ではこのようなスタイルのチャウメンが普及している。「東海岸式チャウメン」（East Coast Style Chow Mein）あるいは「東部式チャウメン」（Eastern Style Chow Mein）などのキーワードでYouTubeを検索すると、いくつか動画が見つかるだろう。

前述したニューヨーク・タイムズの「CHINESE DISHES, AMERICAN STYLE」という記事では、アメリカ人の客が中国から来たばかりの厨師に「チャウメンとはご飯を使うものだ」と教えるエピソードが紹介されている。

Great Wall Restaurantのチャウメンとメニュー
(2018年撮影)

「なんだい、これは?」と客は尋ねた。「チャウメンです」と王氏は答えた。「これはローメン(Lo Mein)だね、チャウメンじゃない」

そう男は主張し、親切なアメリカ人として、「(チャウメンとは)カリカリに揚げた麺とご飯の上に、軟らかく炒めた野菜をかけ、細切りの豚肉をトッピングしたものだ」と、細かく説明した。

ここででてきた「ローメン」(Lo Mein)は、アメリカ東海岸での混ぜ炒めの焼きそばの呼称だ。もともとは中国語の「撈麺《ロウミェン》」(和えそば、混ぜそば)に由来する。厨師はチャウメンの注文を受け、混ぜ炒めの炒麺を出したのだろう。もちろん本来は混ぜ炒めでも間違っていないのだが、それは客の求めたチャウメンではなかった。まさか麺よりご飯が主体だとは思いもよらなかったろう。

チャウメンにご飯を使うスタイルは、中国系以外のアメリカ人が「チャウメンはチャプスイのバリエーション」と捉えていたことに起因している。一六七頁で取り上げた一九一〇年のレシピ本、『Chinese Cookery in the Home Kitchen』は、チャウメンについて《（揚げた麺を）チャプスイと一緒に召し上がれ》と紹介している。このチャプスイを、具だけの状態ではなく、ご飯の付いた状態を指すと解釈すれば、白米を使ったチャウメンが生まれてしまうわけだ。

1960年 La Choy社
雑誌広告

筆者が所蔵する一九六〇年のLa Choyのチャウメンの広告には、長方形の皿の片方にクランチ・ヌードルを、もう片方に白米を盛り付け、中央にとろみのついた肉野菜炒め＝チャプスイをかけた料理写真が載っている。このような調理例も、チャウメンはご飯と食べるものという誤解を定着させた一因かもしれない。

「チャウメンにご飯はつきません」というお断りも

チャウメンにご飯が使われるスタイルがいつ頃から始まったかは、定かではない。ただし遅くとも、一九三〇年代には存在していたようだ。

ニューヨークのチャイナタウンにあったPORT ARTHURの一九三八年のメニューには、最後のページに「チャウメンにご飯は付いてきません」（Rice is not served with any Chow Mein orders）という但し書きがある。チャウメンのページも同様だ。

同じくニューヨークのLEE'sの一九四〇年代のメニューにも、「どのチャウメンにもご飯は付きません」（No Rice is served with any Chow Mein orders）と、似たような注意書きがある。

わざわざご飯が付かないことを断っているということは、当時の客は「チャウメンはご飯が付くのが当たり前」と考えていたことになる。PORT ARTHURもLEE'sも、メニューには本来のスタイルにこだわった広東料理のページが用意されている、いわば本格的な広東料理店だ。きっとアメリカの影響に染まりきった、ご飯主体のチャウメンは出したくなかったのだろう。

時代が下って現代のニューヨーカーの場合、ご飯主体のチャウメンを知らない人は多いようだ。私が訪れた店ではないが、口コミ投稿サイトのYelpでは、「チャウメンを注文した

Mee Sum Restaurant　チャウメン・サンドイッチ
（2018年撮影）

のに、全く違う品が出てきた」と怒りのレビュー投稿が見受けられる。私が訪れたGreat Wall Restaurantでも、恐らく同様のクレームがあったのだろう。メニューのチャウメンの欄にはわざわざ「麺ではありません」（Not Noodle）や「白米が付きます」（w. White Rice）と書いてあった（一九六頁の写真を参照）。

さらには、ご飯とは全く異なる形で、パンと一体化したバリエーションもある。

マサチューセッツ州のフォールリバーという町には、チャウメンを使った焼きそばパン、「チャウメン・サンドイッチ」（Chow mein sandwich）がある。筆者が訪れた〝Mee Sum Restaurant〟のチャウメン・サンドイッチは、揚げ麺に茶色の餡が絡んだチャウメンがバンズに挟まれて提供された。麺の下に埋まっているバンズは、餡の汁気でクタクタだ。なんとも変わった食べ方だが、意外に美味しかった。

このように広東式の炒麺は、アメリカ東海岸でチャウメンと呼ばれるようになり、原型を留めぬほどに大きく変容した。

アメリカ西海岸およびハワイのチャウメン事情

同じアメリカでも、東西でチャウメン事情はかなり異なる。東海岸では、あんかけ揚げ麺はチャウメン、混ぜ炒めはローメンと明確に区別されている。一方、西海岸ではどちらもチャウメンと呼ばれ、混ぜ炒めたタイプの方が主流だ。

カリフォルニア州サンフランシスコのチャイナタウンに、一九二〇年創業の〝Far East Café〟という老舗中華料理店がある。そこで、「コンビネーション・チャウメン／康年炒麺」（Combination Chow Mein）を注文したところ、色とりどりの具を麺と混ぜ炒めにした焼きそばが出てきた。

あんかけタイプのつもりで注文したが、何も指定がない場合は混ぜ炒めだったのだ。あとからメニュー写真を見返すと、一ドルで揚げ麺を指定するオプションが用意されていた。西海岸のチャウメンは、混ぜ炒めが標準というのをこの時に知った。

同じくサンフランシスコのチャイナタウンにある、一九三四年創業の〝New Woey Loy Goey Restaurant〟では、「同楽炒麺」（Tung Lok Special Chow Mein）という品を注文した。こちらでは一ドル追加で「香港式揚げ麺／港式煎麺」（Hong Kong Style Crispy

Far East Café　チャウメン
（2017年撮影）

New Woey Loy Goey　香港式チャウメン
（2017年撮影）

Noodle）を指定し、揚げ麺を使ったチャウメンを食べることができた。

　ところでNew Woey Loy Goey Restaurantの店頭には、〝CHOP-SUEY-NOODLES〟と大書された古い看板が掲げられている。これはチャウメンの異名だ。前述した通り、アメリカ人の一部では「チャウメンはチャプスイのバリエーション」と認識されていたため、チャウメンは「チャプスイ・ヌードル」（Chop Suey Noodles）、あるいは単にチャプスイと呼ばれることもあった。

　ハワイもまた、アメリカ本土とは事情が異なる。書籍『Chop Suey』によると、ハワイの中国移民はマカオ近郊の広東省中山市の出身者や、広東省東部の客家が主体だった。ハワイがアメリカに併合された一八九八年より前から、中国系移民はハワイに入植しており、一八八二年にホノルルで開業した〝Wo Fat Restaurant〟は、中国の革命家・孫文のお気に入りだったという。[24]

その〝Wo Fat Restaurant〟の一九四〇年代のメニューを筆者が所有している。その〝Chow Mein (Fried Noodles)〟の欄には、バリエーション豊かなチャウメンが載っている。興味深いのは麺の種類と漢字表記だ。麺は「揚げ麺」(CRISP)と「半揚げまたは軟らか」(MEDIUM or SOFT)の二つに大別され、前者には「炸」の文字が、後者には「炒」の文字が使われている。つまりハワイで最も古い老舗の中華料理店が、カタ焼きそばを「炸麺」と表現しているのだ。[25]

揚げ麺のあんかけ焼きそばを日本以外で「炸麺」と表現した珍しい事例だ。きっと、中国では見かけないアメリカ生まれの風変りな揚げ麺料理を、「チャウメン」=「炒麺」と呼ぶことに抵抗があったのだろうと思われる。

アジアに偏在するチャウメンの派生料理

揚げ麺を使ったあんかけ焼きそばは、アジア各国にも伝播している。

タイでは、「ミー・クロップ」(Mee Krob)=「揚げた麺」という呼び名だ。第1章で紹介した通り、昭和一七年『タイ案内』では、《支那料理でいえば、やきそばに似たもの》と表現されている。[26]

タイの隣国・ラオスでも、ほぼ同じ響きで同じ意味の「ミー・コープ」（Mii Khop）という料理名が使われている。筆者が訪れたビエンチャンのフードコートでは、あらかじめ揚げられた麺に、さらっとしたトロミのない餡をかけていた。ラオスの焼きそばは総じて甘すぎる味付けなのだが、このミー・コープはそうでもなかった。

台湾では、この章の冒頭で述べた通り、「広東炒麺」や「広州炒麺」「広式炒麺」と呼ばれている。アメリカの中国移民は広東出身者が主体だったので、アメリカでも「カントニーズ・チャウメン」（Cantnese Chow Mein）と呼ばれることがある。

フィリピンでは焼きそば類を総称して「パンシット」（Pancit）と呼ぶ。福建語の「便《ピェ》食《ンシッ》」が由来らしい。様々な種類の「パンシット」があり、その中に「パンシット・カントン／広東風焼きそば」（Pancit Canton）というのがある。料理自体は軟らかい麺で具と混ぜ炒める場合も多いが、各食品メーカーから「パンシット・カントン」という名で販売されている商品は全て揚げ麺だ。この揚げ麺を茹でるなり、具材と一緒に炒め煮するなりして軟らかくする。カタ焼きそばではないが、揚げた麺に「カントン」（広東風）と名付けたのはチャウメンと無関係ではない可能性もある。

ラオス　ビエンチャン　Talat Sao Food Court
ミー・コープ（ໝີ່ກອບ/Mii Khop）　（2014年撮影）

フィリピン　Lucky Me!　Pancit Canton
（2021年撮影）

フィリピン　Tiffany Pancit Canton
（2021年撮影）

西大島　南インド料理マハラニ
アメリカン・チャプスイ
（2016年撮影）

意外なところではインドにも揚げ麺を使った焼きそばが存在する。南インドを中心に「インド式中華料理」（Indian Chinese cuisine）と呼ばれるジャンルが存在し、独特な進化を遂げて定着している。そのインド式中華料理のひとつに、揚げ麺のあんかけ焼きそばがある。

パリパリに揚げた麺に、トマトケチャップとチリソースを使ったグレイビー（餡）をかけた料理で、その名も「アメリカン・チャプスイ」（American Chop Suey）と呼ばれる。

日印関係史研究者の笠井亮平氏が著した『インドの食卓』（ハヤカワ新書）では、第二次大戦中に連合軍としてインドに駐留していた米軍がきっかけという発祥説が紹介されている。一九四五年、米兵がカルカッタの中華料理店で「チャプスイ」を注文したところ、店側が気を利かせて揚げ麺を使ったら好評だったため定着したという説だ。[27]この料理も、揚げ麺を使った焼きそばがアメリカのチャプスイに強く関連している歴史を示唆しているように思う。

●この節の要約
・チャウメンは、「炒麺」（チャーメン）から派生したアメリカ式中華料理
・遅くとも一八八〇年代には、アメリカ東海岸でチャウメンが食べられていた
・東海岸ではクランチ・ヌードルや白米も使用、西海岸では混ぜ炒めが主流
・アジア各国に揚げ麺を使ったチャウメンが、様々な名前で伝播している

第3節　アメリカでの中国人排斥がもたらしたもの

一九世紀後半、中国からアメリカへの移民が増加し、東海岸を中心に中華料理も定着した。しかし、その道のりは順風満帆ではなかった。新天地へと旅だった中国移民を待ち受けていたのは、黄金郷からはほど遠い過酷な環境だった。

苦力（クーリー）貿易の実態

一九世紀の中国移民には、苦力《クーリー》として渡航した者が多い。苦力は黒人奴隷とは異なり、契約で雇用条件を限定した労働者で、北米だけでなく中南米にも送られていた。しかし、その実態は奴隷とほぼ同じ人身売買だった、というのが定説になっている。

一八五二年の厦門《アモイ》では、「C（キューバ）」「P（ペルー）」「S（ハワイ・サンドイッチ諸島）」など、目的地の頭文字が、中国人労働者の胸に焼印として刻まれている姿が目撃された。[1]

一八五二年二月に厦門で集められ、カリフォルニアへ向かった四〇〇人あまりの苦力たちは、弁髪を切られたり、病人を海中に投棄されるなどの虐待を受けた。それに耐えかねた苦力たちは船長らを殺害し、座礁した石垣島で下船。八重山政庁や米英兵を巻き込んだ捜索・戦闘になり、彼らの多くは石垣島で亡くなった。今は同島の唐人墓に祀られている。[2]

中国人で初めてアメリカへ留学した容閎《ようこう》は、一八五五年の澳門《マカオ》で、ペルーへ送られる苦力たちが弁髪で繋がれ、奴隷さながらにムチを打たれる様子を目撃した。[3]

一八七二年（明治五年）には、横浜港に停泊していたペルー船籍の移民船から、一人の中国人が脱走してイギリス軍艦に保護を求めた。瀕死の彼は、ペルー人による中国人の虐待を当局に訴えた。苦力としての契約は「契約期間八年」「月給四ドル」「一年に休日は三日間のみ」という過酷な労働条件だった。しかも中国人たちはその契約内容を具体的に知らされ

石垣島　唐人墓
（2007年撮影）

ず、騙されて乗船させられたという。マリア・ルス号事件と呼ばれるこの出来事により、苦力貿易の実態が世界に知られることとなった。[4]

このように苦力たちの中には、具体的な契約も知らないまま乗船させられ、船内では非人間的な扱いを受け、渡航先では劣悪な条件での労働を長期間強いられる、そんなケースも多かった。

アメリカでの中国人差別と排斥運動

苦力として渡米した中国人移民たちを待ち受けていたのは、アメリカでのあからさまな差別だった。アメリカ政府や経済界は、安価な労働力として中国移民を積極的に受け入れたが、市民感情は別である。中でもカリフォルニアにおける反発は顕著だった。

西部開拓を成し遂げて西海岸に至った白人たちから見れば、中国人は彼らの敵であるアメリカ先住民と大差ない、異教徒の黄色人種だ。しかも労働層にとっては安い賃金で仕事を奪う競合相手である。さらに中国人経営者が現れ始めると、富裕層も危機感を持ち始めた。

中国移民は白人社会全体から公然と差別され、貧困層の欲求不満のはけ口にされていた。中国人は法的に明確な差別を受けていた。アメリカ市民になる権利、白人女性と結婚する権利、さらには法廷で証言する権利すら与えられておらず、犯罪の被害者となっても泣き寝入りするしかない立場だった。また経済的にも重税を課せられ、強制的な徴収が積極的に行われた。[5]

一八六〇年(万延元年)に遣米使節団の一員として渡米した仙台藩士・玉虫左太夫は、前掲した通り、中国人に対する差別を目の当たりにした。さらに友人から聞いた話として、サンフランシスコで中国人と筆談を交わした際に《アメリカでの待遇が極めて親切でも決して信用してはならない。用心しなければ女性や子供にすら卑下されるに至るだろう》と警告されたことを書き残している。[6]

文豪のマーク・トウェインも、サンフランシスコでの中国人差別を目撃した一人だ。一八六〇年代、新聞記者だった彼は、一人の中国人の洗濯屋が数名のごろつきから追いかけられ、石を投げられたこと、しかも警察官がその様子を楽しげに傍観していたことを記事にした。しかし読者を怒らせるからという理由で、その記事は新聞社に却下された。[7]

こうして中国人に対する差別感情が醸成され、やがて政治的な中国人排斥運動へと発展した。その中核を担ったのが、「中国人は出ていけ！」というスローガンの下で結成されたカリフォルニア勤労者党（ＷＰＣ）だ。

〝中国移民は、稼いだ金を本国に送金するのみでアメリカの利益を損ねている〟

〝アヘン・売春・賭博などの害悪をアメリカに持ち込んでいる〟

カリフォルニア勤労者党は右のような理由を掲げて中国移民排斥を主張し、白人の労働者階級を中心に多くの支持を集めた。

黄禍論と中国人排斥法

中国人をはじめとする黄色人種を、道徳的に劣った人種で害悪をもたらす存在とみなす「黄禍論《こうか》」は、カリフォルニアなどのアメリカ西海岸だけでなく、連邦議会にも影響を及ぼした。

一八八二年（明治一五年）、ついに中国人排斥法が可決された。これ以降、新たな中国移民のアメリカへの流入は法的に禁止された。

その頃に渡米した複数の日本人が、アメリカ社会で中国人が排斥されている状況を記録している。

一八八三年（明治一六年）に出版された賀田貞一『遊米紀事』では、「中国人は出ていけ！」というスローガンを掲げ、楽団が馬車で街中を練り歩く様子を伝えている。[8]

一八八六年（明治一九年）、赤峯瀬一郎『米国今不審議』の内容も同様だ。中国人が低賃金で働き、稼いだ金は本国へ送金しているため、アメリカに不利益をもたらしているという、白人側の主張を紹介している。[9]

一八八七年（明治二〇年）、黒田清隆『環游日記・下』では、「アメリカの中国人は十万五〇〇〇人余り。そのうちカリフォルニア州に約七万人が居て、その三分の一はサンフランシスコにいる」と述べたあと、中国移民が排斥されている状況を伝えている。[10]

西暦	中国移民の流入
1872 年	7,788 人
1873 年	20,292 人
1874 年	13,776 人
1875 年	16,437 人
1876 年	22,781 人
1877 年	10,594 人
1878 年	8,992 人
1879 年	9,604 人
1880 年	5,802 人
1881 年	11,890 人
1882 年	38,579 人
1883 年	8,031 人
1884 年	279 人
1885 年	22 人
1886 年	40 人
1887 年	10 人
1888 年	26 人
1889 年	118 人
1890 年	1,716 人
1891 年	2,728 人
1892 年	2,828 人
1893 年	4,018 人

中国人排斥法の成立によって、当然ながら中国からアメリカへの移民も激減した。上の表はアメリカへの中国移民の流入数の推移である。[11]

中国人排斥法が成立した一八八二年は、駆け込み需要によるものか、年間流入数は四万人近くあった。しかし翌年は八〇〇〇人で、その翌年は僅か二七九人。それ以降、数年間は二桁が続く。

中国人たちも手をこまねいていたわけではない。ニューヨークのジャーナリスト・王清福による市民団体の設立や、各地での政治運動・法廷闘争によって、一部の中国移民の帰化を認めさせることはできた。

しかし、母国である清国はアメリカの機嫌を損ねるのを恐れ、不介入を貫いた。その結果、大多数の中国移民は中国人排斥法の対象として扱われた。

一八九九年、長崎の〝AMERICAN RESTAURANT〟

中国人排斥運動が激化した一八八〇年頃から一九〇〇年代の初頭にかけて、行き場を失ったアメリカの中国移民たちは、清国へ戻るしかなかった。ただし、その一部は日本に活路を求めて来日したのではないか。私はそのように考えている。

アメリカで居場所を失った中国人が、日本へやってきたかもしれない。その根拠となるのが、第2章で取り上げた長崎の四海楼だ。

第2章の冒頭で述べた通り、四海楼が運営する資料館「ちゃんぽんミュージアム」の入り口には、創業した明治三二年（一八九九年）当時の外観写真が飾られている。各種メディアでもよく紹介されている写真で、清国の料理店であることを示す二枚の横看板が掲げられている。

ところで出版物などでは分かりにくいが、現地で近づいてよく見ると、英語の看板も掲げられているのがわかる。そこには「SHIKAI-RO」という屋号と共に、「AMERICAN RESTAURANT」(アメリカ料理店)と書かれているのだ。ご丁寧にも星条旗まで描かれている。

SHIKAI-RO　　　四海楼《シカイロー》
AMERICAN RESTAURANT　　　アメリカ料理店
MEALS AT ALL HOURS　　　いつでも食事可
UP STAIRS　　　二階へどうぞ
NO.13, HIROBABA-MACHI　　　広馬場町一三番

四海楼の創業者・陳平順氏は福建省出身なので、提供する料理はもちろん福建料理が中心だったろう。しかし欧米人に向けた英語の看板では、アメリカ料理店を謳っていた。当然、渡米経験のある料理人や給仕が当時の四海楼で働いていたはずだ。でなければ料理もサービ

創業当時の四海楼
四海楼 HP（https://shikairou.com/history/）より

英語の看板には
「アメリカ料理店」と書かれている

スも提供できない。

四海楼が創業したのは明治三二年。西暦では一八九九年だ。中国系アメリカ移民の料理人が、一八九〇年代にアメリカを離れて日本に来たとしたら、前掲した中国人排斥法が理由だった可能性が高い。黄禍論が吹き荒れるアメリカよりも、故国から近くて漢字も通じる日本の方が働きやすいと考えたのではないだろうか。

一八九九年なら、アメリカで「チャプスイ」や「チャウメン」が人気を得て、すでに普及している頃だ。中国人がアメリカ式料理を看板に掲げるのなら、おそらくメニューにその二品も掲載されていたはずだ。

つまり四海楼ではパリパリ揚げ麺の「チャウメン」＝「炒麺」を創業当初から提供していた可能性が高い。その後現代に至るまで、四海楼では「皿うどん」と「炒麺」を別の料理として扱ってきた。一方、混同する店や長崎市民が現れ、一部で「炒麺」も皿うどんと呼ばれるようになった。

「チャプスイ」はどうなったか？　四海楼といえばチャンポンと皿うどんが有名だが、メニューには中華丼も載っている。もし訪問することがあれば、その中華丼の英語表記が「Chopsuey Rice」と書かれているのを確認できるだろう。これもアメリカ料理店時代の名残かもしれない。

ちなみに四海楼の創業当時の写真だが、漢字の看板もよく見ると「各国料理」と書かれており、中華料理に限っていない。またちゃんぽんミュージアムで展示されている大正末期から昭和初期にかけてのメニューには、左端の方に「中西雅菜」「西洋菜倶有」と記され、西洋料理も提供していることが示されている。

一九世紀末、アメリカで居場所を失い日本に活路を求めた中国人が、長崎にアメリカ式中華料理の「チャウメン」をもたらした。四海楼では本来の「炒麺」という料理名で提供され、後にそれ以外の地域で細麺皿うどんとして需要されるようになった。長々と回り道をしてしまったが、皿うどんをめぐる様々な資料を調べ、考え抜いた結論だ。

最終的に、長崎皿うどんの歴史は次のような流れだったと私は考えている。

①明治三一年、四海楼が創業し、アメリカ式中華のパリパリ細麺「炒麺」(チャーメン)を提供し始めた
②早くとも明治三五年以降、四海楼・創業者の陳平順がちゃんぽん(支那うどん)に改良を加えた
③遅くとも大正四〜五年に、ちゃんぽんのアレンジとして汁のない太麺の皿うどんが生まれた
④戦前から徐々に細麺や揚げ麺も皿うどんと呼ばれ始めた
⑤昭和四〇年代に、パリパリ細麺タイプが皿うどんの標準になった

あとは横浜だ。最終章で徹底的に考察しよう。

●この節の要約
・一九世紀後半、カリフォルニアで中国移民排斥運動が激化した
・一八八二年、アメリカで中国人排斥法が成立し、中国移民が激減した
・四海楼は創業当時アメリカ料理を提供、この際にチャウメンが伝播したと思われる

第4章
明治期の横浜居留地へ

第1章では戦前の東京の支那料理屋で提供されていた「炒麺」「ヤキソバ」を考察した。それをさらに遡ると、明治期の横浜にあった外国人居留地の支那料理屋——当時の一般的な呼び方だと南京料理屋——に辿り着く。

明治時代の横浜居留地では、複数の南京料理屋が営業していた。それらは明治末期に東京で開業した来々軒や大勝軒と地続きの存在であり、後年日本で広まった支那料理のルーツといえる。中には現代の横浜中華街でいまだに存続している店もあるが、そのほとんどは廃業し、開港以来一六〇年以上に及ぶ歴史に埋もれてしまった。

当時の横浜居留地には、どのような南京料理屋があり、どのような料理を提供していたのか？　長崎の四海楼のような、アメリカ式中華料理の影響はありえたのか？　また炒麺があったとしたら、いつ頃から提供されていたのか？

この最終章で歴史に埋もれた資料や証言を掘り起こし、それらの疑問の答えを明らかにしたい。

現代の横浜中華街
(2020年撮影)

明治42年 (1909年)
横浜開港五十年祭の横浜南京町
筆者所蔵の絵葉書

第1節　南京料理屋列伝

支那料理の本場、横浜の南京町

食文化史研究家の小菅桂子によると、東京の支那料理屋は、明治一二年（一八七九年）に創業した築地居留地の「永和斉」が始まりとされている。続いて明治一六年には日本橋亀島町（現在の中央区八丁堀）に「偕楽園」、明治一七年には築地に「聚豊園」が開業した。[1]

これら、ごく初期の東京の支那料理屋は、全て築地に設置されていた外国人居留地かその隣接地域で創業した。当時の日本において、外国人の居留・交易活動は、築地・横浜・神戸・長崎などに設置された外国人居留地と、その周辺に制限されていたからだ。

外国人居留地の撤廃は、明治三二年まで待たねばならない。この年に勅令三五二号、いわゆる内地雑居令が発布され、外国人が居留地以外でも自由に経済活動ができるようになった。ただし清国人については、商人や留学生などは内地雑居が認められたが、労働者は許可が必要だった。また労働許可を受けた大部分は、理髪業か料理人だった。[2]

清国人の料理人が内地雑居の許諾を受けることで、居留地の外での支那料理屋の開業が可能になった。神保町で創業した維新号や伊勢佐木町にあった博雅亭、長崎の四海楼など、居留地外の老舗の創業年が明治三二年なのは、この年に内地雑居が許可されたからだ。

ただし、多くの日本人にとっては、まだ支那料理に馴染みがない時代である。日本人の利用者はごく限られており、支那料理屋の需要は、やはり清国人が多数を占める元居留地＝南京町が抜きん出ていた。

明治四〇年代以降、屋台や来々軒の繁盛を通じて、支那そば・ワンタンなどの支那料理が、日本人の間にも徐々に広まった。しかし獅子文六が『飲み・食い・書く』で書き残した通り、大正時代に至っても、南京町には《東京から円タクを飛ばして》でも食べに行く価値があった。[3]

明治三二年の内地雑居後も、横浜の南京町は支那料理の本場であり続けたのだ。

横浜南京町概観

現代の横浜中華街には萬珍楼という明治時代に創業した中華料理店が残っている。また二〇二二年に閉店してしまった聘珍楼という老舗もあった。両店とも戦前の資料にチラホラ名前が出てくるが、他にはどのような店があったのか確認してみよう。

まず明治三二年の朝日新聞では、《遠芳、聘珍、成昌の三軒》が挙げられている。[4]

続いて明治三六年の『横浜繁昌記』では「永楽楼」が加わり、《遠芳楼、聘珍楼、永楽楼、成昌楼》の四軒が紹介されている。伊勢佐木町の博雅亭も名前が見える。[5]

明治四三年の『横浜成功名誉鑑』も『横浜繁昌記』と同じく《聘珍、永楽、遠芳、成昌》の四軒を挙げている。《市中を売り行るく行商車も少なくない》というから、支那そば屋台も現れ始めたようだ。[6]

大正元年に発行された『横浜』というガイドブックでは、《萬珍、永楽〔原文では氷楽〕、聘珍、成昌》の四軒が紹介されている。「萬珍楼」と入れ替わるように「遠芳楼」の名前が消えた。[7]

大正二年の『横浜案内』で取り上げられているのも、《萬珍》と《永楽、聘珍、成昌》の四軒だ。やはり「遠芳楼」の名前はない。[8]

上記の資料で名前を挙げられている五軒、遠芳楼・聘珍楼・成昌楼・永楽楼・萬珍楼は、どのような店でどのような料理・サービスを提供していたのか。一軒ずつ掘り下げてみたい。

遠芳楼　長谷川伸が愛した「ラウメン」

遠芳楼の初出は、私が知る限りだと、明治二六年に刊行された『横浜貿易捷径』に含まれている「居留地外国各館」の住所録だ。外国人居留地は区画に番号が振られており、一四〇番から一六〇番代が清国人の多い南京町だった。その一六四番に、《清商　遠芳楼　南京上等料理業》として紹介されている。[9]

明治二八年には五月一日の横浜毎日新聞で、遠芳楼と思われる一六四番の飲食店で火災が発生したと報じられている。[10] この火災については、英字新聞の〝The Japan Weekly Mail〟でも報じられた。出火元とされる飲食店《In Hong》は、おそらく「遠芳」を指している。[11]

火災から八年後、明治三六年の『横浜繁昌記』では、有名な料理店として名前を挙げられ、看板の文句《式辨満漢暈素戯筵酒席《しきべんまんかんうんそぎえんしゅせき》》が紹介されている。火災から無事に再建したようだ。『横浜繁昌記』の著者は看板を書き写したのだろうが、《式辨満漢暈素戯筵酒席》には誤字が含まれている。同年の明治三六年に出版された俳誌『霰　第十一号』に、南京町の看板の文句を書き写した「南京町」というページがあり、そこに《料理舗の看板》として《包辨満《ほうべんまん》漢葷素酒席《かんくんそしゅせき》》という文句が掲載されている。[12]

また、筆者が所有する明治時代の南京町の絵葉書にも、《包辨満漢葷素酒席》や《包辨酒席》という看板が写っている（二二三頁）。「包辨酒席」や「承辨酒席」という文言は、「宴会、引き受けます」という意味合いの定型句だ。それらを考え合わせると、「式」は

「包」、「暈」は「葷」という字で、《包辨満漢葷素戯筵酒席》という文言が正しいように思う。

明治三七年（一九〇四年）版の『Japan Directory』（海外向けの日本住所録）では、一六四番に《CHINESE RESTAURANT》とのみ記載されている。屋号は記載されていないが、これも遠芳楼のことだろう。[13]

後に小説家・劇作家となる明治一七年生まれの長谷川伸は、明治三〇年頃に横浜居留地で建物の修繕などの仕事をしていた。ときどき南京町の遠芳楼へ行き、「ラウメン」を食べたという。

> その近くに南京街があるので、新コはときどき遠芳楼という、前田橋通りの料理店へゆきました。〔中略〕ラウメンと新コがいうと首肯《うなず》いて向うへ走り、イイコラウメンと些か節をつけて発注してくれます[14]

「ラウメン」は「ラーメン」のことで、「南京そば」とも呼ばれていた。漢字表記は「柳麺」だ（「柳麺」については、近代食文化研究会氏が『お好み焼きの戦前史』のVer.2で検証しているので、興味ある方はそちらをご覧いただきたい）。

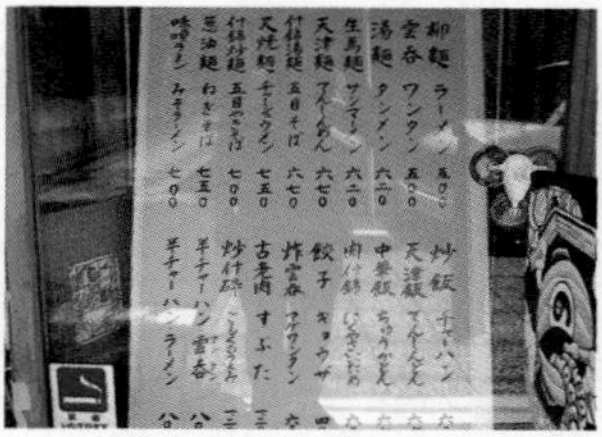

野毛　萬福　品書き
（2021年撮影）
「ラーメン」の漢字表記は「柳麺」

聘珍楼　横浜本店　海老入り蒸し餃子（2020年撮影）「ハーカー」は「蝦餃」の広東語読み

間もなくおやじは饅頭の皿と焼売《しゅうまい》とハーカーの皿とを置いてゆく（新コは東京に広東や京蘇《きょうそ》の料理店が出来、又、雲呑《わんたん》・焼売とも馴染み深いものになったが、色の白い海月《くらげ》形の、中に小海老がはいっていたと憶えているハーカーにはお目にかからない）

長谷川伸が着席すると、何も注文せずともお茶と点心が出された。「ハーカー」は「蝦餃」の広東語読みだ。エビ入りの蒸し餃子で、皮は浮き粉を使っているため半透明である。北京語だと「蝦餃」は「ハーカー」ではなく「シャージャオ」と発音するので、この一文からでも、遠芳楼が広東料理店だったことがわかる。長谷川伸の「ラウメン」を「肉麺」（ローメン）と解釈する説もあるが、広東語では「ヨクミェン」と読むはずなので、「肉麺」という漢字表記は不適切だ。《饅頭》については、長谷川伸の別の著作『戦国行状』によれば、《墨《すみ》のように黒《くろ》い餡入《あんい》り》の餡まんと、《包皮《つつみがわ》に出臍《でべそ》がついている肉入《にくい》り》の肉まん、その両方があったそうだ。[15]

着席するとまず点心が提供され、食べた分だけ代金を払う。食べたくなければ手をつけずにいればよい。この方式は当時の支那料理屋（南京料理屋）の標準的なサービスで、獅子文六も同様の証言を残している。この習慣は昭和初期まで続いたようで、加太こうじも戦前の支那料理屋では着席するとまずシューマイを出されたと証言している。[16]

ちなみに店の造りは入り口に会計係がいて、一階の奥は厨房になっている。客席は二階にあり、客は狭い階段を登る。この造りも多くの南京料理屋で共通していた。

長谷川伸は価格についても書き残している。

> 新コはいつも饅頭を一ツ、ハーカーを一ツ食べる、これで二銭、茶が一銭だから三銭。
> 豚蕎麦のラウメンは五銭。

明治三〇年頃の横浜南京町で点心は一つ一銭、ラウメンは五銭だった。明治四〇年代の来々軒や大正三年の支那そば屋台が六銭だったと考えると、妥当な価格だろう。《豚蕎麦のラウメン》と書かれている通り、「南京そば」は「豚そば」とも呼ばれていた。遠芳楼の

「ラウメン」は、《細く刻んだ豚肉を煮たの》と《薄く小さく長く切った筍》が乗っていたそうだ。

『戦国行状』では、《鼠くそのような豚肉》や《どぶの上水みたいな色をした汁》と毒を含んだ表現をしつつも、それぞれ美味かったと証言している。《どぶの上水みたいな色》という描写から、スープに醬油が使われていたことがわかる。

南京町を代表する料理店だった遠芳楼だが、資料に現れるのは明治四三年の『横浜成功名誉鑑』が最後だ。《聘珍、永楽、遠芳、成昌の各楼は有名の広東料理店》と、遠芳楼がやはり広東料理店だったことを伝えて、その消息は明治時代で途絶えてしまった。

聘珍楼　近年まで日本最古だった中華料理店

聘珍楼は二〇二二年に閉店するまで、現存する日本で最古の中華料理店だった。昭和九年の新聞で報じられた《創業五十年》という記述から逆算し、明治一七年を創業年としていた[17]。ただ、正確な創業年は不明だ。

明治二六年『横浜貿易捷径』の「居留地外国各館」に遠芳楼や成昌楼は載っているが、聘珍楼の名前がない。聘珍楼の所在地、一五〇番は《清商　盆和堂　薬種商》となっている。もし明治一七年に創業していたなら、当初は飲食店ではなかったのか、他所で創業して後に移

明治から大正にかけての横浜南京町
筆者所蔵の絵葉書

左の建物を拡大
「聘珍楼」の屋号が見える

転したか。あるいは一区画に複数の店舗・会社があり、単に記載漏れしたのかもしれない。

ただ遅くとも明治三〇年頃に、聘珍楼が一五〇番で営業していたのは間違いない。「日本の段ボールの父」と評される実業家、井上貞治郎という人物が、当時の聘珍楼に住み込みで働いていたのだ。明治一四年生まれの井上が一五～一六歳くらいの話である。[18] また井上氏が働いた少しあと、明治三二年の朝日新聞では、聘珍楼が遠芳楼と並び称せられるほどの有名店であることが報じられている。筆者所有の絵葉書にも、《聘珍楼》の看板が確認できる。

明治三六年の俳誌『霰 第十一号』では、評判の店として看板の文句《山水名茶 各色点心 銀絲細麺 海洋炒売》が転載されている。《山水名茶 各色点心》という文句については、同じ明治三六年の『横浜繁昌記』で意味と発音が解説されている。

聘珍楼　横浜本店
什錦炒麺（五目焼きそば）カタ焼（2020年撮影）

銘茶《めいちゃ》いろ〳〵と云《い》ふことを山水銘茶《さんすいめいちゃ》と書《か》いてシヤン・スイ・ミン・チヤと讀《よ》み、菓子品々《くわししなぐ》と云《い》ふ事《こと》を各色點心《かくしよくてんしん》と書いてキヤッ・チヤォ・テン・ツィと讀《よ》む

また、《銀絲細麵》という文句は、麵の細さを銀絲＝白髪に例えた表現（細如銀絲）に由来する。例えば香港にあるワンタン麵の老舗・麥奀雲呑麵世家《マッガンワンタンミンサイガー》（一九二〇年創業）では、具なしのスープ麵を「銀絲細麵」という品名で提供している。[19]

明治三七年（一九〇四年）版の『Japan Directory』では、聘珍楼が《PING CHANG & CO.》という英語表記で掲載されている。

当時の聘珍楼がどんな料理を出していたかについては、獅子文六が中国人の「リョーさん」に連れて行ってもらったという思い出を、著書『飲み・食い・書く』で綴っている。明治二六年生まれの獅子文六が一二歳の頃というから、明治三八年頃のことだ。酢豚やカニ玉、チャーハン、揚げワンタンなど、今日でもおなじみの品々が提供されていたそうだ。

リョーさんが案内したのは、聘珍楼だった。〔中略〕この時初めて、子供心にも、シナ料理の美味なる事を知った。リョーさんは幾多の料理を注文したが、その中でも、これは日本人に向くといって、私らに薦めたのは紅露羹《こうろかん》・芙蓉蟹《ふようはい》・炒飯《ちゃあはん》の三種であった。果してこの三つは、スブタ、カニタマ、ヤキメシの和名をもって、今日デパートの食堂にまで、顧客を得ている。シナ人なんて、実によく日本人の嗜好を心得ているから、油断ができない。その時リョーさんが、これも美味しいといって薦めてくれた揚げワンタンは、一向感心しなかった。

さらにだいぶ時代は下るが、大正一三年に出版された小説『南京町』では、聘珍楼でチャーシュー麺を食べる様子が描かれている。[20]

第1章第1節で紹介した通り、横浜開港資料館には昭和一〇年頃の聘珍楼のメニューが残されている。当時のメニューには「揚州炒麵《ごもくやきそば》」や「肉絲炒麵《ぶたのやきそば》」など、六種類の「炒麵」が記載されている。《蕎麦之部》から抜書きしてみよう。

蕎麥之部

78 民國炒麵《みんこくちゃおみん》 大金参六〇銭／中金壹八〇銭
83 揚州炒麵《ごもくやきそば》 金六五銭
87 蝦仁炒麵《ゑびのやきそば》 金五五銭
89 蟹肉炒麵《かにのやきそば》 金五五銭
90 鶏絲炒麵《とりのやきそば》 金五五銭
101 肉絲炒麵《ぶたのやきそば》 金四五銭[21]

「民国炒麵」は聘珍楼だけではなく、昭和一六年に広東省の料理店でも提供されていた。[22]どのような料理かは不明だが、価格からすると最高級の食材を使った豪華極まる炒麵だったと推測できる。

昭和一二年頃、作家の中島敦は「聘珍楼雅懐」という和歌一四首を詠んだ。《冬の夜の聘珍と聞けば大丈夫《ますらを》と思へる我も心動きつ》という歌から始まり、《唐黍《とうきび》スウプ》《家鴨《いえかも》の若鳥の腿の肉》《蟹の巻揚《まきあげ》》《紅焼鯉魚《ホンシヤウウリギヨ》》《羊肉《ひつじ》》《酢豚》《鱶《フカ》の鰭《ヒレ》》などの支那料理を讃えている。[23]

創業以来、長い歴史の中で料理の内容も大きく変化したと思うが、聘珍楼は明治時代から日本の中華料理の筆頭だった。残念ながら横浜中華街の本店は二〇二二年に閉店してしまったが、実はこれまで何度も経営者が変わっている。[24] 関東大震災や横浜空襲で余儀なく閉店することもあった。今回もいつかまた営業再開することを願っている。

成昌楼　大正時代のメニューが残る戦前の繁盛店

成昌楼は前橋町通り、現在の中華街大通り沿いの一四八番にあった南京料理屋だ。聘珍楼の斜向いに位置していた。筆者所有の明治時代の着色絵葉書には、《成昌茶楼》の看板が写り込んでいる（次頁）。

成昌楼も創業年は不明だが明治二二年に出版された『日清貿易参考表』に、《明治二一年九月調べ》と付記された上で《成昌号馮熙　支那料理》との記載がある。つまり明治二一年九月にはすでに営業していたことになる。[25]

また、明治二六年『横浜貿易捷径』の「居留地外国各館」では、《百四十八番館　清商成昌館　南京料理業》と掲載されている。明治三二年の朝日新聞や明治三六年の『横浜繁昌記』では、前述した遠芳・聘珍の両店と共に名前を挙げられている。

さらに明治三六年の俳誌『霰　第十一号』には、《成昌茶楼》の看板が次のように記録されている。

成昌茶樓　成昌樓色辨酒席　支那料理
海鮮炒賣　山水名茶　各色點心　隨意小酌
共に成昌樓の軒頭美しく飾られたる、金文字の看板なり。

明治時代の横浜南京町
筆者所蔵の絵葉書

右の建物を拡大
二階に「成昌茶楼」の看板が
確認できる

《色辨酒席》の「色」は「包」が正しい。異体字なので間違えやすいのだ。何やら美辞麗句で仰々しく見えるが、昭和八年『支那読本』によると、「包辨酒席、隨意小酌」の看板は「一膳めし屋」を表しているそうだ。[26]

明治三七年（一九〇四年）版の『Japan Directory』では、《SENG CHONG》と紹介されている。

昭和六一年に出版された『チラシ広告に見る大正の世相・風俗』には、大正六年三月の日付が入った成昌楼のメニューが掲載されている。炒麺は「炒洛昌粉（やきそうめん）」を含めて五品目ある。どれも小・中・大のサイズが選べ、価格は《小金拾弐銭》から《大金八拾銭》まである。「肉絲湯麵《ヨクシイトンメン》」（支那そば）や「浄肉云呑《ワンタン》」が《金七銭》で、炒麺はその倍くらいの価格だ。

炒肉絲麵（チャウヨクシーメン／ぶたのやきそば）
炒鶏絲麵（チャウカイシーメン／とりのやきそば）
炒蝦仁麵（チャウハンヤンメン／ゑびのやきそば）
炒蟹肉麵（チャウハイヨクメン／かにのやきそば）
炒洛昌粉（チャウロクチョンファン／やきそうめん）[27]

ちなみに同メニューには生碼麵（サンマーメン）も載っている。サンマーメンは横浜周辺で普及している麵料理で、中華そばにモヤシを主体とする餡をかけたものだ。昭和五年に聘珍楼で考案されたという説があるが、大正六年にはすでに成昌楼で提供されていたことになる。

さらに余談になるが、『チラシ広告に見る大正の世相・風俗』の著者・増田太次郎は、『ソース焼きそばの謎』のプロローグで紹介した昭和一一年『素人でも必ず失敗しない露天商売開業案内』の著者でもある。焼きそばに関する貴重な資料を、二つも残してくれたことに感謝したい。

大正四年『横浜商工案内』の「重なる外国商館」[28]や、大正九年『神奈川県ト自動車』の「主なる支那料理店一覧」[29]には、聘珍楼などと共に成昌楼の住所と電話番号が紹介されている。

成昌楼は昭和に入ってからも人気店だった。昭和四年、当時大阪朝日新聞の副社長だった下村宏（号は海南）が、随筆集『鯖を読む話』で成昌楼に触れている。料理の描写はないが、《成昌楼《せいしょうろう》の階上《かいじょう》の一室《しつ》にはゴルファーの一団《だん》が盛《さか》んにメートルを挙《あ》げてる》と、繁盛していた様子がうかがえる。[30]

昭和一五年、歌人・斎藤茂吉が刊行した歌集『寒雲』にも、《横浜の成昌楼につどひたる友等みな吾よりわかし》という、成昌楼が出てくる作品がある。[31]

横浜開港資料館編『横浜華僑の記憶』では、老華僑の梁兆華氏が戦時下の中華街についてのインタビューで成昌楼の思い出を語っている。「白切鶏」が名物で、店の裏が原っぱで鶏《にわとり》を飼い、注文が入るとシメて調理したという。[32] 梁兆華氏は一九四二年（昭和一七年）から横浜に在住したそうなので、梁兆華氏が語った成昌楼の思い出も、昭和一七年以降のことだろう。[33]

「白切鶏」は伝統的な広東料理で、丸鶏に塩をすり込み、ネギや生姜と一緒に茹でたものだ。下村宏や斎藤茂吉も、シメたての白切鶏を食べたのかもしれない。

その後、昭和二〇年五月二九日の横浜大空襲で、横浜中華街は一面焼け野原となった。成昌楼の消息も、それを機に途絶えてしまった。

永楽楼　獅子文六のシナ料理初体験

永楽楼の初出は明治三六年『横浜繁昌記』で、遠芳・聘珍・成昌の三店と比べると少し遅い。ただし永楽楼のあった一四六番には、もっと古くから南京料理屋が存在していた。

明治二六年、『横浜貿易捷径』に《百四十六番館　清商　義昌号　南京上等料理業》と記載されている。また、明治二二年『東京横浜銀行会社役員及商館商店人名録』でも《百四十六番館　清商義昌》と記載されている。[34]同年『日清貿易参考表』にも《義昌号容勝　料理》との記載がある。さらに明治一〇年二月二八日付けの横浜毎日新聞に、一四六番地で二月一日に開業したという広告が出ている。[35]

明治一〇年の創業当時、義昌はまだ料理店ではなかったかもしれないが、明治二〇年代には山下町一四六番地で南京料理屋として営業していた。その義昌と永楽楼との間に、「一四六番」という所在地以上の繋がりがあったかどうかはわからない。ただ前述した通り、明治三六年『横浜繁昌記』が発行される頃には、すでに世代交代が行われていた。

永楽楼は、獅子文六が初めて支那料理を食べた店でもある。『飲み・食い・書く』所収の「南京料理事始」という随想で、《少なくとも四十余年以前》《今からたった五十年ソコソコ以前》《私は十歳くらいであった》と語っている。獅子文六は明治二六年生まれなので、明治三六年頃に永楽楼を訪れたことになる。

獅子文六を永楽楼へ連れて行ったのは、父親の店で働く店員だった。獅子文六の父は外国人を相手に絹を商う貿易商で、居留地内に店を構えていた。

私に初めて「南京」を食わせたのは、Nさんという店員である。〔中略〕大変な酒呑みで、暴れ者だった。したがって彼は、年中ピイピイしていた。暴れ者で、ピイピイしてる男ででもなかったら、当時「南京」なんて食うことはなかったろう。

一〇歳の少年・獅子文六は、《家へ入るとムッとし、料理を見るとムッとし、ウマいもまずいもあったものではなかった》との感想を抱いたそうだ。初めて食べる支那料理は匂いが受け付けられなかったらしい。
その二年後、一二歳の時に聘珍楼へ連れていかれて、《この時初めて、子供心にも、シナ料理の美味なる事を知った》のは前述した通りだ。その頃になると、南京料理を食べる日本人も増えてきた。

それから二、三年経って、一部の横浜人が、安くてウマいという理由の下に、「南京」を食べることが流行した。鳥ソバだの、焼ソバだのという言葉は、彼らが発明したのだと思う。値段においては、鳥ソバが八銭であることだけを、明確に記憶している。シューマイは一銭だった。

獅子文六が永楽楼で何を食べさせられたのかは明言されていないが、文脈的には《鳥ソバ》や《シューマイ》を食べたと考えていいだろう。また、居留地周辺では支那そばを売り歩く屋台も現れ始めたという。こうして南京町にほぼ限られていた支那料理が、徐々に日本人にも受容されていった。
その後、「永楽」の名は、明治四一年『横浜成功名誉鑑』、大正元年『横浜』、大正二年『横浜案内』などに現れる。また、大正時代後半の一時期は「永楽天」と「天珍楼」という二つの屋号で営業したようだ。

大正一二年を境に『横浜市商工案内』や『職業別電話名簿』の山下町一四六から「永楽天」の名前が消え、伊勢佐木町に「永楽軒」が現れる。恐らく関東大震災で被災し、伊勢佐木町で再建したのだろう。

さらに昭和九年版の『職業別電話名簿（第24版）』で、山下町一四六番に、「永楽軒」が掲載されている。どうやら南京町で営業再開できたようだ。私の手元にも一四六番地に「永楽軒」の看板が掲げられている絵葉書がある。

昭和9年頃の横浜
筆者所蔵の絵葉書

隣接する理髪店の看板で
百四拾六番という住所が確認できる

しかし、その翌年、昭和一〇年には山下町八〇番へ移転したらしい。横浜開港資料館『横浜中華街150年　落地生根の歳月』には、昭和一〇年の永楽軒のチラシが掲載され、《名物永楽の支那菓子とシウマイ……マンヂウ》《永楽軒》《山下町80番地》と記載されている。昭

横浜市南区六ツ川　小麦のかほり　永福
カタ焼そば（2014年撮影）

和一二年版の『横浜市商工案内』でも、山下町八〇番となっている。

八〇番に移転後の永楽軒も、南京町を代表する大型店であることに変わりはなかった。『横浜華僑の記憶：横浜華僑口述歴史記録集』で、大正四年横浜生まれの華僑婦人・葉肖麟氏が戦前の南京町で大きかった料理店を訊かれ、《成昌楼、聘珍楼、萬珍楼、永楽軒》と答えている。

昭和一一年、雑誌『婦人之友　四月号』では《永楽軒の中華料理》という記事が掲載され、「永楽蟹蓋」（蟹の甲羅揚げ）、「豆腐蝦仁」（豆腐と小海老煮込）、「鮮鮑鶏片」（鮑と豚肉の甘煮）、「炸菜蒸猪肉」（ザーサイと豚肉の蒸煮）などのレシピを紹介している。

村上令一『横浜中華街的華僑伝』によると、昭和一三年、広東省出身の梁乃遷という人物が親戚を頼って横浜を訪れ、永楽軒で働き始めた。彼は戦後に製麺所を開き、修業した「永楽軒」の名前にあやかって「永楽製麺所」と名付けたという。

永楽製麺所は二〇一三年に残念ながら事業停止してしまったが、南区六ツ川の工場跡地に「小麦のかほり 永福」として再スタートし、現在も営業を続けている[36]。明治三〇年代に獅子文六が味わった永楽楼は、永楽天・永楽軒と名前を変えつつ、戦争を期に姿を消した。しかしその命脈は、かろうじて令和の世まで伝えられている。

萬珍楼 震災と空襲から蘇った明治創業の看板

萬珍楼は、明治二五年（一八九二年）の創業と言われている。現在、同店を経営する林兼正氏は、著書で次のように語っている。

「萬珍樓」は、そうした横濱開港後の最も早い時代に開業した四つの料理店のひとつなんです。書物によると、一八九二（明治二十五）年に開店している。昔の写真に残っています[37]。

《書物によると》と書かれているが、私が調べた限りでは、創業時期の根拠となる資料をまだ見つけられていない。ただ、林兼正氏が言うように、明治時代の萬珍楼が映った絵葉書は多数現存し、そのうちの一枚は現在の萬珍楼にも展示されている。私も萬珍楼が写った絵葉

明治時代の横浜南京町
筆者所蔵の絵葉書

修復と色再現を経たカラー写真

書を所有している。看板の文言が萬珍楼に展示されているものと全く同じなので、時代的には近いはずだ。業者に依頼して着色してもらったのが下側の画像である。

萬珍楼は明治時代の横浜を舞台にした吉川英治の小説、『かんかん虫は唄う』にも名前が登場する。[38] 外国人を相手に商売している高瀬商会の夫人・お槙と姪の奈都子が、出かける支度をする場面で、支度の合間に萬珍楼から出前を取っている。吉川英治は根岸生まれの横浜育ちで、父親は居留地の貿易商だった。南京料理を出前してもらうのは、実体験に基づいた描写かもしれない。また、南京町の阿片窟で一夜を過ごした主人公のトム公に、お光という姉御肌の女性が《萬珍へ行こう》と誘っている。

吉川英治の自叙伝『忘れ残りの記』によると、『かんかん虫』の主人公たちのモデルは、子供の頃に遊んだ貧民窟の住人たちだそうだ。小学校入学＝七歳の頃の話らしい。[39] 吉川英治

萬珍楼　本店
什錦香炒麺（五目焼きそば）（2020年撮影）

は明治二五年生まれなので、『かんかん虫』の舞台は明治三二年くらいということになる。小説内の《つい四、五年前の日清戦争》という記述も、明治三二年頃を示している。あくまでも小説だが、萬珍楼が明治三二年頃に実在していたから、吉川英治が名前を使った、そう解釈することもできよう。

写真や小説ではない文献では、明治四一年『日本紳士録 第十二版』[40]や大正元年『横浜』に萬珍楼の名前がある。

大正二年『横浜案内』では、横浜見物に来た男性を案内する体で、一人称語りの著者が萬珍楼を紹介している。《アここが萬珍といって先《ま》ず南京料理屋《なんきんりょうりや》の随一《ずいいち》でしょう、寄《よ》りましょうか》と評していることから、当時の評判もうかがえる。案内人は《姐《ねえ》さん何《なん》でもいいから日本人《にほんじん》の口《くち》に叶《あ》いそうなものを二三品《ぴん》持《もっ》て来《き》てくおれ〔原文ママ〕》と注文を済ませ、《南京料理《なんきんりょうり》で名高《なだか》いのは此外《このほか》に永楽、聘珍、成昌なんていうのがありますが》と、南京料理の説明を始める。手間のかかるものは三日前に注文せねばならない、と語ったところで一品目が来る。

オヤ料理《れうり》が來《き》ましたネ、エそれは三日《か》三晩《ばん》の口《くち》じやアないですアハ、、、形《かたち》は日本《にほん》の饅頭《まんぢう》のやうですが、中味《なかみ》はスッカリ違《ちが》ひます、マア食《た》べて御覧《ごらん》なさい、名稱《めいしよう》ですか、シウマイといふんです、ナカ〱旨《うま》いでせう？ それやア始《はじ》めてだと、何《なん》だか氣味《きみ》は悪《わる》いがネ……

焼売《しうまい》の次は《青豆《チンターウ》》だ。明治四五年、浅草千束町の中華楼でも《青豌豆と鶏肉の小さく切ったの》＝「青豆鶏丁」が出されていた。[41] 豆を使ったそれらの料理が、日本人には受けがよいと、支那料理屋の間で情報共有されていたのかもしれない。

案内人は清国人の習慣を紹介する。内容は南京料理の説明も含めて、明治三六年『横浜繁昌記』の焼き直しが多い。最後に《焼豚麺《チャーシウーメン》》を注文し、《大分話しましたネ、モット何か取りましょうか、モウ充分ですか、それじゃア出かけましょう》と、萬珍楼を出る。客席は二階にあり、一階には会計係。遠芳楼と同じ造りだ。

その後、大正時代のいくつかの資料で屋号と住所が確認できるが、大正一三年版『横浜市商工案内』では住所が伊勢佐木町に変わっている。おそらく大正一二年の関東大震災で被災し、伊勢佐木町で臨時営業を始めたのだろう。

一〇年ほど記録が途切れ、昭和九年版『職業別電話名簿』で、《山下一五三》に「萬新楼」が現れる。以前の山下町一五一から所在地が二区画ずれているが、この萬新楼はかつての萬珍楼が復活した店だ。『横浜華僑の記憶』で成昌楼の白切鶏について語っていた梁兆華氏が、萬珍楼が戦前は萬新楼だったと証言している。

昭和九年七月二三日の「横浜貿易新報」では、聘珍楼と共に萬新楼が報じられている。《昨年開業したばかり》という記述から、昭和八年に再開したことがわかる。

萬新樓は南京街の最前線に漸く昨夏開業したばかりの新店であるが勉強第一で早くも人氣を集め燦々たる成續を上げてゐる。采配を振る鮑順氏は永く聘珍樓に居た人、在濱貿易商梁敬匡氏その他日華實業家の出資により、南京街の繁榮と充實干頭一歩を高めたもの〔後略〕

その後、昭和二〇年五月二九日の横浜大空襲で店舗は焼失。再建を託されたのが、林兼正氏の父、龐柱琛氏（日本名・林達雄氏）だった。

明治時代の絵葉書に写っていた「萬珍楼」は、大正一二年の震災後に「萬新楼」として復活。さらに昭和二〇年の空襲を経て「萬珍楼」の看板を蘇らせた。そして実は平成一四年

（二〇〇二年）にも火災で店舗を消失し、再建している。

一〇〇年を超える歴史を持ち、都合三度もゼロからの再出発を経験している萬珍楼は、まさに横浜中華街のバイタリティを体現している老舗なのである。

明治三六年、南京そば屋の各色炒麺

以上、紹介した五店はいずれも大きな料理店だったが、小さな店も存在した。明治三六年の『横浜繁昌記』では、遠芳楼の看板に続けて、《小料理屋》の看板を紹介している。

小《こ》料理屋《れうりや》では各色炒麵《かくしよくしやめん》（やきそば）海鮮炒賣《かいせんしやばい》（焼肴《やきさかな》）銀絲細麵《ぎんしさいめん》（南京《なんきん》そば）牛肉大麵《ぎうにくたいめん》（牛そうめん）など丶云《い》ふ色々《いろ〳〵》のビラが出《で》て居《ゐ》る

親切なことに《各色炒麺《かくしょくしゃめん》（やきそば）》と、読みがなも日本語訳も書いてある。明治三六年の横浜で、「炒麺《しゃめん》」＝チャーメンという発音の料理が、「やきそば」という日本語訳で提供されていたことがわかる。

『横浜繁昌記』と同年に出版された俳誌『霰』には、件の小料理屋らしき店の看板が、さらに詳細に書き写されている。

三及第粥　早晨白粥　各式粉菓　福洲炒麵
銀絲細麵　洋肉雲呑　各欵炒麵　炒洛昌粉
各欵餅食　牛肉麵

文記といふ南京蕎麥屋の、煤けたる硝子戸に書き散らされたる、拙き文字なり。

右の記録には、《文記といふ南京蕎麦屋》がどんな料理を出していたのかという情報が詰まっている。「三及第粥」は三種の豚モツが入ったお粥のこと。清代の中国で豚モツ入のお粥を食べて、科挙に「及第」した人物がいた。それ以来、豚モツ入のお粥を「及第粥」と呼ぶそうだ。

「早晨白粥」は文字通り早朝の白粥。「各式粉菓」は色々なお菓子の意。「福洲炒麵」は福建式の「炒麵」だ。具体的にどのような品かは不明だが、極細麵の炒麵線にしろ、太麵皿うどんの元になったという炒肉絲麵にしろ、混ぜ炒めたヤキソバと思われる。

「銀絲細麵」は前述した通り、南京そばの異名だ。「洋肉雲呑」の「洋肉」は字義通り解釈すると「西洋の肉」だが、発音が同じ「羊肉」のことだろうか？　あるいは干しエビのことを「開洋」とも呼ぶので、もしかしたら干しエビと豚肉のワンタンかもしれない。

「各欵炒麺」は、各種の「炒麺」のこと。「肉絲炒麺」や「蝦仁炒麺」など、これまで何度も登場した品々だ。『横浜繁昌記』では《各色炒麺》と書かれていたが、「欵」でも「色」でも意味は通る。

「炒洛昌粉」は成昌楼の大正六年の品書きにもあった料理だ。その品書きでは「やきそうめん」とルビが振られていたが、「麺」ではなく「粉」なので原材料は米と思われる。つまり焼きビーフンの類だろう。

「各欵餅食」は小麦を使った各種点心。「牛肉麺」は、『横浜繁昌記』では「牛肉大麺《ぎゅうにくたいめん》」と書かれ、「牛肉そうめん」とルビが振られていた品だろう。

明治三六年の横浜居留地に「福洲炒麺」＝混ぜ炒めのヤキソバや、「炒洛昌粉」＝焼きビーフンが存在していたことに驚かされる。とはいえ炒麺の標準は広東式に違いない。そうでなければ、わざわざ「福洲」とは付けまい。

明治二八年に日清戦争が終わって、明治三二年に内地雑居が始まったころから、長谷川伸や獅子文六のように、横浜の南京町で南京料理を味わう日本人が少しずつ現れ始めた。提供されていた品揃えは多岐に渡る。

豚そば、鶏そば、牛肉そば、チャーシュー麺、ワンタンなどのスープ麺類。シュウマイ、肉まん、あんまん、ハーカーなどの点心類。チャーハン、お粥などの米料理に、カニ玉、酢豚などの一品料理。それらと共に炒麺《チャーメン》も提供され、「ヤキソバ」と呼ばれていた。その後、東京で流行することになる支那料理の定番メニューは、明治三〇年代の横浜居留地ですでにあらかた揃っていたのだ。

では、明治三〇年代の横浜居留地の南京料理に、アメリカ式中華料理の影響はありえたのか？　次節では開港から日清戦争までの流れに沿って、横浜居留地の清国人たちと欧米人の関係について掘り下げたい。

●この節の要約

・明治時代の横浜南京町には遠芳楼・聘珍楼・成昌楼・永楽楼・萬珍楼などの料理店があった
・関東大震災や横浜大空襲で廃業した店が多いが、中には現存している店もある
・横浜居留地時代から各種「炒麺」（チャーメン）が提供され、「ヤキソバ」と呼ばれていた

第2節　横浜の欧米人と清国人

安政六年（一八五九年）の横浜開港から、明治二七～二八年の日清戦争の頃まで、横浜の外国人居留区に住んでいた清国人の動静は、欧米の商人や領事たちと深く関わっていた。この節では西川武臣・伊藤泉美著『開国日本と横浜中華街』の記述を軸に、補足や私見を交えつつ、欧米人と清国人の関係を掘り下げる。特に、食について着目したい[1]。

横浜の開港と居留清国人のはじまり

嘉永六年（一八五三年）、ペリーが率いる黒船の艦隊が浦賀へ来航し、江戸幕府に開国を迫った。幕府の代表とペリーは何度か交渉を重ね、翌年の嘉永七年（一一月に安政に改元、一八五四年）に「日米和親条約」が締結された。これにより箱館・新潟・横浜・神戸・長崎の五港を開港し、貿易のための外国人の居留区を定めることになった。

横浜・長崎・箱館の開港は一八五九年七月一日（安政六年六月二日）と定められ、その期日に間に合うよう前年から準備が始まった。

横浜という地名は、大岡川河口に形成された砂嘴《さし》の呼び名に由来する。砂嘴には横浜村と呼ばれる集落があり、幕末まで半農半漁の生活を営んでいた。江戸期に砂嘴の内側の浅瀬は順次干拓され、江戸時代中期に吉田新田、幕末に太田屋新田・横浜新田が開発された。また、吉田新田と太田屋新田の間には「派大岡川」という川があった。

横浜開港が決まると、横浜村の住人は現在の元町へ移住させられた。さらに砂嘴の付け根は開削されて「堀川」となった。開港場は四方を全て川や海で囲まれることで、本土とは完全に隔てられた。

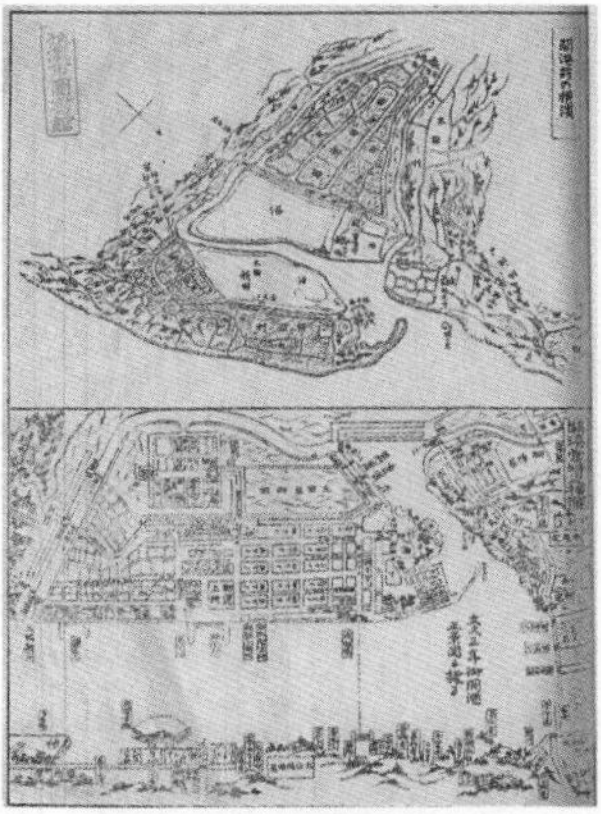
明治35年『横浜名所図会
風俗画報臨時増刊第257号』
開港前の横浜（上）／開港当時
之横浜（下）
横浜市中央図書館所蔵

明治三五年に発行された『横浜名所図会』に、開港前と開港直後の横浜の地図が掲載されている。砂嘴だった区域や、干拓されていた範囲との位置関係などが分かりやすい。[2]

急ピッチでの工事がどうにか間に合い、横浜が開港すると、欧米から貿易商たちが来日し始めた。彼らの多くはすでに中国で貿易に従事しており、現地人と折衝できる仲買人として、あるいは召使・使用人として清国人を雇っていた。こうして欧米商人に伴われる形で、清国人も横浜にやってきた。[3]

『開国日本と横浜中華街』では、清国人の中でも特に「買弁」という職業に注目している。買弁は、《西洋と中国の双方の言葉と習慣に通じる》、《両者の経済交渉の仲介者的存在》だ。これまでの章で何度か触れてきた中国ピジン・イングリッシュを使いこなし、東アジアの実情にも通じた現地ブローカーである。また、西洋人に依存せず独自にビジネスを行う清国人＝清商もいた。

「買弁」も「清商」も政治力・経済力を持つ有力者であり、横浜華僑のルーツに大きく関わる存在だ。だが、本書では料理人としての清国人に着目したい。

弁髪姿の料理人

『横浜市史』で述べられている通り、《欧米商人のなかには》《純然たる召使・使用人として中国人を日本に同伴してきたものが多かった》。外国人を描いた錦絵、横浜絵には、西洋人の住居の厨房で働く清国人の姿が散見される。

横浜開港に先立つ安政三年（一八五六年）、イギリスからの使節団が江戸を訪れ、芝の西応寺という寺が宿舎に当てがわれた。その宿舎で使節団の便宜を図る「給仕人」の一人が書き残した『えびすのうわさ』（ゑひすのうわさ）という記録があり、「同台所之体」と題して厨房の様子が描かれている[4]（次頁上）。

厨房には五人の男性がいる。中央の二人は弁髪を結っているので清国人だ。奥の一人はフライパンを左手に持ち、右手で頭上の棚から油か調味料が入った瓶を取っている。手前の一人は鍋で煮物を作っているようだ。調理の邪魔にならないよう、弁髪を頭上で束ねている。

左奥で皿を洗う人物と、右で笑いながら何かを話しかけている人物は、肌が濃く塗られているので黒人と思われる。左手前でザルに入れた野菜や果物を整理しているのは白人だろう。右手前のテーブルには家禽か家畜の腿肉が置かれ、おこぼれを犬二匹が狙っている。黄色く角張った品はバターだろうか。

横浜の外国人居留地では、屠畜場が設けられ、獣肉やバターが販売されていた。また多くの外国商人は敷地内で家畜を飼育し、食材に当てていた。だが安政三年は横浜開港前なので、獣肉などは使節団が持ち込んだのだろう。

横浜絵を数多く手がけた歌川芳員も、万延元年（一八六〇年）に『異人屋敷料理之図』という浮世絵を描いた（次頁下）。開港後なので、横浜の西洋商館のいずれかだろう。[5]人物は四人で、右の西洋人が肉を切り分け、奥の人物が切り分けられた肉を包んで吊籠に保管している。肉を切る人物の足元にはやはり犬がいる。

安政5年（1858年）
『ゑひすのうわさ　四』所収 「同台所之体」
新日本古典籍総合データベース
国文学研究資料館　三井文庫旧蔵資料

万延元年（1860年）
歌川芳員『異人屋敷料理之図』
国立国会図書館所蔵

万延元年（1860年）
仮名垣魯文序・歌川貞秀画
『横浜土産 後篇』所収　「異人住家台所の図」
神奈川県立神奈川近代文学館所蔵

慶応元年（1865年）
歌川貞秀
『横浜開港見聞誌　第二編』
国立国会図書館所蔵

中央に描かれているのは、弁髪を頭上に束ねた清国人だ。調理台に向かって腰かけ、お玉を片手に鍋で何かを調理している。奥の部屋（屋外？）にも清国人がいる。家畜や家禽を飼育しているのだろう、檻や干し草が垣間見える。

同じく万延元年（一八六〇年）に出版された『横浜土産』には、歌川貞秀による「異人住家台所の図」が載っている（前頁上）。右には家禽を捌く日本人。中央には慣れない手付きで調理する日本人と、それに指示を出している後ろ向きの人物。そしてその奥に、瓶を手にした弁髪姿の清国人がいる。[6]

歌川貞秀は、慶応元年（一八六五年）の『横浜開港見聞誌』でも、同じ画題の絵を描いている（前頁下）。右に肉を捌く日本人。中央に調理する日本人と、彼に指図する西洋人。その奥では棚から物を取ろうとしている女性が見える。[7]

左端は、壁から煙突が出ているので外なのだろう。弁髪姿の清国人が、頭上に吊るされた家禽から一羽外して、手にとっている。ここでも足元に犬が居て、物欲しげな表情で鳥をじっと見つめている。付された文章には、料理に鳥肉や獣肉を多く使うことや、何にでも「ボートル（牛油）」＝バターを使うことが紹介されている。

西洋商館での食事の内容

彼ら、西洋商館の厨房で調理する清国人たちは、主に西洋料理を作っていた。西洋人に雇われていたのだから当然だ。

『横浜開港見聞誌』では、とある西洋商館の昼食の様子が描写されている。まず蘭人（オランダ人）が「レイブル」（スプーン）、「メッス」（ナイフ）、「ホルク」（フォーク）を使い、パンと「ブタ揚げ」「小鳥の丸焼」などの料理を食べ、デザートで締める。清国人（南京人）の食事はご飯とおかずだ。忙しいときにはお茶づけにしたらしい。「台ばん」の「台」は、「台所」の「台」と同じく、食事の意味で使われている。

南京人はまた台ばんに向かい、まず自分道に箸を置き、その次にレイブル第一に飯を盛り、その外魚鳥のたぐい、大根、にんじん、蓮根、野さいは残らず用ゆ。いそがしき時にはレイブルにて飯に茶をかけてさく〳〵とかき込むありさま、吾国に替ることなし。

続いて黒人の食事も記述されている。薄焼きパンと副菜のようだ。

黒人は牛の乳をしぼりて、そのかすへうどん粉を入れてねり交ぜ焼きたるを三つ、定用として鳥の骨たたき魚の類中にはインド生まれの黒人もいたらしい。彼は米を食べていたという。

もとよりこのひとは天竺国の生まれなる黒人もあり。これに至りて米を食用すと聞く。

黒人は清国人と同じく、召使い・使用人の立場だろうから、食事は自分で用意していたかもしれない。ただ、主人の家族の食事は、清国人を含めた使用人が用意したに違いない。

中国人の料理人というと出身地の中華料理をベースに考えてしまいがちだが、それはあくまでも自分たちが食べるための食事である。前章で触れたが、Andrew Coe の『Chop Suey』によれば、アメリカに渡った中国人たちが経営していたレストランでは、中華料理と西洋料理の両方を提供していた。また、使用人として雇われた中国人は、完璧なアメリカ式の食事を用意した。長崎の四海楼でも〝AMERICAN RESTAURANT〟〝MEALS AT ALL HOURS〟と看板に掲げていた。それと同じことが、横浜の西洋商館でも行われていたのだ。

商館の厨房で働く日本人たち

『横浜土産』や『横浜開港見聞誌』では、禽獣をさばく日本人や調理を行う日本人が描かれていた。つまり横浜の外国人商館では、日本人も雇われ、厨房で働いていた。

文久元年（一八六一年）、歌川貞秀の『横浜異人商館売場之図』の中央付近には、ちょんまげ姿で何かを調理している日本人男性が描かれている（次頁上段）。横浜が開港した安政六年が一八五九年なので、その二年後には西洋商館に日本人の料理人がすでにいたことになる。[8]

明治五年には、日本初の西洋料理本、『西洋料理通』と『西洋料理指南』の二冊が出版された。その一冊、仮名垣魯文《かながきろぶん》が著した『西洋料理通』は、『巻上』『巻下』『後編』の三冊からなり、浮世絵師の河鍋暁斎が挿絵を担当している。

その『西洋料理通 巻上』の最初の挿絵では、食卓を囲む欧米人と、給仕を勤める清国人が描かれている[9]（次頁中段）。

また『西洋料理通 巻下』には、厨房の様子を描いた挿し絵もある（次頁下段）。男性が箸で鍋をつつきながら何かを煮ている。後ろでは西洋人だろうか、煮込む時間を時計で測っている。[10]

調理をしている男性の顔つきは東洋系だが、耳の上が剃られていないので弁髪ではない。また『西洋料理通』には全体を通して、日本人が外国人にあれこれ指示されている姿が描かれているので、調理担当も日本人だと思われる。明治五年は、ちょんまげを切った総髪やザ

文久元年（1861年）
歌川貞秀『横浜異人商館売場之図』
メトロポリタン美術館所蔵

明治5年（1872年）
仮名垣魯文編・河鍋暁斎画
『西洋料理通　巻上』
東京都立中央図書館所蔵

明治5年（1872年）
仮名垣魯文編・河鍋暁斎画
『西洋料理通　巻下』
東京都立中央図書館所蔵

ンギリ頭、洋装が流行り始めた頃だ。外国人に指図されながら調理する彼も、先んじて〝文明開化〟した浜っ子だったのだろう。

商館での料理人体験記

さらには慶応年間に商館で料理人を実体験した日本人の証言もある。

大正一一年に出版された『飯島栄助伝』は、飯島栄助という人物の生涯を、実子が伝記にまとめたものだ。同書によると、飯島栄助氏は武家を祖先に持つ彦根の商人の長男で、子供の頃に家が没落した。天涯孤独の身で江戸に出奔し、さらに横浜で様々な職を経て貿易商になった。著者はその二代目というわけだ。

飯島栄助氏が横浜へ来たのは元治二年（四月に慶応に改元、一八六五年）、二月。子供に書道を教えたり、西洋人のラムネ工場で働いたあと、同年一〇月から《海岸十三番舘に入って、支那人のコックに成った》そうだ。そこは三ヶ月ほどで嫌気がさし、一二月に奉公替えして、《今度は八十九番舘に入って同じく支那人の料理人となった》という。だがそれも長くは続かなかった。

父は此館にて、三ヶ月ばかり料理人を勤めてゐたのであるが、或時、皿を壊はしたので、支那人の怒りに觸れたのであります。父は此時のことを日記に誌して、『皿を破壊せるため支那人に叱られ、此館を遁出したり。』と曰つて居ります。[11]

そうして八九番館の料理人を辞めたのが、二七歳の二月、慶応二年(一八六六年)の春のことだ。

『飯島栄助伝』には「一三番館や八九番館で《支那人の料理人》になった」とあり、枠外の見出しにも《支那商館のコックとなる》と記載されている。ただ、資料を調べた限りでは、両館とも清国人の商館だったという確証がない。

一八六五年版[12]および一八六八年版[13]の『The Chronicle & Directory』を確認したところ、一三番館は《Smith, Archer & Co.》、八九番館は《Boyd, W. D., wine and spirit merchant.》という館主だった。どちらも西洋人の名前だ。

香港生まれの馮鏡如という清国人が《F.Kingsell》という英語名を名乗っていた例(『開国日本と横浜中華街』六八頁)があるので断言はできないが、十中八九、両館とも西洋商館だろう。慶応元年頃の横浜の外国人商館で、厨房を仕切っていた清国人のもと、料理を命ぜられていた日本人がいたことになる。

外国人居留地で清国人料理人の下働きになった日本人は、どんな層だったのか。前述した慶応元年の飯島栄助と、明治三〇年頃に聘珍楼で働いた井上貞治郎の二つしか実例がないが、どちらも何のつてもなく横浜へ流れ着いた若者だった。外国人に対する偏見の多い時代、彼らにこき使われても構わないから手っ取り早く金を稼ぎたい、という動機は共通していた。

明治三〇年横浜生まれの作家・大佛次郎が、昭和八年に朝日新聞で連載した『霧笛』という小説がある。舞台は明治一〇年代の横浜居留地で西洋商館の使用人が主人公。老いた日本人のコックも登場する。その小説で、主人公のケンカ相手がこんな台詞を吐いている。

異人館のボーイなんかにくすぶつてゐるところを見ると、もつそう飯も一度や二度はかつこんで來た奴だろう[14]

「もっそう飯」は刑務所で出される盛り切り飯のことで、「前科者だろう」という意味だ。またこんな台詞も言っている。

おれの友達で異人館にゐる奴と來たら、たいていなにかあつて警察《ポリス》を避けてゐる男だ。あすこは、どんな刑事《でか》だつて、一歩も踏みこめねえんだからなあ。

治外法権の西洋商館で働く日本人を周囲はどういう目で見ていたか、明治時代の横浜で育った著者ならではの実感がこもった台詞で興味深い。

清国人の増加と南京町の形成

『横浜市史 第三巻 下』「第四章 横浜居留地の中国人」によれば、安政六年(一八五九年)の開港から一八六〇年代初頭にかけて、横浜に居住していた清国人は、約一〇〇人くらいだったと見られる。そのほとんどは買弁や商人などの知識人、あるいは西洋商館で働く料理人や使用人だった。それが一八六〇年代後半に急増し、明治三年(一八七〇年)には約一〇倍の一〇〇二人に達した。そのうちの九〇%は定職を持たない日雇い労働者だった。

明治初期の横浜在留の清国人の出身地について、『横浜市史』では広東省広州府の出身者が多かったと分析している。『開国日本と横浜中華街』でも、居留地時代から横浜華僑は広東省広州府の出身者が多かった点に触れている。彼らは「広東幇」という互助会を組織していた。

横浜の清国人が急増した一八六〇年代後半といえば、広東からアメリカへの移民が盛んだった時期だ。前章で詳述した通り、一八六五年に大陸横断鉄道の工事で中国人が使われ始め、一八六九年には中国系アメリカ移民が六万人を超えた。

文久元年（1861年）歌川貞秀『再改横浜風景』
国立国会図書館所蔵

一八六〇年代後半という同時期に、アメリカで数万、横浜では一〇〇〇人ほど、広東から労働者がやってきた。この現象は、海外へ出稼ぎに出たがっていた広東人がもともと数万人単位で存在し、そのごく一部が渡航先として日本を選んだ（あるいは選ばざるを得なかった）と解釈するのが妥当に思える。

横浜へやってきた清国人の多くは、外国人居留地の中でも、現在の中華街に当たる区画に集中して住み始めた。地図を見れば一目瞭然だが、山下町の中でも中華街に当たる区画だけ、道路が斜めに交差している。

この区画はもともと横浜村の人々が開拓していた横浜新田だった。砂嘴に近い太田屋新田とは水路で隔てられ、土地も一段低かったため埋め立て作業は後回しになった。そのため街路もずれてしまった。

この節の冒頭に掲載した開港前と開港直後の地図を

見直すと、経緯がよく分かるはずだ。文久元年（一八六一年）の歌川貞秀『再改横浜風景』でも、横浜新田の周辺だけ湿地帯が残って開発から取り残され、まだ建物がなかったことが確認できる。[15]

横浜新田の工事が完了して居住が可能になったのは、開港から三年後、文久二年のことだ。なぜこの区画に清国人が多く住んだのかについては、彼らが風水を重視したため街路が東西南北に沿っているエリアを選んだのでは、という説もある。[16]

以上のような経緯で幕末から明治初期にかけ、横浜居留地の一角に南京町が形成され始めた。

明治時代の在横浜清国人の人口推移

安政六年（一八五九年）の開港直後から、横浜に清国人が居留し始めた。だが、そこには一つ大きな問題があった。彼らが日本に居住する法的な根拠がなかったのだ。開港時点で欧米各国との修好条約は結ばれていたが、日本と清国とは何も条約を締結しておらず、清国人が来日・滞在すること自体が違法だった。

一方、日本と中国の歴史的な繋がりを考えると、条約・法律という西洋的な概念で清国人を排除することへの葛藤もあった。江戸幕府は暫定的な措置として、慶応三年（一八六七年）に「藩牌規則」という制度を採用し、一応は清国人が横浜に居留する法的根拠が整えられた。これにより、明治三年（一八七〇年）には横浜に居留する清国人が一〇〇〇人超にまで増えた。

ただしそこから数年間、横浜居留の清国人は頭打ちになる。明治四年には「日清修好条規」が締結されたが、横浜領事がなかなか着任せず、清国人の立場は不安定なままだった。

横浜に領事館が開設されたのは明治一一年の二月のことだった。領事館が業務を開始したことで清国人の法的立場はようやく安定し、横浜居留者も再び増え始める。

明治四二年に出版された『横浜開港五十年史』に、明治五年から明治四〇年までの横浜在住外国人の人口推移が、五年単位でまとめられている。その中から「支那人員」の数を抜書きしてみよう[17]（上の表）。

和暦	西暦	在浜清国人
明治 5年	1872年	963
明治10年	1877年	1,142
明治15年	1882年	2,154
明治20年	1887年	2,573
明治25年	1892年	3,339
明治30年	1897年	2,742
明治35年	1902年	3,800
明治40年	1907年	3,644

これを見ると明治一〇年から二五年までは順調に増えている。しかし明治二五年から三〇年にかけて、かなり減っている。この人口減少は明治二七年に勃発した日清戦争の影響だ。

日清戦争前後の横浜華僑

日清戦争の前から日本と清国の関係は少しずつ悪化していた。それに伴い、日本人の間では清国人を軽んじる風潮が見られ始めた。

弁髪を豚の尾に見立てた「豚尾《とんび》」や、中国語の発音を揶揄する「チャンチャン」などの侮蔑語が新聞紙面に公然と載り、俗謡にも歌われるようになった。特に横浜の南京町については、阿片・淫売・賭博の巣窟という偏見が定着していた。

戦争の機運が高まってくると、横浜の清国人たちはさらなる差別や財産・生命の危険を懸念した。日本側も清国に居留している自国民の安全を確保したい。そこで日本と清国は開戦に先立ち、相手国に居留する自国民の保護を、アメリカに依頼した。[18]

アメリカ政府から命を受けた駐横浜米国総領事・マクアイバーは、日清両国が断交した場合に清国人の治外法権が剥奪されることを懸念し、あらかじめ日本の法律に抵触する危険性のある清国人や治安上問題のある清国人を、強制帰国させて再入国を禁止した。

一方、横浜華僑の中でも買弁や貿易商を含む中層以上の清国人は、清国へ帰国するより、横浜に残ることを選ぶものも多かった。

明治二七年七月二五日の開戦から一ヶ月ほど経ったころ、毎日新聞に「日清人の対話」と題した雑報が掲載された。[19] 横浜で財産を築いた清国人が、親しい日本人に今後の進退を相談したという内容だ。日本での差別も怖いが、故郷である清国の官吏も信頼できず、治安状況も悲観している。もし安全が保証されるのなら日本に残りたい、と吐露している。戦争さなかの記事なのでプロパガンダの意味合いもあるだろうが、彼らの本音だったようにも思う。

日清戦争は明治二八年四月一七日の「日清講和条約」（下関条約）調印による日本勝利で終結した。横浜では開戦前後から多くの清国人が帰国したが、終戦後はそれを上回る人数が戻ってきた。

日本の勝利は明治三二年に発令された「内地雑居令」にも影響を与え、清国人の労働者は内地雑居の対象から除外された。結果的に日本に居留する清国人は、商人や職人・留学生に限られることになる。南京町の悪印象に悩まされていた当時の横浜華僑にとって、風紀を乱しがちな労働者を除外することは、悪くない選択肢だった。

かたや清国の敗北は、清国民の大多数を占める漢民族に、複雑な受け止められ方をした。そもそも漢民族にとって、清国を支配する満州族は抑圧者であり、打倒すべき対象だった。

明治三二年以降、清国からの留学生が増え、彼らの間で革命の気運が徐々に醸成された。それはやがて孫文率いる辛亥革命へと帰結してゆく——。

アメリカ式中華料理が横浜へ流入した可能性

さて、話を日清戦争の前に戻そう。

明治一一年（一八七八年）二月、清国領事が横浜に着任してから、明治二七年（一八九四年）に日清戦争が始まるまで、横浜へ続々と清国人がやってきた。アメリカでは、ちょうど中国人の排斥運動が活発化した時代に当たる。

明治一〇年（一八七七年）にサンフランシスコで暴動が発生し、チャイナタウンが甚大な被害を受けた。さらに暴力的な運動から政治的な排斥運動が主体になり、明治一五年（一八八二年）には「中国人排斥法」が成立し、新たな中国移民の流入は禁止された。以後、アメリカへ移民する中国人が激減する。

前章の終盤で書いた私の主張をここで再掲しておこう。

一八八〇年頃から一九〇〇年代の初頭にかけて、行き場を失ったアメリカの中国移民たちは、清国へ戻るしかなかった。ただし、その一部は日本に活路を求めて来日したのではないか。私はそのように考えている。

明治一〇年から明治二七年にかけて、横浜の清国人は急増した。日清戦争で一部は帰国して半減したが、戦争終結後はまた増えた。その中にはアメリカでの滞在経験を持つ者が含まれており、彼らが「チャプスイ」や「チャウメン」を横浜にもたらしたのではないか。それが私の持論だ。

明治二二年『日清貿易参考表』には、明治二一年九月調べとして、義昌號容勝や成昌號馮熙など七軒の南京料理屋が掲載されている[20]。また、明治二六年の『横浜貿易捷径』には、前章で紹介した遠芳楼・成昌楼（成昌館）・義昌など、五軒の南京料理屋が載っている[21]。義昌は永楽楼の前身だった可能性のある南京料理屋だ。さらに聘珍楼は明治一七年、萬珍楼は明治二五年の創業を主張している。

横浜の南京町を代表する五軒の料理店、遠芳楼・聘珍楼・成昌楼・永楽楼・萬珍楼は全て、明治二七年の日清戦争開戦以前にまでルーツを遡ることができる。つまり、横浜の南京料理のベースは日清戦争までに作られたといえよう。

また、横浜開港資料館編『横浜中華街―開港から震災まで』によると、横浜の中華料理業者は大半が広東出身者で、特に四邑出身者が多かった。一方、中国系アメリカ移民も四邑出身者が多かった。「中国人排斥法」で行き場をなくした中国系アメリカ移民が、同郷者を頼って横浜に来ることは十分考えられる。アメリカで料理店の経験を持つ清国人ならば、故郷の広東料理だけではなく、西洋料理も含めて外国人に受け入れられやすいメニューも提供していたことだろう。

明治二七年、横浜居留地の「ちゃぶちい」

状況証拠だけではなく、アメリカ式中華料理の流入の可能性を示す資料もある。明治三〇年に出版された『社会百方面』という本に、「居留地風俗記（二十七年初夏）」という文章が掲載されている。明治二七年の初夏に、横浜の外国人居留地＝南京町を訪れたルポルタージュだ。取材時期が日清戦争の開戦直前ということもあり、内容は清国人への偏見に満ちているが、明治二〇年代の南京町を記録した貴重な資料である。

当時の横浜南京町は日雇い労働者が主体で、治安も衛生状態も良くなかった。「飲食店」という節では、支那料理に豚肉・豚脂が多用されていることを、次のように書いている。

> 五味《み》八珍《ちん》悉く豚《ぶた》のあぶらを加へざれば以て滋味《じみ》となすに足らざる等らの御料理《おんれうり》は。油《ゆ》團《だん》といひ、飽餅《はうべい》といひ、わんだんといひ、ちやぶちいと言ひ、豚蕎麥《ぶたそば》、豚饅頭《ぶたまんぢう》、一つとして豚の脂肪《あぶら》を以て造《つく》り、豚の肉を混《こん》じて製せざるはなし、羹汁《かうじふ》スープにも豚《ぶた》の油《あぶら》を用ひ、柔粥《じういく》カレーも亦豚《ぶた》と鶩《あひる》の種《たね》を使ふ[22]

数々の料理が挙げられていてどれも興味深いが、その一つに《ちゃぶちい》という料理名がある。これはアメリカ式中華料理「チャプスイ」のことではないだろうか。漢字で「炒雑砕」と書かずに、平仮名で「ちゃぶちい」と表記している点も勘案した上で、この品揃えと発音から他に思い当たる料理はない。

アメリカ東海岸のチャイナタウンで、西洋人たちがチャプスイを食べ始めたのは一八八〇年代の中頃だった。明治二七年＝一八九四年なら、それから一〇年近く経過している。アメリカでの排斥運動の難を避け、同郷の伝《つて》で横浜へ渡航した広東出身の料理人が、チャプスイをもたらした。私はそのように解釈している。

また、「居留地風俗記」には《炒粉銀麺》と書かれた看板や、素麺を蒸す＝蒸し麺を作るなど、「炒麺《チャーメン》」「ヤキソバ」を想起させる描写もある。「チャウメン」（Chow Mein）のアメリカでの資料初出は一八九六年なので、明治二七年（一八九四年）時点の横浜の炒麺が揚げ麺だった確証はない。ただ、それから数年以内に、チャプスイと同様の流れで、揚げ麺のチャウメンもアメリカから横浜に伝えられたと私は考えている。

横浜の南京料理は明治一〇年代から三〇年代初頭にかけて、チャプスイやチャウメンなどアメリカ中華の影響も受けて成立した。その後、明治三二年の「内地雑居令」により、居留地以外でも料理人であれば、清国人が日本で働くことが許される時代になった。新たに来日した清国人の料理人は、先行する横浜の南京料理をメニューの基本に据えた。その結果、揚げた麺が炒麺の標準として定着した。

戦前の東京・横浜のヤキソバがなぜ揚げ麺だったのか。様々な資料と取材から導き出した私なりの結論は、右の通りである。

ただし、「炒麺」「ヤキソバ」自体の伝来は、さらに遡ることができる。通貨の単位が「円」や「銭」ではなく、「両」や「文」の時代だ。

●この節の要約

・横浜開港直後から欧米人が雇う清国人が居留しはじめ、中には厨房で西洋料理を作る者もいた
・日清戦争前に増加した清国人の中に、アメリカの排斥運動を逃れた移民がいた可能性が高い
・明治二七年の南京町に「チャプスイ」が存在していたと思われる記録が残っている

第3節　一三五番　南京ちゃぶ屋・会芳楼

明治三年の〝Chinese Eating House〟と〝Cook-shop〟

横浜に初めて中華料理店が現れたのは、いつだろう？　中華料理の歴史を調べると、そんな素朴な疑問が湧く。

一九九四年に出版された横浜開港資料館編『横浜中華街―開港から震災まで』では、明治三年に二軒の中華料理店が存在したと紹介している。

中華料理業は現在では横浜華僑の代表的職業といえるが、その歴史は意外に新しい。ジャパン・ディレクトリーによれば、一八七〇年版に四九番地と八一番地に「Chinese Eating House」の記載がみられるのがはじめで、一八七二年版には同じく八一番地に「Hong Long」が「Chinese Eating House」を開いている。[1]

実際に一八七〇年版の『Japan Directory』を確認すると、四九番地には〝WONG CHALAH〟、八一番地には〝AH LUM〟という〝Chinese Eating House〟が記載されている。一八七二年版には〝Hong Long〟もある。[2]『横浜中華街―開港から震災まで』では、これらのChinese Eating Houseについて、中国人労働者相手の簡易食堂だったのでは、と推測している。

前節で触れた通り明治三年当時は、横浜居留地に住む清国人の九〇％が日雇い労働者だった。ゴールドラッシュの頃のカリフォルニアや大陸横断鉄道の建設現場と同様、彼ら出稼ぎ労働者を対象にした簡易食堂という見立ては妥当に思える。あえて補足するなら中国人以外も利用できるよう、西洋料理も提供していたのではないかと私は推測している。

ところで一八七〇年版の『Japan Directory』には、一三五番地に〝Chinese（Cook-shop）〟という記載もある。Cook-shop は惣菜店や料理器具店、そして料理店などの意味を持つ。二軒の Chinese Eating House ＝簡易食堂以外にも料理店があったのだ。Cook-shop のすぐ下には〝CHINESE THEATRE〟とも書いてある。つまりは劇場だ。

『Japan Directory』の記述の通り、明治初頭の横浜居留地一三五番地には、南京料理屋を兼ねた劇場が存在していた。プロローグで触れた《清国人の料理楼》、「会芳楼」だ。

横浜華僑の有力者、韋香圃《いかほ》

会芳楼について、『開国日本と横浜中華街』では次のように紹介している。

中華街にははやくから劇場があった。会芳楼といった。幕末あるいは明治の初年に、居留地一三五番地、現在の山下町公園の場所に開業した。当時横浜で暮らす中国人は千人あまり。その中の有力者・韋香圃《いかほ》は、劇場と料亭を兼ねた娯楽場として会芳楼を開いた。[3]

会芳楼の経営者・韋香圃は、幕末から明治初期にかけて、横浜華僑を代表する有力者の一人だった。

『横浜市史』の記述によると、慶応三年（一八六七年）に清国人集会所（後の中華会館）の設置を、六名の清国人が連名して出願した。その出願書は、国立公文書館・アジア歴史資料センターのサイトで公開されており、韋香圃の名前が確認できる。[4]

韋香圃は明治元年（一八六八年）から六年（一八七三年）まで、中華会館の董事《とうじ》を勤め、他の董事とともに横浜華僑のために尽力した。[5]

明治四年一〇月二九日（新暦では明治四年一二月一一日）には、中華会館の董事が連名で、神奈川県知事に墓地の貸与を願い出ている。もちろん韋香圃の名前もある。[6]

明治五年に発生したマリア・ルス号事件では、横浜華僑たちは中華会館が中心となって、清国人苦力たちの解放と帰国を関係者に働きかけた。マリア・ルス号事件のてん末をまとめた本、『夜半鐘声』巻末の名簿の写真が、『横浜中華街―開港から震災まで』に掲載されている。その中に《香山韋香圃刊送参百本》の文字がある。「香山出身の韋香圃が三〇〇冊分の寄付をした」ことを意味している。

つまり韋香圃の出身地は、広東省広州府の香山県（のちの中山県）だった。会芳楼は、広東出身の華僑によって経営されていたのだ。

明治二年に小原鉄心や木戸孝允が会った李遂川ら清国人たちも、『亦奇録』で《皆広東之人也》と記載されている通り、広東の出身だった。[7] 会芳楼は彼らにとって、懐かしい故郷の味を提供してくれる貴重な広東料理店だった。もちろん経営者の韋香圃とも親しい仲だったことだろう。

明治10〜11年（1877〜1878年）頃
早川松山『横浜名所 南京屋しき』
神奈川県立歴史博物館所蔵

西洋人や日本人も楽しんだ劇場

上は神奈川県立歴史博物館が所蔵する、会芳楼を描いた当時の浮世絵だ。[8] 建物は二階建てで、「会芳酒楼」の看板が掲げられている。道路では清国人の子どもたちが遊び、向かいの建物の角には日本の官憲が立っている。

劇場と料理店を兼ねた会芳楼は、清国人

だけでなく西洋人や日本人にも利用された。アメリカや清国から劇団・手品師・曲芸師などを招き、当時の新聞には何度も広告が打たれた。

明治一〇年三月六日の横浜毎日新聞では、清国本土から来た俳優の芝居が三日から上演され、見物の支那人が詰めかけて毎夜盛況だと伝えている。

本港居留地百三十五番舘南京ちゃぶ屋の會芳樓にて清國人李炳稟が去る三日より芝居を始め上等の桟敷が五十銭中下乙丙いろ〳〵あり毎夜九時前より開場にて見物の支那人が永當〳〵詰掛る体は丸で〔まるで〕太田の豕〔豚〕市場に往つたやうだといふ評判じや〳〵[9]

海外から横浜に演者を招き、清国人・西洋人・日本人が共に観覧する、外国人居留地の国際的な劇場。会芳楼はそんな場所だった。

ちゃぶ屋の語源は中国ピジン・イングリッシュ

ところで明治一〇年三月六日の横浜毎日新聞の記事では、会芳楼のことを「南京ちゃぶ屋」と紹介していた。

「ちゃぶ屋」は外国語に由来する横浜言葉だ。後代では、ダンスホールやバーを併設し外国人相手に性的サービスも提供する「あいまい宿」のことを指したが、もともとは料理店を意味していた。長谷川伸『戦国行状』や吉川英治『かんかん虫は唄う』でも、「ちゃぶ」が「食事」の意味で使われている。

昭和七年『横浜市史稿 風俗編』では、「ちゃぶ」が長崎でも使われていた言葉で、「ちゃぶ屋」も「ちゃぶ」に由来すると説明している。また、語源については英語の〝Chop house〟＝チョップハウス、簡易食堂だと述べている。[10]

雑誌『江戸と東京 昭和十三年四月号』の「チャブの語源に就いて」という記事では、チョップハウス説を紹介した上で、「普茶料理」の「普茶」の文字が逆転し「茶普」＝チャブになったという異説を紹介している。[11]

しかし同じ雑誌の翌月号で、新たな説が出てくる。「チャブ屋の語源は支那語である」と題し、チョップハウス説や普茶料理説への反論を掲載している。

實際は外來の支那語で、横濱南京町の支那人自から使つて居る「チヤオ・チヤウ」(物を食べる)といふ語の縮つたものに、日本語の屋を附加へた合成語なのである。[12]

《横浜南京町の支那人自から使って居る「チャオ・チャウ」（物を食べる）という語》とは、これまでたびたび触れてきた中国ピジン・イングリッシュの〝chow-chow〟という表現を指す。私もこの説を支持したい。

「ちゃぶ」あるいは「ちゃぶ屋」は、もともと「ちゃぶちゃぶ」「ちゃぶちゃぶ屋」のように、音を重ねた言葉だった。明治初期に刊行された仮名垣魯文の『安愚楽鍋』や『西洋道中膝栗毛』には「ちゃぶちゃぶ」「ちゃぶちゃぶ屋」という表現が頻出する。また明治五年『西洋料理通』の河鍋暁斎による挿絵にも、「煮割家」という漢字に「ちゃぶ〳〵や」というルビが振られている。[13] Chop house が語源ではありえない重ね言葉だ。

横浜では日本人だけでなく、西洋人も「ちゃぶちゃぶ」という言葉を使っていた。明治初期に出版された西洋人向けの日本語会話集、『Exercises in the Yokohama dialect』（横浜方言の演習）で、《Food, Sustenance》（食品、食物）に《Chobber chobber》という訳が当てられている。この Chobber chobber は「ちゃぶちゃぶ」と発音させることを意図した対訳だろう。[14]

Chobber chobber については中国語の「吃吧、吃吧（Chība, Chība）」に由来するという考察もあるが、[15]『江戸と東京 昭和十三年五月号』の主張にあったように〝chow-chow〟に由来する横浜方言と考えるべきだろう。ただ、〝chow-chow〟も中国語の「吃吃」から派生した単語の可能性が高いので、[16]遡って考えると大筋で同じ語源になる。
中国ピジン・イングリッシュで「食事」を意味する〝chow-chow〟という単語が、横浜では「ちゃぶちゃぶ」という音で定着した。さらにそこから「ちゃぶ」という省略形や「ちゃぶ屋」という派生語が誕生した。整理すると、そのような経緯になる。

南きん茶札《ちゃふだ》の《鳥也起《とりやき》そは《ば》》

「南京ちゃぶ屋」と呼ばれた通り、会芳楼は支那料理を提供していた。横浜の郷土史家・生《お》出恵哉《いずるよしや》氏が、その「茶札《ちゃふだ》」＝メニュー・品書きを所有している。二〇〇九年四月一四日付の毎日新聞によると、一九八〇年頃に古書市で入手したそうだ。[17]
横浜開港資料館編『横浜中華街150年　落地生根の歳月』に、その会芳楼のメニューが掲載されている。変体仮名のくずし字が多く、現代人には読みにくいが、「かもそば」「南京上酒」「まんぢう」などの文字が読める。[18]
価格の単位は「銭」ではなく「文」だ。日本の貨幣制度が「円」「銭」という単位になったのは、明治四年五月に「新貨条例」が制定されたのが始まりだ。つまり価格が「文」単位で書かれているということは、この品書きが明治四年五月より前に作られたことを意味している。『横浜中華街150年』のキャプションでも、《幕末から明治初年》と付記されている。

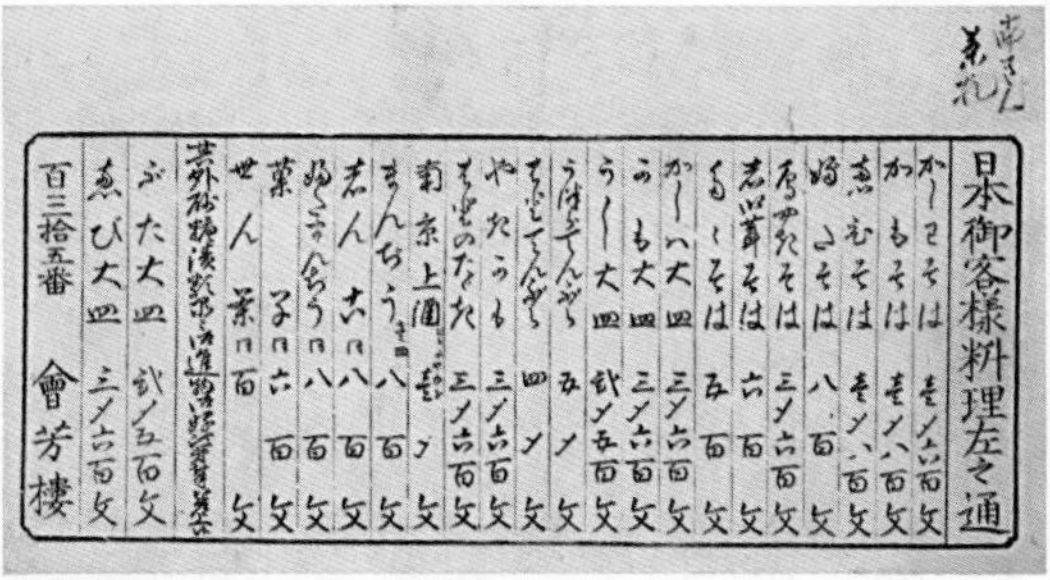

12 会芳楼のメニュー
幕末から明治初年　生出恵哉氏所蔵
かしわそば、かもそば、うずらてんぷら、ぶた大皿、えび大皿などの料理が、日本人向けのメニューとして並んでいる。南京上酒、まんじゅう、しんこ（漬物）なども出されていた。

横浜開港資料館編
『横浜中華街150年　落地生根の歳月』20頁より
（2009、横浜開港資料館発行）

専門業者の協力のもと、くずし字を読める文字に書き起こし、さらに変体仮名を標準仮名遣いに直してみた。右から順に次のような品揃えになっている。読みやすいよう、適宜改行や空白を補足した。

南きん茶札《ちゃふだ》
日本《にほん》　御客様《おきゃくさま》　料理　左の通《とおり》

かしわそば　壱貫六百文《いっかんろっぴゃくもん》
かもそば　壱貫八百文《いっかんはっぴゃくもん》
えびそば　壱貫八百文《いっかんはっぴゃくもん》
ぶたそば　八百文《はっぴゃくもん》
鳥《とり》やきそば　三貫六百文《さんかんろっぴゃくもん》
しい茸《たけ》そば　六百文《ろっぴゃくもん》

たこそば　五百文《ごひゃくもん》
かしは大皿《おおざら》　三貫六百文《さんかんろっぴゃくもん》
かも大皿《おおざら》　三貫六百文《さんかんろっぴゃくもん》
うし大皿《おおざら》　二貫五百文《にかんごひゃくもん》
うづらてんぷら　五貫文《ごかんもん》
はとてんぷら　四貫文《よんかんもん》
やきかも　三貫六百文《さんかんろっぴゃくもん》
はとのたたき　三貫六百文《さんかんろっぴゃくもん》

南京上酒《じょうしゅ》　ヒトチヤウシ　壱貫文《いっかんもん》
まんぢう　壱皿《ひとさら》　八百文《はっぴゃくもん》
しんこ同《どう》　八百文《はっぴゃくもん》
ぶたまんぢう同《どう》　八百文《はっぴゃくもん》
菓子同《かしどう》　六百文《ろっぴゃくもん》
せん茶同《ちゃどう》　百文《ひゃくもん》

其外《そのほか》　砂糖漬類《さとうづけるい》品々《しなじな》　御進物御好次第《ごしんもつおこのみしだい》　差上奉候《さしあげたてまつりそうろう》

ぶた大皿《おおざら》　二貫五百文《にかんごひゃくもん》

えび大皿《おおざら》　三貫六百文《さんかんろっぴゃくもん》

百三拾五番《ひゃくさんじゅうごばん》　會芳樓

右の品書きの五品目に注目していただきたい。プロローグでも触れたが、ご覧の通り、会芳楼では「鳥やきそば」が提供されていた。一文字目は「鳥」のくずし字。二文字目は漢字の「也」で、「や」の変体仮名だ。三文字目は「起」で、これは「き」の変体仮名。「鳥也起そは」と書いて「鳥やきそば」と読む。

「ヤキソバ」という料理名は、明治三年頃にはすでに使われていた。小原鉄心や木戸孝允が訪れた明治二年当時も、おそらく同様の品揃えだったことだろう。

茶札にあるその他の品々も興味深い。三品目は「恵飛そは」と書いて「えびそば」、四品目は「婦（＋濁音点）多そは」と書いて「ぶたそば」、六品目は「志以茸そは」と書いて

「しい茸《たけ》そば」だ。「南京上酒《じょうしゅ》」の「ヒトチヤウシ」は「お銚子一本」を意味する。「たこそば」などは後代の支那料理屋では見かけない品だ。

明治初頭の「ぶたそば」の価格

茶札を眺めて気になるのが各料理の価格だ。これがどの程度の値付けなのか。当時の感覚で高いのか安いのか。

前述した通り、両から円に切り替わる「新貨条令」の制定は明治四年だ。その直前の明治三年あたりの貨幣の相場と物価を基準に考察してみよう。

江戸時代の貨幣制度は、「金」（一両＝四分＝一六朱）・「銀」（一匁＝一〇分）・「銭」（一貫文＝一〇〇〇文）の三貨制度だった。金・銀・銭の交換比率は時代に応じて大きく変動したが、明治二年七月一〇日には金一両が銭一〇貫文と定められた[19]。この交換比率は当時の相場を反映しており、明治四年の新貨制度まで続く。つまり明治三年頃の貨幣相場は一両＝一〇貫文＝一万文だったわけだ。

続いて明治四年一二月一九日には、新しい貨幣単位の一円が、旧貨幣の金一両＝銭一〇貫文に相当することが布告された[20]。

新旧貨幣の交換比率は一両＝新貨一円＝一〇〇銭、一〇〇文＝一銭に換算される。まずそれを念頭に置く。

考察の取っかかりは証言や資料の多い「ぶたそば」がよいだろう。「ぶたそば」＝豚そばは後の支那そばで、中国語では「肉絲麺」と呼ばれた。麺類の中では「たこそば」「しい茸そば」に次いで安く、価格は八〇〇文だ。

週刊朝日編『値段史年表』によれば、明治元年のかけそばの値段が五厘＝五〇文なので、豚そば八〇〇文はかけそば一六杯分に相当する。かけそばを常食しているような層には、とても手が出せない値段である。[21]

一方、牛鍋と比べた場合。明治四年『安愚楽鍋 二編上』の序文には、《煮《に》焼《やき》て一鍋《ひとなべ》三百銅《どう》》とある。[22] この文について、岩波文庫『安愚楽鍋』の注では《一鍋三百文のこと》と説明され、《明治三、四年の牛肉店の引札では、白魚橋の吉川、弁慶橋通りの上総屋など一人前三百文》だったと書かれている。[23] 牛鍋一人前三〇〇文に比べると、豚そば八〇〇文は三倍弱。割高なのは確かだが、手を伸ばせば届きそうな範囲である。

西洋料理との比較はどうか。東京大学総合図書館が所蔵する明治四年の西洋料理店・南京亭の引札[24]では、スープ・魚フライ・ビフテキ・パン・コーヒーのコースが《金二朱ト銀二匁》となっている。銀は明治元年の「銀目廃止」で法的には貨幣制度から除外されたが、しばらくの間は流通していた。「銀目廃止」時の相場は複雑なので、それ以前の公定相場である金一両＝銀六〇匁を採用すると、金二朱＋銀二匁は約一六〇〇文だ。さらにシチューとライスのセットの価格は金一朱＝六二五文である。西洋料理の価格帯、六二五文や一六〇〇文と比較すると、豚そば八〇〇文は妥当な金額に感じられる。

ちなみに明治四年に切り替わった新貨幣制度だと、豚そばの値段八〇〇文は八銭に相当する。明治二六年に東京で開業した支那料理屋・義昌堂支店は「わんたん四銭、南京そば四〜一二銭」だった。[25] また明治三〇年頃に長谷川伸が遠芳楼で食べた豚そばは五銭だった。明治初年頃の会芳楼の豚そばの方が、あとの時代よりも高かったことになる点がちょっと面白い。

三貫六百文《さんかんろっぴゃくもん》は高いのか?

さて、問題は「鳥やきそば」だ。「三貫六百文《さんかんろっぴゃくもん》」＝三六〇〇文という価格は、牛鍋三〇〇文や豚そば八〇〇文に比べて高すぎる。西洋料理のフルコース一六〇〇文と比べても倍以上という法外な値段だ。

高値の一因は鶏肉だろう。近代食文化研究会『東京ワンニラ史』の「第一部　牛丼の戦前史」や「第二部　焼鳥の戦前史」での検証によると、戦前は鶏肉が牛肉・豚肉よりも高価で、最も高級な肉だった。一九六三年（昭和三八年）にアメリカからブロイラーが導入されて以降、鶏肉の価格は下がり、牛肉や豚肉と地位も逆転したが、それまでは鶏肉を使った料理の方が総じて高価だった。

会芳楼のメニューを見てみると、「かしは大皿」=鶏肉の一品料理が三六〇〇文なのに比べ、「うし大皿」や「ぶた大皿」は二五〇〇文である。明治初年の頃も鶏肉は牛肉や豚肉より高価だったことがわかる。

ただ、鶏肉が高かった点を考慮しても、「鳥やきそば」の値段は不可解だ。「鳥やきそば」と同じ鶏肉を使っているであろう「かしわそば」は一六〇〇文となっている。「鳥やきそば」三六〇〇文は「かしわそば」の二倍以上で、開きがありすぎる。

「かしは大皿」や「えび大皿」も三六〇〇文だが、文字通り「大皿」の一品料理なので、それが高いのは納得できる。恐らく複数人で食べる前提の価格なのだろう。とすると、もしかして「鳥やきそば」も多人数向けなのか?

ここで思い出すのが、長崎皿うどんだ。第2章で検証した戦前の証言によると、皿うどんの方がちゃんぽんに比べて値段が高かったが、複数人で食べるので結果的には同等だった。大勢で食べるという皿うどんの基本スタイルは、パリパリ細麺が主流になった現代でも残っている。長崎では親戚が集まると人数分の皿うどんを出前注文し、大きな皿から取り分けて食べる習慣がある。

複数人で食べるスタイルは、皿うどんだけでなく炒麺でもしばしば見かける。大正六年の成昌楼のメニューでは、炒麺類は大・中・小のサイズが選べ、小サイズの炒麺は一人前の湯麺の二倍弱、大は五〜八倍前後だった。[26]昭和一〇年頃の聘珍楼のメニューでも、最高級の「民国炒麺」に限れば、中と大の選択肢があった。[27]

アメリカのチャウメンも同様だ。一九四〇年前後のニューヨークのPORT ARTHUR[28]やLEE's[29]では、各種チャウメンは一人前だけでなく「二人前」(for two)や「三人前」(for three)を選択できた。ボストンのSalem Loweの一九一二年頃のメニューでも二人前まで選択できた。[30]

ヤキソバはスープ麺と異なり、人数分を一度に作って大皿で供することが可能だ。それが特長の一つといってもよい。会芳楼の「鳥やきそば」も、何人前との記述はないが、「かしわそば」の二倍強という価格からして、二人以上で食べる前提だったのだろう。

そもそも横浜開港までの支那料理といえば、卓袱料理や普茶料理が主流だった。どちらも複数人で一卓を囲み、大皿で提供された料理を取り分けて食べるスタイルだ。

江戸で人気だった料理茶屋「八百善」の四代目主人・栗山善四郎が、文政五年(一八二二年)から天保六年(一八三五年)にかけて刊行した『江戸流行料理通』でも、卓袱料理や普茶料理が紹介された。その挿絵では複数人が一卓を囲み、大皿料理を味わう様子が描かれている。[31]

天保6年（1835年）
栗山善四郎『江戸流行料理通　初編』
国立公文書館所蔵

同書は大ヒットして、多くの人々に読まれた。明治初年頃であれば、「支那料理は大皿で提供され、複数人で食べるもの」という知識は、食通の間で常識になっていたものと思われる。

余談になるが木戸孝允は長崎を訪れたことがある。慶応三年（一八六七年）に坂本龍馬の仲介で土佐藩士・佐々木高行と会談した。[32] 会談に使われた玉川亭は川魚料理や鯖寿司が評判の料亭だった。[33] しかし長崎は言わずと知れた卓袱料理の本場だ。会談の前後でご当地名物の卓袱料理を味わったかもしれない。明治二年の横浜・会芳楼でも、もしかしたら鳥やきそばに箸をつけたのでは……。つい、そんな想像をしてしまう。

閑話休題。以上を踏まえ、会芳楼の「鳥やきそば」三六〇〇文は、二～三人向けの分量だったのではと私は推測している。ちゃんぽんと皿うどんの関係と同じく、一人前当たりの代金は「かしわそば」の代金＝一六〇〇文前後に収

香港　陸羽茶室
雞絲炒麵（2023年撮影）

まったことだろう。

明治二年の「鳥やきそば」はどんな品か？

そして明治二年の「鳥やきそば」は、一体どのような焼きそばだったのか？

戦前の品書きやレシピ本を調べた限りだと、ほとんどのケースで「とりやきそば」は「鶏絲炒麵」の日本語訳だった。会芳楼の「鳥やきそば」もおそらく「鶏絲炒麵」だろう。会芳楼の経営者は広東出身なので、その「鶏絲炒麵」は広東風のあんかけタイプだったはずだ。

ただし、揚げ麵だった可能性は低い。この品書きは遅くとも明治三年（一八七〇年）に作られた。一方、アメリカでのチャウメンの初出は一八九六年で二六年もの開きがある。素直に考えれば、まだ揚げ麵のチャウメンは誕生しておらず、日本への伝播も考えにくい。

「鶏絲炒麵」といえば、筆者は二〇二三年九月に、香港にある陸羽茶室という店で「雞絲炒麵」を実食した。一九三三年創業の香港を代表する老舗の茶楼だ。細く平たい軟らかな麺の表面をカリッと焼き、細切りの鶏肉・干し椎茸・青菜を使った餡をかけた品だった。これが伝統的な広東料理の「雞絲炒麵」の姿だ。

会芳楼の「鳥やきそば」も、このような「鶏絲炒麵」だったのではないかと、私は考えている。まだアメリカで揚げ麺に変わる前、麺を焼いて餡をかけた品だ。文字通り麺を焼いた料理だったので、「ヤキソバ」はとても妥当な翻訳だった。

もし開国直後に渡来した「炒麵」が、広東風のあんかけタイプではなく、北京や上海、福建などの混ぜ炒めタイプだったなら、「炒《い》りそば」と和訳されていた可能性もある。

明治二年の「鳥やきそば」はどんな品か？　その答えは、「ヤキソバ」という和訳それ自体に、最初から内包されていたともいえよう。

一五〇年に及ぶ、日中米・三カ国の旅路

最後に本書で解き明かしたあんかけ焼きそばの歴史を、時系列順にまとめてみよう。

一九世紀後半、広東料理のあんかけ焼きそば「炒麵」がアメリカへ伝わり、揚げ麺を使った「チャウメン」が生まれた。一方、幕末から明治にかけて、横浜へもあんかけ焼きそば「炒麵」が伝来し、「ヤキソバ」と翻訳された。

その後、遅くとも明治三〇年代初頭には揚げ麺の「チャウメン」が、横浜や長崎へ渡来した。漢字表記は「炒麺」なので、「ヤキソバ」という既存の和名がそのまま適用された。その結果、長崎でも横浜でも揚げ麺なのに「ヤキソバ」と呼ばれるようになった。

長崎の「ヤキソバ」は、昭和四〇年代に「皿うどん」という料理名の方が定着した。ただし食材として、「チャーメン」という呼び名にその名残を留めている。

さらに『ソース焼きそばの謎』で明かした通り、支那料理の「炒麺《ヤキソバ》」のパロディとして、ソース味の「焼きそば」が誕生した。ソース焼きそばはやがて全国に広まり、「焼きそば」はソース焼きそばを指すことが当たり前になった。

日本・中国・アメリカを舞台にした、一五〇年にも及ぶヤキソバの旅はこうして現代に至る。眼の前にあるその一皿が、いったいどんな経緯でそこにあるのか？　麺の山を箸でほぐして味わうとき、その数奇な歴史を少しだけ思い出してくれたら嬉しい。

●この節の要約

・幕末から明治初期、横浜居留地一三五番に会芳楼という南京ちゃぶ屋＝南京料理屋があった
・会芳楼のメニューには「鳥やきそば　三六〇〇文」が存在していた
・明治二年時点では揚げ麺ではなく麺を焼いていたので「ヤキソバ」と名付けられた

エピローグ　会芳楼後日譚

明治二年八月。木戸孝允は会芳楼で李遂川と会った後、療養先の箱根へ赴いた。一カ月余り経った九月のある夜、亡き友と国家の行く末を思って寝付けず一詩を詠んだ。[1] 李遂川との邂逅で小原鉄心の漢詩好きを思い出し、詩心を刺激されていたのかもしれない。

一穗寒燈照眼明
默坐沈思無限情
回首知己人不見
丈夫必竟豈計名
世難多年萬骨枯
禁城風物幾變更
歲如流水去不返
人似草木爭春榮

一穗《すゐ》の寒燈《かんとう》　眼《がん》を照《て》らして明《あきら》かなり
默坐《もくざ》沈思《ちんし》　無《む》限《げん》の情《じやう》
首《かうべ》を回《めぐ》らせば知己《ちき》　人《ひと》見えず
丈夫《ぢやうぶ》畢竟《ひつきやう》　豈名《あにな》を計《はか》らんや
世難《せいなん》多年《たねん》　萬骨枯《ばんこつか》れ
禁城《きんじやう》の風物《ふうぶつ》　幾變更《いくへんこう》
歲《とし》は流水《りうすゐ》の如《ごと》く　去《さ》つて返《かへ》らず
人《ひと》は草木《さうもく》に似《に》て　春榮《しゆんえい》を爭ふ

邦家前路不容易
三千有萬奈蒼生
山堂半夜梦難結
千岳萬峯風雨聲

邦家《ほうか》の前路《ぜんろ》　容易《ようい》ならず
三千有萬《さんぜんゆうまん》　蒼生《そうせい》を奈《いか》んせん
山堂半夜《さんどうはんや》　梦結《ゆめむす》び難《がた》し
千岳萬峯《せんがくばんほう》　風雨《ふうう》の聲《こゑ》[2]

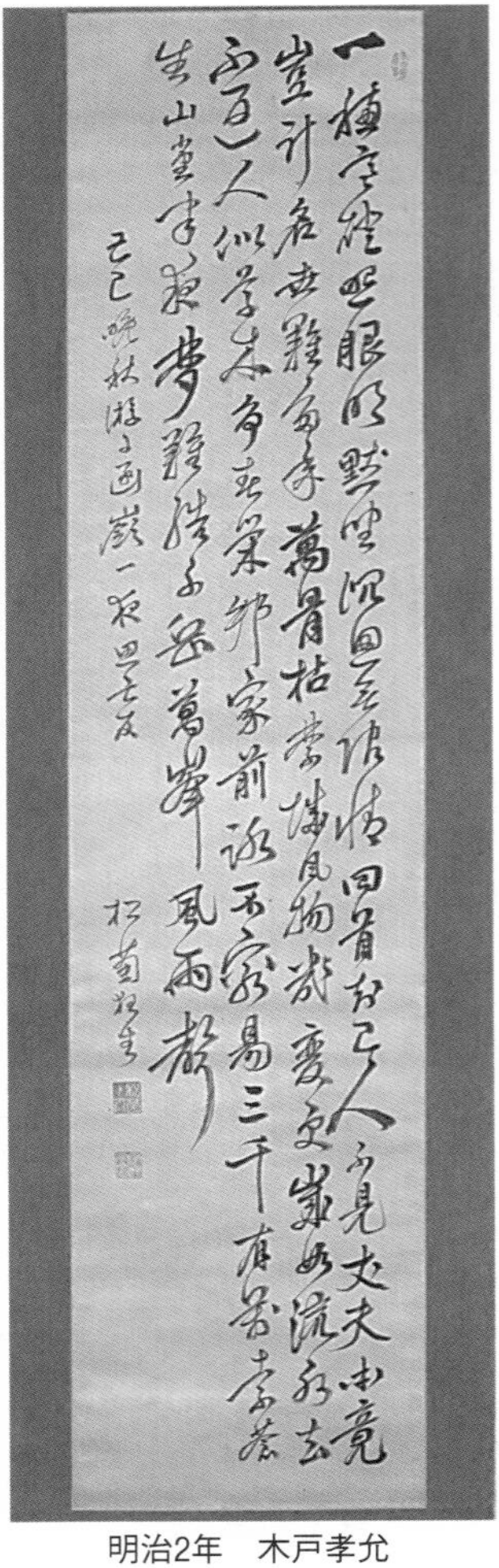

明治2年　木戸孝允
自筆の漢詩
京都大学図書館所蔵

会芳楼については、《明治一〇年頃には姿を消した》と一般に認識されている。[3] しかし明治三〇年頃までは、横浜居留地に会芳楼が存在した可能性が高い。

明治三〇年頃に横浜居留地へ出入りしていた長谷川伸は、《遠芳楼の外に会芳楼というのもありました》と語っている。[4] また明治から昭和初期にかけて活躍した政治家で講釈師の伊藤痴遊は、〝明治三〇年に横浜の会芳楼で中国の革命家・陳白に面会した〟と著書で述懐している。[5]

横浜での会芳楼の消息はそこで途絶えてしまう。ところが翌年の明治三一年、今度は東京の神田神保町に会芳楼という店が現れる。[6]

明治二九年生まれの中国研究者・実藤恵秀《さねとうけいしゅう》は、昭和四二年に開催された「明治時代の中国人留学生」というテーマの座談会で、《横浜の会芳楼が神田の今川小路へ出張したのです》と発言している。[7] 明治三一年に神田神保町に現れた会芳楼は、横浜からの出店だったのだ。

なぜ横浜から神田神保町へ出店したのか？ それについても実藤恵秀が明らかにしている。明治二九年（一八九六年）、清国から日本へ初めての留学生一三名が派遣された。四三年後の昭和一四年（一九三九年）、実藤恵秀は中国の天津で、まだ存命だった留学生のひとりに面会することができた。実藤は元留学生から、「最初の清人留学生一三名のうち四名が、たった二・三週間で帰国してしまった」という話を聞く。実藤は彼らが帰国を選んだ理由を尋ねた。

「どうしてですか？」
「日本の子供からチヤン〱坊主とひやかされたのと、日本食が口に合はぬため弱つて歸つたのです。」
わたくしは、これを聞いて、心の中で、はゝア！　神田の會芳樓が明治三十一年にできたことと、留學生の増加して來たことに因果關係があるな、と思つた。[8]

つまり会芳楼は日本食が口に合わないという清国人留学生を引き止めるべく、明治三一年に神田神保町へ出店したのだ。「内地雑居令」が施行される前年なので、日本政府が配慮して特別な許可が下りたのだろう。翌年には維新号の前身、故郷飯店の開業が続いた。その後、寧波出身者の店が増えて行くという流れは本篇で述べた通りだ。

大正一一年の電話帳には会芳楼の住所が《神田区南神保町七番地》と掲載されている。[9]現代でいうと神保町二丁目七番地に当たる。専大前交差点南東のタリーズコーヒーの辺りだ。

神田神保町で開業した会芳楼は、祖国を憂い義憤に駆られる清国人留学生たちの団結の場として機能した。孫文の側近だった政治家の汪兆銘は、日露戦争直前に日本へ留学した明治三七年当時を振り返り、血気盛んな留学生たちが《日夜会芳楼とか官羽楼という支那料理屋でメートルを上げていた》と語っている。[10]

そもそも明治三〇年に横浜の会芳楼に陳白が現れたことを考えあわせると、会芳楼の経営者は革命家たちの後援者の一人だった可能性が高い。明治三〇年頃、陳白と同じく孫文も日本に亡命していた。会芳楼の創業者・韋香圃の出身地である広東省広州府香山県は、その孫文の出身地として知られている。

一方、会芳楼が営業していた横浜居留地一三五番には、明治一六年に清国領事館の新館が建てられた。会芳楼はおそらく、居留地内の別の場所に移転して明治三〇年頃まで営業を続けたのだろう。

居留地一三五番はその後、関東大震災や横浜大空襲などの紆余曲折を経て、昭和三五年に『山下町公園』として整備された。

さらに平成一二年（二〇〇〇年）に再整備された際には一軒の東屋が建てられた。かつてその地に存在した「会芳楼」にちなみ、その東屋は「会芳亭」と名付けられた[11]。

明治二年（一八六九年）に小原鉄心が詠んだ「会芳楼」ならぬ「会芳亭」。その屋号が一三〇年の時を経て現実になった。

会芳亭は今日も山下町一三五番に佇んで、横浜中華街を訪れるいろいろな国の人たちの笑い声に耳を傾けている。小原鉄心と李遂川が酒を酌み交わし、詩を吟じあった遠い日の記憶を懐かしむかのように。

横浜中華街　山下町公園
会芳亭（2021年撮影）

あとがき

ソース焼きそばとあんかけ焼きそばは、どのような関係にあるのか？　カタ焼きそばは揚げてあるのに、なぜ「ヤキソバ」なのか？　長崎皿うどんは本当に、カタ焼きそばとは異なる料理なのか？　それらの素朴な疑問に真正面から向き合ってみたら、思いもよらない一冊になってしまった。

この本は二〇二〇年六月にKindleで出版した電子書籍『焼きそばの歴史・下《炒麵編》』に加筆・修正したものだ。上巻に当たる『焼きそばの歴史・上《ソース焼きそば編》』は、二〇二三年七月にハヤカワ新書『ソース焼きそばの謎』として刊行された。ソース焼きそばというニッチなテーマにどれだけ興味を持ってもらえるか心配だったが、編集の一ノ瀬翔太氏によるプロデュース、佐々木俊氏による印象的な装丁、校閲課の方々の厳正なチェック、営業部諸氏の努力、全国の書店さんのご協力、そして読者の皆様のお陰で御好評をいただくことができた。

しかし、あんかけ焼きそばはさらにニッチだ。不安なのは前著以上だが、中華料理の食文化史に興味を持つきっかけくらいにはなれると信じて書いてみた。筆者としてはソース焼きそば篇の三倍くらい面白いと思っているが、いかがだっただろうか。

本書および前著の執筆に当たっては、各地の図書館・資料館を広く利用させていただいた。貴重な図書・資料を何世代にもわたって適切に整理・保管してくださった方々のおかげで、この本をどうにか書き上げることができた。この場を借りて、利用させていただいた施設の各位に感謝を申し述べたい。

それから美味しそうなあんかけ焼きそばのイラストを描いてくださったイナコさん、全面帯をデザインしてくださった内川たくやさんにもお礼をお伝えしておきたい。かなりニッチな内容の本だが、キャッチーな装丁のおかげで、より多くの読者が手にしてくれる予感がする。

また、前著に続いて本書でも妻に校正を手伝ってもらった。率直な指摘や感想は、大いに参考になっている。いつもありがとう。

振り返ってみると、焼きそばの歴史は日本とアメリカ、中国という三カ国の外交関係に大きな影響を受けてきた。そうしたマクロな視点から俯瞰するほど、移住先や焼け野原で逞しく生きてきた人々の記録が輝いて見えてくる。「焼きそばの本質はストリートフードであり、場所を選ばず手軽に食べられる点にある」というのが私の持論なのだが、元来の炒麺にその本質が備わっていたのだろう。

焼きそばはアメリカや日本だけでなく、世界中の様々な国に伝播した。各地で先行する料理の影響を受け、現地の食材と調味料で調理され、日常的に食べられている。何かしらの料理が伝播して、現地に沿ったスタイルへと変容していく様は、常にバイタリティを感じさせてくれるものだ。

一方、現代の日本で焼きそばというと、即席のカップ焼きそばがもっとも身近な存在だろうか。「場所を選ばず手軽に食べられる」という焼きそばの特長を、コンパクトなパッケージに体現した商品と捉えることもできよう。機会があれば、カップ焼きそばの歴史も掘り下げてみたいものだ。

本書や前著をきっかけに、焼きそばという食べ物に対する読者の興味が少しでも刺激され、「今日は焼きそばを食べてみようかな」と思っていただければ、筆者としては何より嬉しい。

あんかけ焼きそば年表

和暦	西暦	あんかけ焼きそばに関連する出来事	歴史的な出来事
安政6年	1859年		横浜開港
明治2年頃	1869年頃	横浜「会芳楼」にて「鳥やきそば」提供	
明治15年	1882年		アメリカで中国人排斥法が可決
明治17年頃	1884年	横浜「聘珍楼」創業 アメリカの文献で「チャプスイ」初出	
明治25年頃	1892年頃	横浜「萬珍楼」創業	
明治27年	1894年	横浜に「ちやぶちい」（チャプスイ）が存在	日清戦争（～1895年）
明治27年頃	1894年頃	長崎で平山蘆江が「ちゃんぽん」実食	
明治28年	1895年		下関条約で台湾割譲
明治29年	1896年	清国から留学生13名が派遣 アメリカの文献で「チャウメン」初出	清国宰相・李鴻章が訪米
明治30年頃	1897年頃	横浜「遠芳楼」で長谷川伸が「ラウメン」実食	
明治31年	1898年	横浜「会芳楼」が神保町へ出店	
明治32年	1899年	神保町「維新号」創業 長崎「四海楼」創業、アメリカ料理も提供	内地雑居開始
明治36年	1903年	横浜に「各欵炒麺」の看板	第五回内国勧業博覧会
明治37年	1904年		日露戦争（～1905年）
明治38年	1905年	人形町「大勝軒総本店」創業	

明治43年	1910年	浅草「来々軒」創業	
明治44年	1911年	神保町「揚子江菜館」創業	
大正初期		浅草周辺でソース焼きそばが誕生	
大正3年	1914年		第一次世界大戦（〜1918年）
大正5年頃	1916年頃	長崎で太麺の「皿うどん」が誕生	
大正12年	1923年		関東大震災
昭和12年	1937年		日中戦争（〜1945年）
昭和16年	1941年		太平洋戦争（〜1945年）
昭和20年	1945年		終戦
昭和33年	1958年	雑誌で「寧波炒麺（柔らかいやきそば）」紹介	
昭和35年	1960年	雑誌で「寧波肉絲炒麺（上海式やきそば）」紹介	
昭和35年頃	1960年頃	ソース焼きそばが全国に普及	
昭和38年	1963年	「日清焼そば」販売開始	
昭和39年	1964年		東京オリンピック
昭和40年代		パリパリ細麺が「皿うどん」の標準に	
昭和45年	1970年		大阪万博
昭和49年	1974年	「エビスカップ焼そば」販売開始	
昭和50年	1975年	「マルちゃん焼そば」3人前販売開始	

参考文献

まえがき

1. 塩崎省吾『ソース焼きそばの謎』三六頁（二〇二三、早川書房）

プロローグ　明治二年の「鳥やきそば」

1. 小原鉄心『鉄心遺稿・二』巻八 三丁オ《己巳春同清客李遂川飲横港会芳亭》（一八七三）
2. 小原鉄心『亦奇録』（京都：福井源治郎刊）上巻　十六丁ウ《耕燗為大夫謀招飲華人数名於一旗亭。衆乃赴焉。華人先在。曰李遂川。曰潘修儂。曰労梅石。曰蔡伯良。皆広東之人也》（一八六七）この時の会合は《雨中含雪亭集》（十七丁オ）とあり、「含雪亭」という料理屋が使われた。
3. 白文は『鉄心遺稿』、書き下し文、現代語訳は徳田武『小原鉄心と大垣維新史』三三六頁（二〇一三、勉誠出版）より引用。
4. 二度目の東京行幸から京都への還幸が延期されたまま、東京への正式な遷都はされず現在に至る。
5. 『木戸孝允日記 第二』二五一頁《渡海至横浜伊勢文に一泊す》（一九三二、日本史籍協会）
6. 同頁《曇朝伊藤来る与伊勢等共に清人李遂川を尋ぬ額面と聯とを送る清人の料理楼に登る近辺を散歩して帰る》なお、現代語訳は筆者による。

7. 慶応二年時点で会芳楼が存在した可能性もあるが、《三年重上会芳亭》の一文のみでは判断しかねたため明治二年とした。

第1章　支那料理屋の「ヤキソバ」考
第1節　老舗の「ヤキソバ」実食分析

1. 一覧の四軒のうち、茅場町は経営者が代わって料理は別物になり、日本橋横山町と日本橋本町とは閉店した。
2. 現存する小岩店ほか人形町系大勝軒は他にも数店あるが、創業年不詳かつ筆者未訪問のため、本稿では五軒のみを扱うことにした。
3. デイリーポータルZ「1913年創業・元祖大勝軒は「珈琲大勝軒」に。後のGHQ専属料理人が生んだ大勝軒のすごい歴史」二〇二〇年三月一一日、https://dailyportalz.jp/kiji/coffee-taishoken（二〇二三年一〇月六日確認）
4. 横浜開港資料館所蔵、一九三〇年頃の聘珍楼品書き。
5. 『新公論 大正三年八月号』一一六〜一二三頁　汀花生「実験百生活　支那蕎麦行商の記」（一九一四、講談社）
6. 「楊」の字はメニュー表記のまま引用。
7. 東京商工研究会編『有利な副業と小資本開業案内』三〇七〜三一〇頁（一九三八、富文館）
8. こちらも「楊」の字はメニュー表記のまま引用。

9. 獅子文六『飲み・食い・書く』二四二頁（一九六一、角川書店）
10. 森義利・沼田陽一『幻景の東京下町 森義利の「少々昔の図絵」より』一二四頁（一九八九、日本放送出版協会）なお森の記憶によると大勝軒の開店時期は明治四三年頃になるが、本書では後継店主たちの証言（明治三八年説）を採用した。
11. サトウハチロー『僕の東京地図』二九五頁（二〇〇五、ネット武蔵野）
12. 麺's CLUB編『ベストオブラーメン IN POCKET』（一九八九、文藝春秋）
13. 古川ロッパ著、滝大作監修『古川ロッパ昭和日記 戦前篇 昭和9年‐昭和15年』六六頁（一九八七、晶文社）
14. 『文藝春秋 昭和四八年三月号』一六二～一六四頁　荻昌弘「豆腐・シッポク・来々軒など――中国料理」（一九七三、文藝春秋社）
15. タイ室東京事務局編『タイ案内』二四一頁（一九四二、成武堂）
16. 『栄養と料理』第二四巻第六号 六四～六五頁　王馬熙純「夏むきの家庭やきそば」（一九五八、女子栄養大学出版部）
17. 『信州ラーメン大辞典』一〇一頁《創業昭和三〇年》（二〇一四、長野こまち）
18. 二〇二三年現在のメニューでは「あんかけ焼きそば」と表記されているが、二〇一二年に初訪問した時点では「焼そば」という商品名だった。
19. 中華そばの不二屋公式サイト《昭和32年　不二屋オリジナル焼きそば完成》、https://www.e-228.com/fujiya/history.php（二〇二三年一〇月一日確認）

第2節　戦前料理本の「ヤキソバ」レシピ

1. 『庖丁塩梅一一号』二六頁（一八八七、三信舎）
2. 『庖丁塩梅一七号』二八頁（一八八八、三信舎）
3. 三八光商会編集部『女道大鑑』八三頁（一九〇九、三八光商会）
4. 横浜開港資料館所蔵、一九三〇年頃の聘珍楼品書き。
5. 桜井ちか子『楽しい我が家のお料理』一六七～一六八頁（一九二五、実業之日本社）
6. 中野虎之助『家庭向の支那料理』一〇～一二頁（一九二五、大阪割烹学校校友会）
7. 中村俊子『新しい家庭向支那料理（婦人実生活叢書 第2編）』一六～一八頁（一九二六、緑蔭社）
8. 東京割烹講習所編『手軽に出来るお惣菜の拵へ方』二二六～二二七頁（一九二六、天玄堂）
9. 家庭料理講習会編『誰にも出来る新しい四季の和洋支那料理』二八六～二八八頁（一九二七、緑蔭社）
10. 中村俊子『家庭で出来るおいしい支那料理』一六～一七頁（一九二七、富文館）
11. 木村登代子『日本・支那・西洋料理及日々お惣菜の拵へ方』二二六～二二七頁（一九二七、成輝堂）
12. 小林定美『手軽においしく誰にも出来る支那料理と西洋料理』三五～三七、九七～一〇〇頁（一九二六、文僊堂）
13. 朝野料理研究会編『実物そのまゝの風味を表した家庭料理とその実際』（一九三〇、修教社書院）
14. 婦人倶楽部編集局料理研究部編『簡単な西洋料理支那料理 附食事作法』二一〇～二一二頁（一九三

一、大日本雄弁会講談社）
15.『簡単に出来る家庭向支那料理三百種』（一九三二、大日本雄弁会講談社）
16.雄山閣編『食物講座第八巻』四五頁（一九三八、雄山閣）
17.主婦之友社編『洋食と支那料理』三〇三〜三〇五頁（一九四〇、主婦之友社）
18.読売新聞 昭和二八年一〇月三〇日朝刊五面（一九五三）
19.『暮しの手帖 第一世紀38号（昭和三二年春）』六六〜六七頁（一九五七、暮しの手帖社）
20.『栄養と料理』第二四巻第六号 六四〜六五頁　王馬熙純「夏むきの家庭やきそば」（一九五八、女子栄養大学出版部）
21.『栄養と料理』第二五巻第四号 五五頁「30円のこんだてセット　やきそば」（一九五九、女子栄養大学出版部）

第3節「上海風焼きそば」の真実

1.阿部洋『中国の近代教育と明治日本』五三〜一三三頁「Ⅱ 中国人の日本留学」（一九九〇、福村出版）
2.『ＫＡＮＤＡルネッサンス 86号』六〜七頁　傅健興「神保町・中華街物語：明治以降の神保町の移り変わり」（二〇〇八、神田学会出版部）
3.読売新聞　明治三七年一一月三〇日朝刊三面（一九〇四）
4.読売新聞　明治三七年一二月二三日朝刊三面（一九〇四）

5. 児玉花外『東京印象記』八〇頁（一九一一、金尾文淵堂）
6. 獅子文六『飲み・食い・書く』二〇五頁（一九六一、角川書店）
7. 『料理の友 第三巻第三号』五七頁「日本人向きの上品な支那料理」（一九一五、料理の友社）
8. 『東京特選電話名簿上巻』九三〜九四頁（一九二二、三友協会）
9. 宮本百合子『宮本百合子全集 第19巻』一五〇頁（一九七九、新日本出版社）
10. 維新号公式サイト「維新号の歴史」、http://www.ishingo.co.jp/ayumi.html（二〇二三年一〇月九日確認）
11. ＫＡＮＤＡアーカイブ「百年企業のれん三代記　第26回　揚子江菜館」二〇一三年七月二二日、https://www.kandagakkai.org/wp/?p=506（二〇二三年一〇月九日確認）
12. 『ＫＡＮＤＡルネッサンス１０４号』二頁（二〇一六、神田学会出版部）
13. 新世界菜館の創業年については、『東京人２０１１年11月号』八四頁で《昭和十八年に開業し、その三年後には現在の場所に移転》とあるので、そちらを採用した。
14. 『東京人２０１１年11月号 特集・チャイナタウン神田神保町』（二〇一一、都市出版）
15. 荻昌弘『快談快食 味のふるさと』二〇四〜二〇五頁（一九七八、日本交通公社）
16. 『文藝春秋 昭和四八年三月号』一六二〜一六四頁　荻昌弘「豆腐・シッポク・来々軒など――中国料理」（一九七三、文藝春秋社）
17. 池波正太郎『池波正太郎の銀座日記〔全〕』（一九九一、新潮社）では、揚子江菜館（神田のＹ）の上海式焼きそばが六回（二四九、二五二、二六〇、四二〇、四七八、四九七頁）記載されている。

18. 冷やし中華の発祥については揚子江菜館が昭和八年に考案したという説があるが、昭和三年六月一三日の読売新聞には「つめたい支那そば」のレシピが、昭和四年『料理相談』「支那料理各種」には冷《ひや》し蕎麦《そば》の作り方がすでに掲載されており、さらに遡ることができるだろう。

19. 赤岡東・野口キヌ子 共編『一流料理の味：調理の秘訣（実用百科選書）』三五八〜三五九頁（一九五八、金園社）

20. 『サングラフ 1960年5月号』六七〜七四頁（一九六〇、サン写真新聞社）

21. 粉食栄養料理研究会編『めん類・粉食・パン食：栄養料理の献立』三九頁（一九五四、第一出版）

第2章　長崎皿うどんを解きほぐす

第1節　皿うどんのルーツ「支那うどん」

1. 四海楼メニュー「ちゃんぽんの由来」
2. 四海楼メニュー「皿うどんの由来」
3. 陳優継『ちゃんぽんと長崎華僑』一〇二頁（二〇〇九、長崎新聞新書）
4. 東洋日の出新聞 明治三八年一二月二五日（一九〇五、東洋日の出新聞社）
5. 『昭和29年版 長崎県勢要覧』（一九五四、長崎県総務部統計課）
6. 小菅桂子『にっぽんラーメン物語（講談社＋α文庫版）』二二〇頁（一九九八、講談社）
7. あずま企画編集室『長崎の味100店』二五頁（一九八〇、あずま企画）
8. 十代田松市『長崎一覧：長崎開港三百五十年紀念』四二〜四三頁（一九一四、十代田松市）

9. 東洋日の出新聞 明治四三年一月一日（一九一〇、東洋日の出新聞社）
10. 東洋日の出新聞 明治四三年一月五日（一九一〇、東洋日の出新聞社）
11. 絵葉書の製造時期は、大波止停留所の開業時期、消印の日付、切手（旧大正毛紙）から推定した。
12. 長崎日日新聞　昭和二二年九月二八日「チャンポンの歴史」（一九四七、長崎日日新聞社）
13. 『長崎茶話 第三号』一～二頁　平山蘆江「ちゃんぽん」（一九三九、長崎茶話会）
14. king-biscuit WORKS「平山蘆江の不思議：民俗学的知性とその身体に関する一考察」二〇一一年二月一〇日、http://d.hatena.ne.jp/king-biscuit/20110210/p1（二〇二三年一〇月一五日確認）
15. 『長崎大学教育学部人文科学研究報告 第33号』九七～一〇〇頁　愛宕八郎康隆「長崎方言文末詞推移考：平山蘆江「唐人船」を方言資料として」（一九八四、長崎大学教育学部）
16. 平山蘆江『長崎物語』一二四～一三六頁（一九四七、民衆社）
17. 『予防時報53号』一八～二二頁　海保幸晴「長崎消防よもやま話」《27年、新地の火災に仏砲艦アンコンスタン号の水兵隊》（一九六三、日本損害保険協会）
18. 長崎史談会輯『長崎談叢二十二輯』六五頁（一九三八、藤木博英社）
19. 鹿村出羽『長崎異国風景』二三四頁《支那では卓袱を八僊卓《パツエンチヨ》、または卓子《チヨツウ》とも謂った》（一九二二、長崎文献社）
20. 山西金右衛門『八僊卓燕式記』（一七六一、五車堂）
21. 五島手延うどん協同組合公式サイト『五島うどんの特長』https://www.goto-udon.jp/about/udon/（二〇二三年一〇月一五日確認）

22. 『新公論 大正三年八月号』一一六～一二三頁 汀花生「実験百生活 支那蕎麦行商の記」（一九一四、講談社）
23. 増田太次郎『チラシ広告に見る大正の世相・風俗』一八八～一八九頁（一九八六、ビジネス社）
24. ウォーカープラス『東海ノスタルジーグルメ～懐かしの味を求めて…』「【第25回】２０１７年で創業１００周年！大正時代から変わらぬ味の中華そばが食べられる「丸デブ 総本店」」二〇一七年九月一一日、https://www.walkerplus.com/trend/matome/article/120324/（二〇二三年一〇月一五日確認）
25. 夕刊フジ 二〇二〇年二月一四日 大崎裕史「この男麺喰いにつき／岐阜に〝１０３年ラーメン〟あり！ 「丸デブ総本店」」、https://www.zakzak.co.jp/lif/news/200214/gou2002140001-n1.html（二〇二三年一〇月一五日確認）
26. 森銑三『明治東京逸聞史1』三〇九頁（一九六九、平凡社）
27. 『ちゃんぽんと長崎華僑』四一～四二頁
28. 『長崎町人誌 第四巻』二二五～二四九頁 伊東利勝「ちゃんぽん考」（一九九六、長崎文献社）
29. 新村出編『広辞苑 第七版』（二〇一八、岩波書店）
30. 渥美清太郎編『日本戯曲全集 第四十六巻』（一九三二、春陽堂）
31. 『白水社中国語辞典』一四四～一四五頁（二〇〇二、白水社）
32. Revised and enlarged edition of exercises in the Yokohama dialect, By the Bishop of Homoco, p17, Printed at the Japan Gazette Office, 1879, https://archive.org/details/revisedenlargede00atki/page/16/mode/2up（二〇二三年一〇月一五日確認）

33．長谷川伸『戦国行状』五七頁（一九二六、春陽堂）
34．内田慶市・沈国威 編著『言語接触とピジン 19世紀の東アジア（研究と復刻資料）』所収、周振鶴著、近本信代訳「中国ピジン・イングリッシュ最初の語彙集」一五～二七頁（二〇〇九、白帝社）
35．西川武臣・伊藤泉美『開国日本と横浜中華街』六五～七〇頁「横浜の開港と中国人の登場」（二〇〇二、大修館書店）
36．『サンデー毎日 昭和三九年一二月一三日号』六三頁　陳揚春「長崎チャンポン」（一九六四、毎日新聞社）
37．『長崎町人誌 第四巻』二三九頁
38．『長崎町人誌 第四巻』二三九頁

第2節　太麺皿うどんの起源に迫る

1．『主婦の友 昭和一〇年三月号』四九〇～四九二頁「(三) チャンポンと皿うどん／新宿チャンポン 岩田賚《たまふ》」（一九三五、主婦の友社）
2．『長崎茶話 第一号』二〇頁（一九三八、長崎茶話会）
3．サトウハチロー『僕の東京地図』二一一～二一三頁（二〇〇五、ネット武蔵野）
4．『長崎茶話 第三号』一～二頁　平山蘆江「ちゃんぽん」（一九三九、長崎茶話会）
5．『長崎茶話 第四号』扉頁（一九三九、長崎茶話会）
6．佐久間正『続・東京味どころ』八〇～八三頁「チャンポン・長崎の味」（一九五九、みかも書房）

7. 渡部正之『長崎弁で綴る絵のない漫画』一三四〜一三六頁（一九八八、自費出版）
8. 和田常子『長崎料理史』一〇二〜一〇三頁（一九五八、柴田書店）
9. 永井隆『亡びぬものを』一四九〜一五〇頁（一九四八、中央出版社）
10. 『あまカラ 第一七一号』一二一〜一四頁　青地晨「ムツゴロとチャンポンの味」（一九六五、甘辛社）
11. 奈良本辰也編『味雑事談』一三四〜一三五頁（一九七六、芸艸堂）
12. 朝日新聞 昭和五六年三月二六日夕刊七面（一九八一、朝日新聞社）
13. ちゃんぽんミュージアムの「四海楼ちゃんぽん年表」に《大正初年頃、ちゃんぽん一杯10銭（皿うどん50銭）》との記述があるが、根拠不明のため本書での採用は保留する。
14. 足立敬亭『鎖国時代の長崎 中編』「第十二章 支那渡来の学芸／第九節 料理」（長崎県立図書館所蔵）
15. 越中哲也『長崎学・続々食の文化史：食文化をたずねて』一〇〇〜一〇八頁「長崎チャンポン考」（二〇〇二、みろくや食文化研究所）
16. 蛇足になるが、「長崎チャンポン考」での『鎖国時代の長崎』引用文で「敬目鮓」と翻刻されている個所は、「散目鮓」が正しいように思う。
17. 『あまカラ 第四十九号』四三〜四六頁「味覚極楽（14）」、四七〜四九頁　子母澤寛『旦那文士』（一九五五、甘辛社）

第3節　太麺から細麺へ〜長崎皿うどん革命〜

1. 永井隆『亡びぬものを』一四九～一五〇頁（一九四八、中央出版社）
2. 和田常子『長崎料理史』一四一～一四四頁（一九五八、柴田書店）
3. みんなのごはん「鹿児島県民のソウルフード！ 山形屋の焼きそばはやっぱり旨かった」二〇一五年九月二日《もともとは、昭和33年（１９５８）に1号館1階にあった「珍々亭」のメニュー》《「珍々亭」閉店後はレストランでその味が再現され、幾度もの改良を加えて現在の味にたどり着いた》https://r.gnavi.co.jp/g-interview/entry/cr/2542（二〇二三年一〇月一日確認）
4. めし通「つけ麺ブームの立役者「つけ麺大王」総本店は、栄枯盛衰を乗り越え今なお独自に進化していた」二〇一七年一二月六日、https://www.hotpepper.jp/mesitsu/entry/kekkojin/17-00275（二〇二三年一〇月一九日確認）なお、ハウス食品が昭和五二年一一月下旬に「ハウスつけ麺」という商品を販売して、テレビＣＭを流した。「つけ麺」の名が定着したのはその影響も大きいかもしれない。
5. リンガーハット公式サイト「企業情報 沿革」、https://www.ringerhut.co.jp/corporate/history/（二〇二三年一〇月一九日確認）
6. 速水健朗『ラーメンと愛国』九六頁（二〇一一、講談社）
7. みろくや公式サイト「みろくやの歴史」https://www.mirokuya.co.jp/user_data/corporate#about03（二〇二三年一〇月一九日確認）
8. 『長崎の味づくし』一〇頁（一九八二、長崎ばってん出版社）
9. 『婦人倶楽部 昭和五四年二月号』（一九七九、講談社）《チャーめん》、『伝えてゆきたい家庭の郷土料理 第2集』（一九八〇、婦人之友社）《チャン麺》、『長崎町人誌 第四巻』（一九九六、長崎文献社）《チャーメン》など。

第4節　細麺皿うどんとカタ焼きそば

1. 陳優継『ちゃんぽんと長崎華僑』一〇二頁（二〇〇九、長崎新聞新書）
2. 森義利・沼田陽一『幻景の東京下町 森義利の「少々昔の図絵」より』一二四頁（一九八九、日本放送出版協会）
3. 『文藝春秋 昭和四八年三月号』一六二〜一六四頁　荻昌弘「豆腐・シッポク・来々軒など——中国料理」（一九七三、文藝春秋社）
4. 『長崎町人誌 第四巻』二二五〜二四九頁　伊東利勝「ちゃんぽん考」（一九九六、長崎文献社）
5. 小菅桂子『にっぽんラーメン物語（講談社＋α文庫版）』一二七〜一四七頁「第五話 カンスイなくしてラーメンなし」（一九九八、講談社）
6. ちゃんぽんミュージアム「ちゃんぽんの兄弟／『皿うどん』のルーツ」より引用。
7. 和田常子『長崎料理史』五頁（一九五八、柴田書店）
8. チョーコーオンラインショップ「金蝶ソース」https://chokoshoyu.shop/page/kincho-souce（二〇二三年一〇月二二日確認）
9. 大正一五年『手軽においしく誰にも出来る支那料理と西洋料理』。昭和三年『一年中朝昼晩のお惣菜と支那、西洋料理の拵へ方』。昭和四年『料理相談』。昭和八年『簡単に出来る家庭向支那料理三百種』。昭和一二年『手軽に美味しく出来る家庭向き支那料理と西洋料理』の五冊。

第3章 「炒麵」(チャーメン)はどこから来たのか

第1節 アメリカ式中華料理「チャプスイ」

1. 郭泰王・王人豪『麵王』八六頁(二〇一一、人類智庫、台湾)日本語訳は筆者による。
2. 魚柄仁之助『刺し身とジンギスカン』一四七～一九七頁「第3章チャプスイ」(二〇一九、青弓社)
3. "Chop Suey: A Cultural History of Chinese Food in the United States," Andrew Coe, Oxford University Press, July 16, 2009.
4. 『Chop Suey』一〇頁
5. 『言語接触とピジン 19世紀の東アジア(研究と復刻資料)』一五～二七頁 周振鶴著、近本信代訳「中国ピジン・イングリッシュ最初の語彙集」(二〇〇九、白帝社)
6. 『Chop Suey』三六～三七頁
7. 『Chop Suey』四七頁
8. 『Chop Suey』一〇三～一四三頁
9. 『日本思想大系66 西洋見聞集』所収 玉虫左太夫「航米日録」五八頁(一九七四、岩波書店)《大抵、支那人ハ瘦弱汚穢《そうじゃくおえ》ニシテ、西洋人ノ為メニ大ニ鄙《いやし》メラレ、亜仏利加ノ崑崙奴ニ異ナラズ》現代語訳は筆者による。
10. 『Chop Suey』一四四～一七九頁
11. 貴堂嘉之『移民国家アメリカの歴史』一〇三頁(二〇一八、岩波書店)

12. "Chinese Restaurants, Wong Chin Foo, The Cosmopolitan," as quoted in Current Literature, October, 1888, 318, https://babel.hathitrust.org/cgi/pt?id=pst.000019139111&view=1up&seq=330（二〇二三年一〇月二四日確認）日本語訳は筆者による。

13. 松浦林太郎編『片假名でひく外国語辞典』一五五頁（一九三〇、平凡社）

14. 邱永漢『食は広州に在り』（中公文庫版）五九～六四頁「雑炊起源：チャプスイの起り」（一九九六、中央公論新社）

15. 南條竹則『中華文人食物語』一〇七～一二二頁「チャプスイの話」（二〇〇五、集英社）

16. 『Chop Suey』一六一～一六五頁

17. "Queer Dishes Served at the Waldorf by Li Hung Chang's Chicken Cook," New York Journal, September 6, 1896, 29. https://www.loc.gov/resource/sn84024350/1896-09-06/ed-1/?sp=29&st=image（二〇二三年一〇月二四日確認）

18. "Chinese Cookery in the Home Kitchen," Chino-American Publishing Company, 1911, 25. https://archive.org/details/chinesecookeryin00nolt/page/24/mode/2up（二〇二三年一〇月二四日確認）

19. "Chinese-Japanese Cook Book," Sara Bosse, Onot Watanna, 1914, 46. https://d.lib.msu.edu/fa/13?page=56（二〇二三年一〇月二四日確認）日本語訳は筆者による。

20. "Salem Lowe 1912-2017," Salem State University, http://di.salemstate.edu/salemfood/exhibits/show/salem-menus-2017/history（二〇二三年一〇月二四日確認）

第2節 「チャウメン」の誕生と変容

1. "SHOPPING IN CHINATOWN," New York Times, May 25, 1896, 5, https://www.nytimes.com/1896/05/25/archives/shopping-in-chinatown-some-things-that-surprise-and-interest.html（二〇二三年一〇月二五日確認）日本語訳は筆者による。

2. "New York's Chinatown: An Historical Presentation of Its People and Places," Louis Joseph Beck, Bohemia Publishing Co., 1898, 49-53, https://books.google.co.jp/books?id=2ZynWsf_qoQC&pg=PA49&hl=ja&source=gbs_toc_r&cad=4#v=onepage&q&f=false（二〇二三年一〇月二五日確認）

3. "Chop Suey: A Cultural History of Chinese Food in the United States," Andrew Coe, Oxford University Press, July 16, 2009, 209,

4. "The Street Railway Review, Volume 8," Chicago Windsor & Kenfield Publishing Company, 1898, 511, https://books.google.co.jp/books?id=l0E_AQAAMAAJ&dq=The%20Street%20Railway%20Review%E3%80%801898&pg=PA511#v=onepage&q&f=false（二〇二三年一〇月二五日確認）

5. "Conversations of a Chorus Girl," Roy L. McCardell (Author), Gene Carr (Illustrator), NEW YORK AND LONDON STREET AND SMITH, Publishers, 1903, 142.『Chop Suey』一六八頁で、一九〇二年一一月二日のワシントン・ポスト紙六面から一部引用している。日本語訳は筆者による。

6. "Chinese Cookery in the Home Kitchen," Jessie Louise ed Nolton, Chino-American Publishing Company, 1910, 61, https://archive.org/details/chinesecookeryin00nolt/page/61/mode/2up（二〇二

三年一〇月二五日確認）日本語訳は筆者による。
7. "Chinese-Japanese Cook Book," Sara Bosse, Onot Watanna, 1914, 47, https://gutenberg.ca/ebooks/eaton-chinese/eaton-chinese-00-h-dir/eaton-chinese-00-h.html#Page_47（二〇二三年一〇月二五日確認）日本語訳は筆者による。
8. 陳優継『ちゃんぽんと長崎華僑』一〇二頁（二〇〇九、長崎新聞新書）
9. 荻昌弘『快談快食 味のふるさと』二〇四～二〇五頁（一九七八、日本交通公社）
10. 安藤百福編、奥村彪生解説『麺ロードを行く』六六～七〇頁（一九八八、講談社）
11. LEE's Chinese restaurant menu, 1940s, 36 Pell Street, New York, NY, https://drive.google.com/drive/folders/1d4Y6Krz2-4DhR0ahDJudAdnSYFdMYYAU（筆者所蔵）
12. 華超『粤蘇京川 四季烹飪 家庭食譜全書』九八～九九頁（一九五五再販、香港上海印書館、筆者所有）《麺炒了吃爲最入味、但是炒法各有不同、上海菜館裏的炒麺、以両面黄為最佳、不過両面黄、是油裏氽了烘出来的、不能算得炒麺、認真的炒麺、炒得得法的》日本語訳は筆者による。
13. 『婦女雑誌 五巻十号』四六頁（一九一九、商務印書館）
14. 『麺ロードを行く』八二～八六頁
15. 中山時子訳『中国名菜譜〈南方編〉』三二四～三二六頁（一九七三、柴田書店）
16. PORT ARTHUR Chinese restaurant menu, 1938, 7 and 9 Mott Street, New York, NY, https://drive.google.com/drive/folders/1_CW26NHxUyilZpXauYioHu_bJS2QFmr?usp=sharing（筆者所蔵）
17. "CHINESE DISHES, AMERICAN STYLE," Fred Ferretti, April 13, 1983, The New York Times, https://

www.nytimes.com/1983/04/13/garden/chinese-dishes-american-style.html（二〇二三年一〇月二五日確認）日本語訳は筆者による。

18. "The Story of GEORGE CRUM and America's First Kettle Chip," Saratoga Chips, LLC, https://originalsaratogachips.com/our-story/（二〇二三年一〇月二五日確認）

19. "For over 137 years, no newspaper has covered Mexican food better than the L.A. Times," Gustavo Arellano, September 17, 2019, Los Angeles Times, https://www.latimes.com/food/story/2019-09-16/mexican-food-los-angeles-times-history（二〇二三年一〇月二五日確認）

20. "California Mexican-Spanish Cook Book," Bertha Haffner-Ginger, 1914, 45, https://www.loc.gov/item/14022680/（二〇二三年一〇月二五日確認）

21. "PRETZEL HISTORY," Tom Sturgis Pretzel Company, http://www.tomsturgispretzels.com/pretzel_history.asp（二〇二三年一〇月二五日確認）

22. 本間千枝子・有賀夏紀『世界の食文化12アメリカ』一一五〜一二二頁（二〇〇四、農文協）

23. "Chun King Chow Mein, Sold by an Italian American," August 23, 2107, ERICT CULINARYLORE, https://culinarylore.com/food-history:chun-king-chow-mein/（二〇二三年一〇月二五日確認）

24. 『Chop Suey』二〇六頁

25. Wo Fat Chop Suey Restaurant menu, 1940s, 103 N Hotel St, Honolulu, HI, https://drive.google.com/drive/folders/1XN9SdsWzehkDtewNutlRvQQdU4m5L7GM（筆者所蔵）

26. タイ室東京事務局編『タイ案内』二四一頁（一九四二、成武堂）

27. 笠井亮平『インドの食卓』一六六～一六八頁（二〇二三、早川書房）

第3節　アメリカでの中国人排斥がもたらしたもの

1. 貴堂嘉之『移民国家アメリカの歴史』六七～一〇九頁「第二章 中国人移民と南北戦争・再建期」（二〇一八、岩波書店）
2. 沖縄県石垣市唐人墓 墓碑（一九九二）
3. 百瀬弘訳『西学東漸記 容閎自伝』一八七～一八八頁（一九六九、平凡社）
4. 西川武臣・伊藤泉美『開国日本と横浜中華街』一五一～一六二頁「三、マリア・ルス号事件の語るもの」（二〇〇二、大修館書店）
5. 『世界の構造化（シリーズ世界史への問い9）』三〇〇～三〇一頁 藤川隆男「11 オーストラリアとアメリカにおける中国人移民制限」（一九九一、岩波書店）
6. 『日本思想大系66 西洋見聞集』所収 玉虫左太夫「航米日録」二三八～二三九頁（一九七四、岩波書店）
7. 『早稲田大学大学院 教育学研究科紀要 別冊11号』一八九～一九八頁 中垣恒太郎「マーク・トウェインの中国人」（二〇〇三、早稲田大学大学院教育学研究科）
8. 賀田貞一『遊米紀事』七頁（一八八三、穴山篤太郎）
9. 赤峯瀬一郎『米国今不審議』四二～五八頁（一八八六、実学会英学校）
10. 黒田清隆『環游日記・下』一一四～一一五頁（一八八七）

11. 『アジア研究　第34巻　第3号』九二～一四一頁　鈴木晟「1850～1920年代におけるアメリカの東洋移民排斥：その論理と実際」第4表、第5表（一九八八、アジア政経学会）

第4章　明治期の横浜居留地へ
第1節　南京料理屋列伝

1. 小菅桂子『にっぽんラーメン物語（講談社＋α文庫版）』二四〇～二四一頁（一九九八、講談社）
2. 『季刊労働法218号（2007年秋季）』一九二頁（二〇〇七、労働開発研究会）
3. 獅子文六『飲み・食い・書く』二〇五頁（一九六一、角川書店）
4. 朝日新聞 明治三三年七月六日朝刊五面（一八九九、朝日新聞社）
5. 『横浜繁昌記』（一九〇三、横浜新報社）
6. 森田忠吉編『横浜成功名誉鑑』九一八頁（一九一〇、横浜商況新報社）
7. 石野瑛『横浜』一一一頁（一九一二、「横浜」発行所）
8. 港栄社出版部編『横浜案内』二二一～二二五頁（一九一三、港栄社出版部）
9. 伊藤辰治郎『横浜貿易捷径』一五六～一六二頁（一八九三、横浜貿易新聞社）
10. 横浜毎日新聞 明治二八年五月一日五面（一八九五）当時は毎日新聞という名前だったが、大阪の毎日新聞と混乱しそうなので横浜毎日新聞とした。
11. The Japan Weekly Mail, May 4, 1895.
12. 『霰（あられ）第十一号』一五頁　小風「南京町」（一九〇三、アラレ社）

13. 立脇和夫監修『幕末明治在日外国人・機関名鑑：ジャパン・ディレクトリー第31巻 1904年下』四一〇~四七七頁「JAPAN DIRECTRY 1904, Japan Gazette」(一九九七、ゆまに書房)
14. 長谷川伸『ある市井の徒・新コ半代記』八七~八九頁(一九七八、旺文社)
15. 長谷川伸『戦国行状』五五~七九頁(一九二六、春陽堂)
16. 加太こうじ『食いたい放題 東の味・西の味』一〇七頁(一九七四、立風書房)
17. 横浜貿易新報 昭和九年七月二三日五面(一九三四、横浜貿易新報社)
18. 井上貞治郎『生涯の一本杉』(一九五九、六月社)
19. 香港・ビクトリアピークの麥奀雲呑麵世家 山頂店にて、二〇二三年九月に実食。
20. 鹿目省三『南京町』(一九二四、横浜市立図書館蔵)
21. 横浜開港資料館所蔵、一九三〇年頃の聘珍楼品書き。
22. 米田祐太郎『生活習慣 南支那篇』二四二頁(一九四一、教材社)
23. 『中島敦選集3 幸福』二四二~二四三頁(一九五三、社会思想研究会出版部)
24. 横浜開港資料館編『横浜中華街150年 落地生根の歳月』(二〇〇九、横浜開港資料館)
25. 町田実一『日清貿易参考表』(一八八九)
26. 後藤朝太郎『支那読本』一四頁(一九三三、立命館出版部)
27. 増田太次郎『チラシ広告に見る大正の世相・風俗』一八八~一八九頁(一九八六、ビジネス社)
28. 保科文次郎『横浜商工案内』四五一~四六五頁(一九一五、横浜商工協会)
29. 曽我紋蔵『神奈川県ト自動車』一五四頁(一九二〇、横浜自動車協会)

30. 下村海南『鯖を読む話』二六四頁（一九二九、日本評論社）
31. 『斎藤茂吉全集 第三巻』三二頁（一九七四、岩波書店）
32. 横浜開港資料館編『横浜華僑の記憶：横浜華僑口述歴史記録集』八五〜八六頁（二〇一〇、財団法人中華会館）
33. 村上令一『横浜中華街的華僑伝』九七頁（一九九七、新風舎）
34. 高橋桂三郎『東京横浜銀行会社役員及商館商店人名録』（一八八九、河野尚武）
35. 横浜毎日新聞 明治一〇年二月二八日（一八七七）
36. はまれぽ.com 桐生由美子「多額の負債を抱えて突然倒産した製麺所「永楽製麺所」が南区で格安ラーメン店を営業してるってホント?」二〇一四年三月八日、https://hamarepo.com/story.php?story_id=2760（二〇二三年一一月三日確認）
37. 林兼正・小田豊二『聞き書き横浜中華街物語』六二頁（二〇〇九、ホーム社）
38. 吉川英治『かんかん虫は唄う』三一、六三頁（一九三三、春陽堂）
39. 吉川英治『忘れ残りの記 四半自叙伝』四〇〜五五頁「白絣」（一九五七、文藝春秋新社）
40. 『日本紳士録 第十二版』「本邦在住外国人」三二頁（一九〇八、交詢社）
41. 『新小説 第十七年 第四巻』九七〜一〇一頁 佐藤紫仙「千束町の印象」（一九一二、春陽堂）

第2節 横浜の欧米人と清国人

1. 西川武臣・伊藤泉美『開国日本と横浜中華街』（二〇〇二、大修館書店）

2. 『横浜名所図会：風俗画報臨時増刊 第二五七号』「開港前の横浜／開港當時之横浜」（一九〇二、東陽堂、横浜市中央図書館所蔵）
3. 『横浜市史 第三巻下』八六〇～九一三頁「第四章 横浜居留地の中国人」（一九六三、横浜市）
4. 『ゑひすのうわさ 四』「同台所之体」（一八五八、新日本古典籍総合データベース、国文学研究資料館、三井文庫旧蔵資料）なお国立国会図書館所蔵の同資料は四巻と五巻が入れ替わっている。
5. 歌川芳員『異人屋敷料理之図』（一八六〇、国立国会図書館所蔵）
6. 仮名垣魯文序・歌川貞秀画『横浜土産 後篇』（一八六〇、神奈川県立神奈川近代文学館所蔵）
7. 歌川貞秀『横浜開港見聞誌 第二編』十三丁ウ・十四丁オ（一八六五、国立国会図書館所蔵）
8. 歌川貞秀『横浜異人商館売場之図』（一八六一、メトロポリタン美術館所蔵）
9. 仮名垣魯文編・河鍋暁斎画『西洋料理通 巻上』ロノ一丁ウ・ロノ二丁オ（一八七二、東京都立中央図書館所蔵）
10. 仮名垣魯文編・河鍋暁斎画『西洋料理通 巻下』一二丁ウ（一八七二、東京都立中央図書館所蔵）
11. 飯島栄太郎『飯島栄助伝』一一六頁（一九二二）
12. The Chronicle & Directory for China, Japan, & The Philippines, for the year 1868, Hongkong Daily Press Office, 1868.
13. The Chronicle & Directory for China, Japan, & The Philippines, for 1865, Hongkong Daily Press Office, 1865.
14. 大沸次郎『大沸次郎作品集 第一巻（雪崩、霧笛）』二二八～二三〇頁（一九五一、文藝春秋新社）

15．歌川貞秀『再改横浜風景』（一八六一、国立国会図書館所蔵）
16．横浜中華街公式サイト「中華街小故事 その1 なぜ中華街の道は斜めなのか？」https://www.chinatown.or.jp/feature/history/vol01/（二〇二三年一〇月三〇日確認）
17．『横浜開港五十年史 下巻』五三～五四頁（一九〇九、横浜商業会議所）
18．『法政史学 第36号』六一～七九頁 岩壁義光「日清戦争と居留清国人問題：明治二七年「勅令第百三十七号」と横浜居留地」（一九八四、法政大学史学会）
19．毎日新聞 明治二七年九月一二日一面（一八九四、毎日新聞社）
20．町田実一『日清貿易参考表』（一八八九）
21．伊藤辰治郎『横浜貿易捷径』一五六～一六二頁（一八九三、横浜貿易新聞社）
22．乾坤一布衣『社会百方面』一九～三〇頁「居留地風俗記（二十七年初夏）」（一八九七、民友社）

第3節 一三五番 南京ちゃぶ屋・会芳楼

1．横浜開港資料館編『横浜中華街—開港から震災まで：落葉帰根から落地生根へ』二四頁（一九九四、横浜開港資料館）
2．立脇和夫監修『幕末明治在日外国人・機関名鑑：ジャパン・ディレクトリー 第一巻 1861～1875年』（一九九六、ゆまに書房）
3．西川武臣・伊藤泉美『開国日本と横浜中華街』一六七～一六九頁（二〇〇二、大修館書店）
4．JACAR（アジア歴史資料センター）「Ref.B13090448000、居留地／横浜外国人居留地諸約定書四件

（続通信全覧類輯之部地処門６３９）」四七頁〜四八頁（外務省外交史料館）https://www.jacar.archives.go.jp/das/image/B13090448000（二〇二三年一〇月三一日確認）

5. 『横浜市史 第三巻下』八六〇〜九一三頁「第四章 横浜居留地の中国人」（一九六三、横浜市）

6. JACAR（アジア歴史資料センター）「Ref.B12082597700、横浜清国人墓地増設及管理一件（B-3-12-3-12）」一七頁（外務省外交史料館）https://www.jacar.archives.go.jp/das/image/B12082597700（二〇二三年一〇月三一日確認）

7. 小原鉄心『亦奇録』（京都：福井源治郎刊）上巻 十六丁ウ（一八六七）

8. 早川松山『横浜名所 南京屋しき』（一八七七〜一八七八頃、神奈川県立歴史博物館、丹波コレクション）

9. 横浜毎日新聞 明治一〇年三月六日（一八七七）

10. 『横浜市史稿 風俗編』三一五〜三三〇頁「第七章第一節ちゃぶや（茶巫屋）」（一九三二、横浜市）

11. 復刻『江戸と東京 第三冊』二四二〜二四三頁『江戸と東京 昭和十三年 四月号』「チャブの語源に就いて」（一九九一、明石書店）

12. 同書三二〇〜三二一頁『江戸と東京 昭和十三年 五月号』「チャブ屋の語源は支那語である」

13. 仮名垣魯文編・河鍋暁斎画『西洋料理通 巻下』一八丁ウ（一八七二、東京都立中央図書館所蔵）

14. Revised and enlarged edition of exercises in the Yokohama dialect, By the Bishop of Homoco, p20, Printed at the Japan Gazette Office, 1879, https://archive.org/details/revisedenlargede00atki/page/20/mode/2up（二〇二三年一〇月三一日確認）

15. 『SEIJO ENGLISH MONOGRAPHS No.42』三五七〜三八一頁 杉本豊久「明治維新の日英言語接触：横浜の英語系ピジン日本語（1）」（二〇一〇、成城大学）
16. 内田慶市・沈国威編著『言語接触とピジン 19世紀の東アジア（研究と復刻資料）』所収、周振鶴著、近本信代訳「中国ピジン・イングリッシュ最初の語彙集」二六頁（二〇〇九、白帝社）
17. 毎日新聞（神奈川版）二〇〇九年四月一四日 二四面「横浜開港150周年：中華街、当時のメニュー再現――あす開宴」（二〇〇九、毎日新聞社）
18. 横浜開港資料館編『横浜中華街150年 落地生根の歳月』二〇頁（二〇〇九、横浜開港資料館）
19. 『法規分類大全（第六）』二四四頁「銅銭ト金銀貨トノ比較価格ヲ定ム」（一八九一、内閣記録局）
20. 同書二四九〜二五〇頁「旧銅貨品位ヲ定ム」
21. 週刊朝日編『値段史年表：明治・大正・昭和』一一四頁（一九八八、朝日新聞社）
22. 仮名垣魯文『安愚楽鍋二編上』0丁オ（一八七一、誠至堂）
23. 小林智賀平校注『安愚楽鍋』一一九頁（一九六七、岩波書店）
24. 田中芳男・博物学コレクション『捃拾帖 十二』所収「西洋料理引札」（一八七一、東京大学総合図書館所蔵）
25. 朝日新聞 明治二六年一二月二六日 朝刊六面（一八九三、朝日新聞社）
26. 増田太次郎『チラシ広告に見る大正の世相・風俗』一八八〜一八九頁（一九八六、ビジネス社）
27. 横浜開港資料館所蔵、一九三〇年頃の聘珍楼品書き。
28. PORT ARTHUR Chinese restaurant menu, 1938, 7 and 9 Mott Street, New York, NY, https://drive.

google.com/drive/folders/1_CW26NHxUylilZpXauYioHu_bJS2QFmr?usp=sharing（筆者所蔵）

29．LEE's Chinese restaurant menu, 1940s, 36 Pell Street, New York, NY, https://drive.google.com/drive/folders/1d4Y6Krz2-4DhR0ahDJudAdnSYFdMYYAU（筆者所蔵）

30．"Salem Lowe 1912-2017," Salem State University, http://di.salemstate.edu/salemfood/exhibits/show/salem-menus-2017/history（二〇二三年一〇月二四日確認）

31．栗山善四郎『江戸流行料理通 初編』一九丁ウ・二〇丁オ（一八三五、国立公文書館所蔵）

32．岩崎英重編『坂本龍馬関係文書 第二』二六一～二六二頁（一九二六、日本史籍協会）

33．『長崎市史 風俗編』六九一頁（一九二五、長崎市）

エピローグ　会芳楼後日譚

1．『木戸孝允日記 第1』二六五頁《同一二日 朝雨至昼稍晴長岡謙吉来談前路の事憂患不少彼又今日告別出余昨夜も時事想像感慨四集不能寝也作短古云〔以下詩文〕》（一九三二、日本史籍協会）

2．白文は京都大学図書館所蔵の『木戸孝允詩』https://rmda.kulib.kyoto-u.ac.jp/item/rb00013753（二〇二三年一一月四日確認）、及びその翻刻を底本とし、書き下し文は簡野道明著『和漢名詩類選評釈（八版）』一〇七～一〇八頁（一九一六、明治書院）を参考にした。

3．西川武臣・伊藤泉美『開国日本と横浜中華街』一六九頁（二〇〇二、大修館書店）

4．長谷川伸『ある市井の徒・新コ半代記』八七～八九頁（一九七八、旺文社）

5．伊藤痴遊『第三快傑伝』二五～二九頁（一九一二、東亜堂書房）

6. 実藤恵秀『中国人日本留学史稿』三四七頁（一九三九、日華学会）
7.『展望 昭和四二年五月号』一七五頁（一九六七、筑摩書房）
8. 実藤恵秀『近代日支文化論』一八五頁（一九四一、大東出版社）
9.『大正十一年版 東京特選電話名簿 上巻』九四頁（一九二二、三友協会）
10. 安藤徳器 訳『汪精衛自叙伝』一一頁（一九四一、講談社）
11.『開港のひろば　第69号』六～七頁　伊藤泉美「山下町１３５番地考」（二〇〇〇、横浜開港資料館）

ハヤカワ新書　031

あんかけ焼《や》きそばの謎《なぞ》

二〇二四年八月二十日　初版印刷
二〇二四年八月二十五日　初版発行

著者　塩崎《しおざき》省吾《しょうご》
発行者　早川浩
印刷所　三松堂株式会社
製本所　株式会社フォーネット社
発行所　株式会社早川書房
東京都千代田区神田多町二ノ二
電話　〇三‐三二五二‐三一一一
振替　〇〇一六〇‐三‐四七七九九
https://www.hayakawa-online.co.jp

著者略歴

焼きそば研究家。1970年生まれ。静岡県出身。ブログ「焼きそば名店探訪録」管理人。国内外10000軒以上の焼きそばを食べ歩く。テレビ、ラジオなどメディア出演多数。本業はITエンジニア。前著『ソース焼きそばの謎』（ハヤカワ新書）は数多くのメディアで紹介され話題を呼んだ。

ISBN978-4-15-340031-3 C0295

未知への扉をひらく

「ハヤカワ新書」創刊のことば

誰しも、多かれ少なかれ好奇心と疑心を持っている。

そして、その先に在る納得が行く答えを見つけようとするのも人間の常である。それには書物を繙いて確かめるのが堅実といえよう。インターネットが普及して久しいが、紙に印字された言葉の持つ深遠さは私たちの頭脳を活性して、かつ気持ちに余裕を持たせてくれる。

「ハヤカワ新書」は、切れ味鋭い執筆者が政治、経済、教育、医学、芸術、歴史をはじめとする各分野の森羅万象を的確に捉え、生きた知識をより豊かにする読み物である。

早川　浩